Mitte auf Augenhöhe

Benedikt Goebel
Lutz Mauersberger

MITTE auf Augenhöhe

Straßen und Plätze des Berliner Stadtkerns gestern und heute

Herausgegeben vom Bürgerforum Berlin e.V.

Lukas Verlag

Mit freundlicher Unterstützung durch:

Kultur Mitte

Ingenieurbüro für Tragwerksplanung
Dr.-Ing. **Christian Müller** GmbH

BERLIN
MITTE
ARCHIV
MAUERSBERGER

Lukas Verlag für Kunst- und Geistesgeschichte
Kollwitzstraße 57
D 10405 Berlin
www.lukasverlag.com

Titelbild: Bildarchiv Foto Marburg / Franz Stoedtner
Umschlag, Layout, Satz und Reprographie: Lukas Verlag
Druck und Verarbeitung: Standartu Spaustuvė, Vilnius

Printed in EU
ISBN 978-3-86732-334-5

INHALT

EINLEITUNG

Stadtverlust ins Bild gerückt: Die urbane Fülle der Vorkriegszeit und der heutige Mangel an Urbanität in der Mitte Berlins

In der Berliner Mitte offenbart sich die Architekturgeschichte der Stadt wie unter einem Brennglas: Einzelne Kirchen aus dem Mittelalter, einige Bauten der Barockzeit und des Klassizismus, etliche Gebäude der Gründerzeit und unübersehbare Türme und Hochhausscheiben der Nachkriegszeit – all diese Gebäude stehen locker verstreut in der einen Quadratkilometer umfassenden Historischen Mitte.

Dieser geradezu magisch aufgeladene Stadtkern, aus dem die heutige Metropole erwuchs, liegt zwischen dem Hausvogteiplatz im Westen und dem Alexanderplatz im Osten, zwischen dem Hackeschen Markt im Norden und dem Spittelmarkt im Süden. Das Stadtgefüge weist in diesem Bereich seit der städtebaulichen Neugestaltung in den Jahren von 1965 bis 1975 lediglich Fußgängerzonen und Verkehrsschneisen und keine attraktiven Stadtplätze mehr auf. Die ältesten Berliner Plätze Molkenmarkt, Köllnischer Fischmarkt und Neuer Markt sind verschwunden. Die einstigen Viertel der Altstadt – Nikolaiviertel, Marienviertel, Heiliggeistviertel, Klosterviertel, Schlossviertel und Marktviertel – mit ihren wenigen noch vorhandenen Altbauten sind durch breite Verkehrsadern voneinander getrennt. Die durch ein Nebeneinander von belebten Geschäftsstraßen, ruhigeren Nebenstraßen sowie stillen Winkeln und Gassen gekennzeichnete alte Stadtmitte ist verloren. Sie war geprägt durch ein dichtes bürgerliches Leben und vielfältige Orte, die an die lange Geschichte der Stadt erinnerten. Berlin ist nach Kaliningrad die Stadt mit der geringsten Bebauungsdichte in ihrer historischen Mitte in Europa: Heute leben im Stadtkern, der vor 150 Jahren noch 40 000 und vor 100 Jahren noch 20 000 Menschen als Wohnort diente, nur noch knapp 8000 Menschen.

Die Haupteinkaufstraßen Königstraße (heute Rathausstraße), Spandauer Straße und Gertraudenstraße haben mit dem Verlust von insgesamt knapp hundert Kauf- und Geschäftshäusern ihre Attraktivität für die Berliner verloren. Die Spandauer und die Gertraudenstraße sind zudem durch übermäßigen Autoverkehr stark belastet. Schmale Gassen und Straßen, die in der Vorkriegszeit in ihrer seit dem Mittelalter unveränderten Gestalt noch vorhanden waren, gingen durch den letzten Krieg verloren – oder, wie im Fall des Fischerkietzes, durch Abbrüche in den späten 1960er und frühen 1970er Jahren.

Die gegenwärtige Architektur und Stadtplanung ignoriert die Geschichte der Berliner Mitte, indem sie sie mit ortsunabhängigen Gebäuden und neuen Freiraumgestaltungen überformt. Dieses Buch plädiert dafür, die historischen Stadträume eingehend zu studieren, um bei anstehenden Neugestaltungen des Stadtkerns verlorene Raumqualitäten wiederzuerlangen und Bezüge zur 800jährigen Stadtgeschichte herzustellen. Die alten Straßen und Plätzen sollten mit den rekonstruierten Fassaden der wichtigsten verlorenen Baudenkmale akzentuiert und in zeitgemäßer Architektur bebaut werden – eine so gestaltete Mitte würde den Ansprüchen an das Zentrum Berlins dauerhaft gerecht.

Was bietet das Buch? Der Vorspann zeigt zwei in dieser Detailliertheit selten abgedruckte historische Kartenausschnitte aus den Jahren 1748 und 1867, ferner zwei Luftbilder aus den Jahren 1928 und 2014 sowie zwei selbst erstellte topographische Karten der Jahre 1933 und 2019. Zusammen ergibt dieses Material einen präzisen Überblick über den baulichen Wandel des Stadtkerns seit dem 18. Jahrhundert.

Die 120 Fotografien des Buches stellen erstmals ausschließlich aus der Fußgängerperspektive – also auf Augenhöhe – fotografierte historische Stadträume der 1920er und 1930 Jahre den heutigen Zuständen gegenüber. In den üblicherweise verlegten Fotobüchern zur Berliner Geschichte finden sich meist Aufnahmen aus dem Vorgestern der Kaiserzeit, auf denen Pferdekutschen und Frauen in Reifröcken das Straßenbild dominieren. Auf den Fotopaaren dieses Buches dominieren hingegen Autos und Menschen in vertrauter Kleidung. Die Fotopaare sollen dem Betrachter die Möglichkeit geben, sich aus der Fußgängerperspektive – als wäre er ein Zeitreisender – ein Bild der Vergangenheit zu machen und sich nach und nach im Stadtkern der Vorkriegszeit zu orientieren. Denn die Reihenfolge der Fotopaare wurde so gewählt, dass das Buch auch eine Anleitung zum Flanieren darstellt: Der Rundgang beginnt am ältesten Spreeübergang, dem Mühlendamm, und zieht sich wie ein virtueller Spaziergang durch Alt-Berlin, dann durch Alt-Kölln und den Friedrichswerder. Wie Dominosteine folgen die Fotos aufeinander, oft erkennt man im Hintergrund bereits den Ort des nächsten Fotopaares.

Da die Zeit der großen Berliner Stadtfotografen F. Albert Schwartz, Georg Bartels, Herrmann Rückwardt und Waldemar Titzenthaler vorbei war und kaum ein Fotograf sich in den 1920er Jahren dem Berliner Stadtkern widmete, waren für diesen Zeitraum Ansichtskarten eine gute Ergänzung, auch wenn durch die Reproduktion der meist gedruckten Vorlagen die Bildqualität nicht so hoch ist wie die von Fotovorlagen.

Die historischen Vorlagen stammen überwiegend aus dem Berlin-Mitte-Archiv, dem Bildarchiv von Lutz Mauersberger. Die aktuellen Aufnahmen stammen von Lutz Mauersberger und Rainer Quambusch. Viele Bildpaare offenbaren einen Kontrast zwischen dem dichten urbanen Leben der Vorkriegszeit und der offensichtlichen städtebaulichen Dürftigkeit unserer Gegenwart. Hieraus folgt ein Arbeitsauftrag für Politik und Verwaltung – zumindest in den Augen der Autoren. Sie engagieren sich bereits seit langem für die Berliner Mitte. Beiden liegt die Fotoüberlieferung zur Berliner Mitte am Herzen: Der Architekt Lutz Mauersberger begann 1975 mit dem Sammeln von Ansichtskarten und Fotografien, der Historiker Benedikt Goebel sammelt seit 1995 Reproduktionen von Abbildungen der Berliner Mitte. 2013 kuratierten sie die Ausstellung »Geraubte Mitte. Die *Arisierung* des jüdischen Grundeigentums im Berliner Stadtkern 1933–1945« für das Berliner Stadtmuseum. 2015 publizierten sie zusammen den bereits vergriffenen Fotoband »Mitte von oben. Luftbilder des Berliner Stadtkerns gestern und heute«. 2018 erschien von Goebel im Lukas Verlag »Mitte! Modernisierung und Zerstörung des Berliner Stadtkerns von 1850 bis zur Gegenwart«. Ein von Goebel und Mauersberger gemeinsam verfasstes Buch zu den wichtigsten verlorenen Baudenkmalen des Stadtkerns ist in Vorbereitung.

Der Bezugnahme auf die historischen Stadträume in diesem Buch liegt nicht nur Nostalgie zugrunde, sondern auch Respekt vor den Leistungen früherer Stadtgesellschaften, die über Jahrhunderte die Stadt *weitergebaut* haben. Weiterbauen bedeutete in der Vormoderne, nicht den vollständigen Bruch mit dem Vorhandenen zu suchen, sondern eine Modernisierung, die die Struktur der alten Städte im Ganzen bewahrte. Nach den massiven städtebaulichen Brüchen der letzten achtzig Jahre sollte in der Berliner Mitte künftig keine gänzlich neue Strukturen mehr geschaffen werden. Es gilt vielmehr, städtebaulich und architektonisch behutsam an die Jahrhunderte vor den beiden Diktaturen der Jahre 1933 bis 1989 anzuknüpfen. Die Mitte wird auch in Zukunft ein Brennpunkt der Berliner und der deutschen Stadtentwicklung sein. Dem mittelalterlichen Kern der deutschen Hauptstadt kommt dabei eine besondere Bedeutung zu. Anhand dieses Ortes kann sich die deutsche Fach- und allgemeine Öffentlichkeit exemplarisch der baulichen Geschichte und Zukunft der Städte unseres Landes vergewissern.

Potsdam, Dresden und Frankfurt am Main – aber auch Paris und London – haben sich bereits der Reparatur ihrer durch den autogerechten Stadtumbau der Nachkriegszeit versehrten Zentren angenommen. Berlin dagegen handelt seine Mitte weiterhin unter Wert. Mit den 2016 festgesetzten Bebauungsplänen Molkenmarkt und Breite Straße ist zwar ein Anfang gemacht, ein zusammenhängendes Konzept für den Stadtkern liegt damit aber noch nicht vor. Im Frühjahr 2019 haben archäologische Ausgrabungen für ein neues Altstadtquartier am Molkenmarkt begonnen, die weitere Puzzlestücke zum baulichen Erbe des Stadtkerns zu Tage fördern werden – hoffentlich mit Konsequenzen für die weitere Planung.

Dieses Buch stellt die Wiedergewinnungspotentiale des historischen Stadtkerns vor Augen. Die Mitte der Weimarer Republik war eine *Stadtmitte auf Augenhöhe*. Das Buch lädt alle Bewohner der Stadt dazu ein, die abhanden gekommene und vergessene Mitte der Stadt wieder kennen und lieben zu lernen.

Berlin, im November 2019

KARTEN UND LUFTBILDER

1

»Plan de la Ville Berlin«, sogenannter Schmettau-Plan (Ausschnitt), 1748

Der Plan des Generalfeldmarschalls Samuel Graf von Schmettau (1684–1781) aus dem Jahr 1748 beruht auf einer im Jahr zuvor beendeten Neuvermessung Berlins. Die nach 1730 begonnene Niederlegung der erst wenige Jahrzehnte alten Festung mit ihren dreizehn Bastionen war im Westen und Süden bereits abgeschlossen, im Norden und Osten bestand diese monumentale Einschnürung der Stadt noch einige Jahre fort. In bis dahin nicht erreichter Detailliertheit zeigt der Plan das System von Straßen und Plätzen, wie es zu dieser Zeit im Bereich von Alt-Berlin und Alt-Kölln schon seit 500 Jahren bestand. Neben den Häuserblöcken werden auch – in schwarz – die öffentlichen Gebäude und – in Umrissdarstellung und beschriftet – die wichtigsten bürgerlichen Häuser der Stadt dargestellt. Auch Gärten wurden, wenngleich nur schematisch, aufgenommen.

2

»Situationsplan von Berlin und Umgegend in neun Blättern«, sogenannter Liebenow-Plan (Ausschnitt), 1867

Der Plan des Preußischen Militärs und Kartographen Wilhelm Liebenow (1822–1897) aktualisierte den elf Jahre älteren Sineck-Plan. In beiden Plänen wurden öffentliche Gebäude und wichtige Bürgerhäuser, anders als im Schmettau-Plan, nicht mehr hervorgehoben.

Ins Auge springt der zackige Verlauf des Festungsgrabens, der auch noch 120 Jahre nach der Niederlegung der barocken Festung ihre Konturen erkennen lässt. Große Kasernenbauten haben die Flächen der Bastionen eingenommen und die Museumsinsel ist im Entstehen begriffen. An den öffentlichen Stadträumen hat sich im Vergleich zur hundert Jahre älteren Darstellung Schmettaus wenig verändert. Auch der monumentale Neubau des Roten Rathauses fügt sich in den Stadtgrundriss ein. Die Altbauten südlich des Rathauses sehen wie ausgewischt aus. Die Gerichtslaube, die zum Zeitpunkt der Planveröffentlichung noch vor dem Rathaus stand, ist nicht eingezeichnet, obwohl ihr Abbruch erst 1871 erfolgte. Liebenow wollte den Plan vermutlich länger aktuell halten.

Mit diesem Werk endet die mit dem Memhardt-Plan von 1652 einsetzende Tradition der Kartierung Berlins durch Militärangehörige. In den 1870er Jahren erarbeitete das neugegründete Städtische Vermessungsamt die präzise Kartierung Berlins, auf der noch die heutige Vermessung fußt.

3

Senkrechtluftbild des Stadtkerns (Ausschnitt), 1928

Das Senkrechtluftbild von 1928 ist ein Ausschnitt aus dem ersten mit Hilfe eines Flugzeugs angefertigten großflächigen Luftbild Berlins. Es sollte die Aktualisierung der Berliner Vermessung erleichtern, denn der Erste Weltkrieg und die Vervielfachung des Stadtgebietes durch Bildung der Einheitsgemeinde (Groß-)Berlin 1920 erschwerten eine Fortschreibung des Straube-Plans von 1910.

Es ist gut zu erkennen, wie sich die verschiedenen Geschichtsepochen in den Stadtgrundriss eingeschrieben haben. Am deutlichsten ist dies im Fall der Stadtbahn, deren Verlauf die ehemaligen Festungsanlagen nachzeichnet. Trotz des Durchbruchs der Kaiser-Wilhelm-Straße, die den Norden des Stadtkerns stark verändert hat, ist der historische Stadtgrundriss noch gut zu erkennen. Alle Neubauten des 19. und frühen 20. Jahrhunderts, Kaufhäuser und Verwaltungsbauten, respektierten diese Gegebenheit. Einige größere Abbrüche und aktuelle Baustellen stechen als helle Flächen heraus: der Alexanderplatz, der Inselspeicher, die U-Bahn-Baustelle an der Spree im Zuge der Klosterstraße, der Erweiterungsbau von N. Israel in der Königstraße und die der BVG-Zentrale in der Dircksenstraße.

4

Topographie 1933

Da keine detaillierte historische Karte des Zustandes des Stadtkerns im Jahr 1933 existiert, wurde für dieses Buch eine Karte mit diesem Zeitstand erstellt. Diese Karte folgt im äußeren Erscheinungsbild dem 1910 erschienenen vierfarbigen Meisterwerk *Übersichtsplan von Berlin im Verhältnis 1 : 4000* von Julius Straube.

Die Kartendarstellung rückt mit ihren Farbflächen ein System der öffentlichen Räume in den Mittelpunkt der Aufmerksamkeit, das eine vielhundertjährige Kontinuität aufwies. Um die Stadträume zu verdeutlichen, erscheinen die Häuserblöcke reduziert auf weiße Flächen mit dünnen Grundstücksgrenzlinien. Das Gewimmel aus Hausnummern verdeutlicht die damalige Vielfalt der Hauseigentümer und der ansässigen Gewerbetreibenden.

5

Senkrechtluftbild des Jahres 2014 überlagert mit der Topographie 1933

Im Bereich des Stadtkerns ist der umliegende Hochnebel gelichtet. Das Luftbild zeigt den heutigen Zustand des historischen Stadtkerns, der durch Umbauten in der Zeit des Nationalsozialismus, besonders aber durch die Neubauten der 1960er Jahre stark verändert worden ist. Das Netz der feinen weißen Linien der *Topographie von 1933* ist eine zarte Hinweisschicht auf den letzten urbanen Zustand, bevor der Berliner Stadtkern unter monströsem Flächenverbrauch für die autogerechte Stadt und für eine den Stadtgrundriss gänzlich negierende Umgestaltung zugerichtet wurde. Der komplexe und kleinteilige Grundriss der ehemaligen Altstadt kontrastiert hier mit den Großstrukturen und undefinierten Räumen der Stadt unserer Tage.

6

Topographie 2019

Die Sprache der Karte gleicht der *Topographie 1933* – das Verhältnis von städtischen Freiraum und bebauten Flächen ist aber weitgehend invertiert. Der öffentliche Raum wabert zwischen Einzelbauten der Nachkriegszeit und Resten von historischen Häuserblöcken. Der in den 1970er Jahren fertiggestellte große Freiraum am Fernsehturm mit seiner Randbebauung und ebenso die Verkehrsschneise der Gertrauden- und Grunerstraße zerteilen den historischen Stadtkern. Von dem bis 1933 kontinuierlich weiterentwickelten Stadtgrundriss sind nur Rudimente noch erkennbar. Lediglich in den Randbereichen des Kerns – am Friedrichswerder, südlich des S-Bahnhofs Hackescher Markt, im Klosterviertel, im Nikolaiviertel und im Bereich der Wallstraße – gibt es Stadträume, die der Innenstadt einer Metropole angemessene Proportionen aufweisen. Die einst reizvolle Abwechslung von Straßen- und Platzräumen ist durch die Fragmentierung ebenso verlorengegangen wie der historische Zusammenhalt und die Möglichkeit der Durchwanderung.

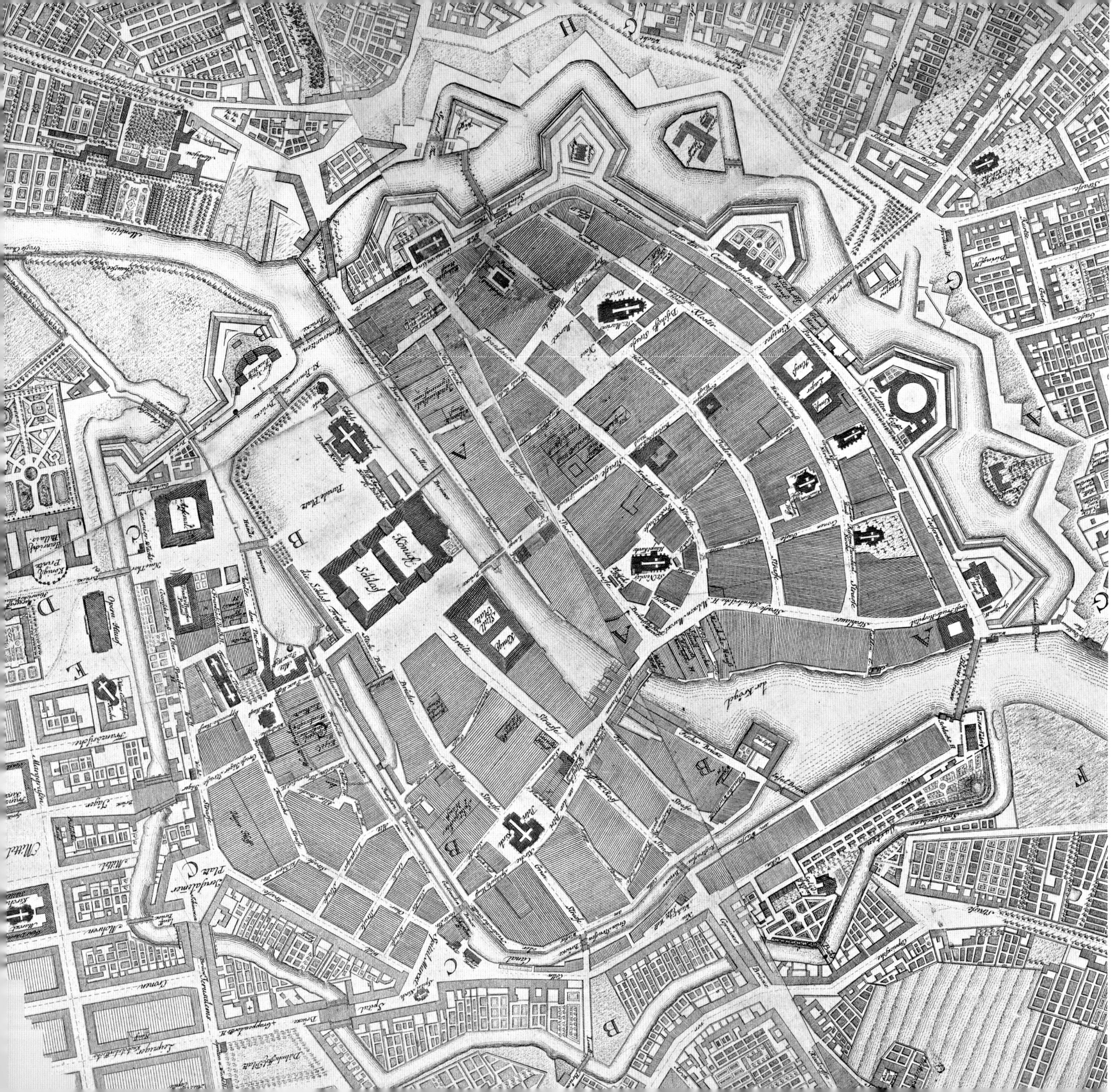

1

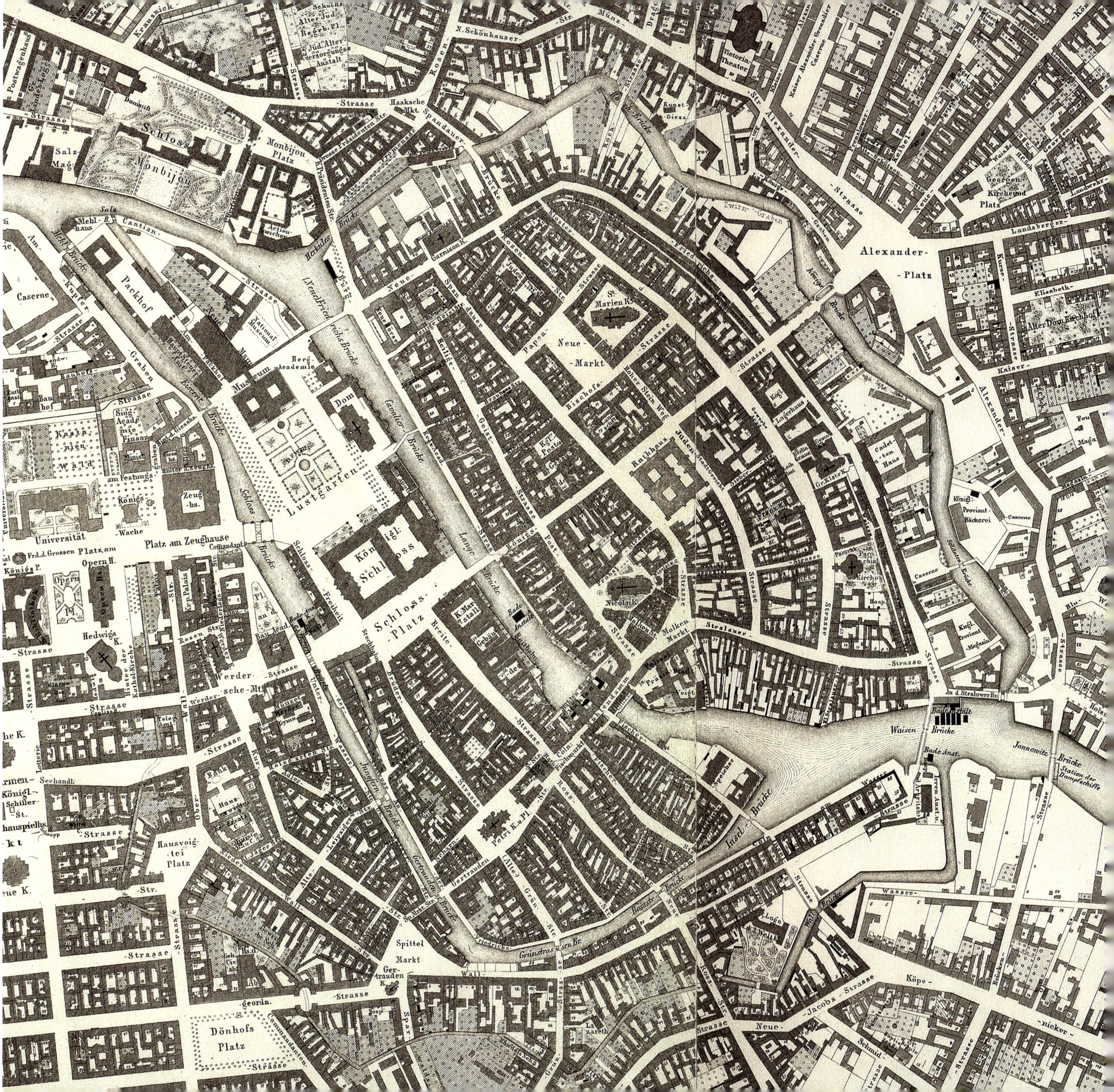
Schloss Monbijou
Monbijou Platz
Packhof
Caserne
National Museum
Museum
Berg-Academie
Dom
Lustgarten
Königl. Schloss
Schloss-Platz
Zeughaus
Universität
Platz am Zeughause
Opern H.
Hedwigs K.
Werdersche-Mkt.
Hausvoigtei Platz
Dönhofs Platz
Spittel Markt
Petri K.
St. Marien K.
Neue-Markt
Nicolai K.
Rathhaus
Alexander-Platz
Georgen Kirche
Victoria Theater
Parochial Kirche
Waisen Brücke
Jannowitz Brücke
Insel-Brücke
Lange Brücke
Schleusen Brücke
Strasse

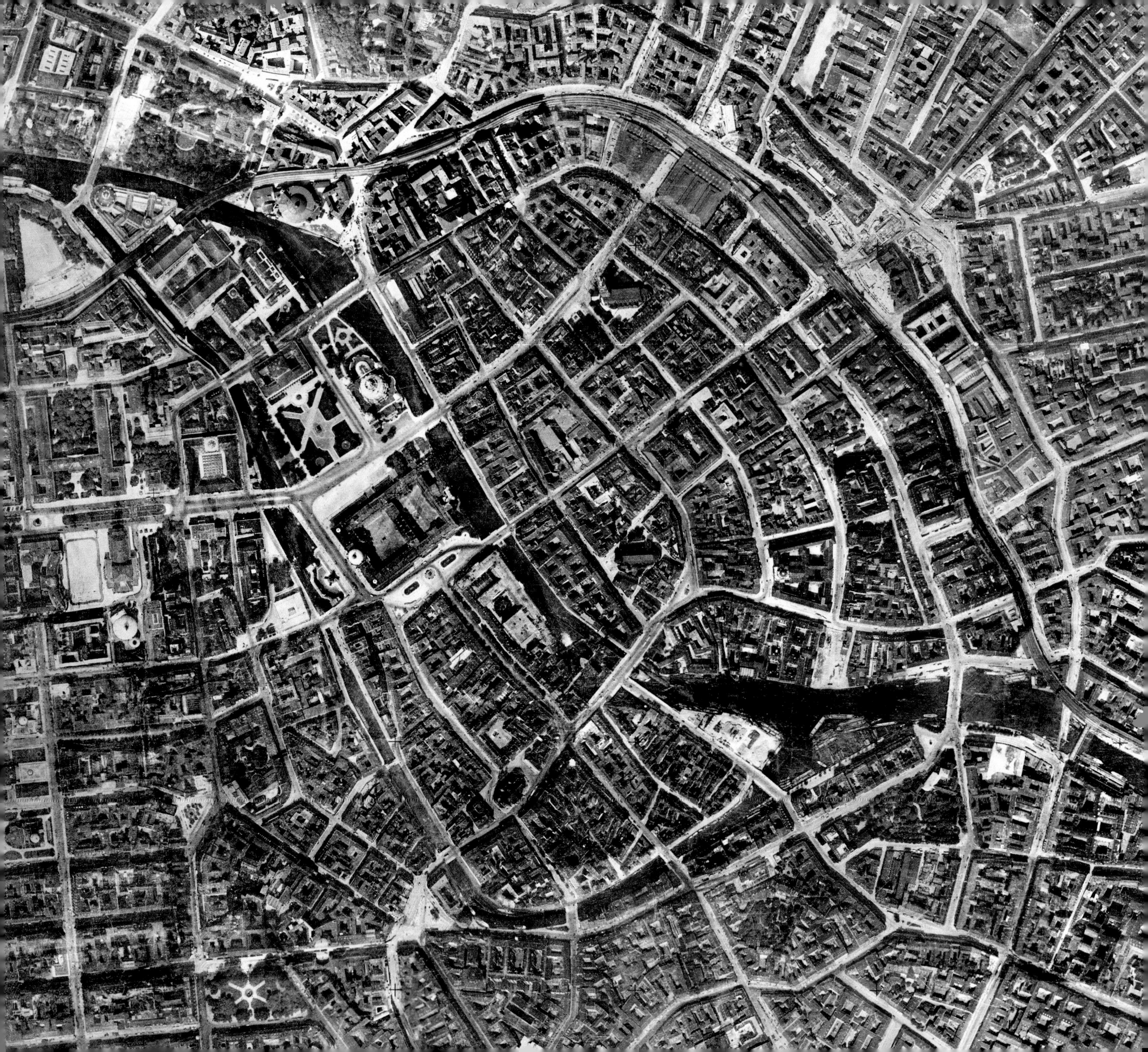

< 3

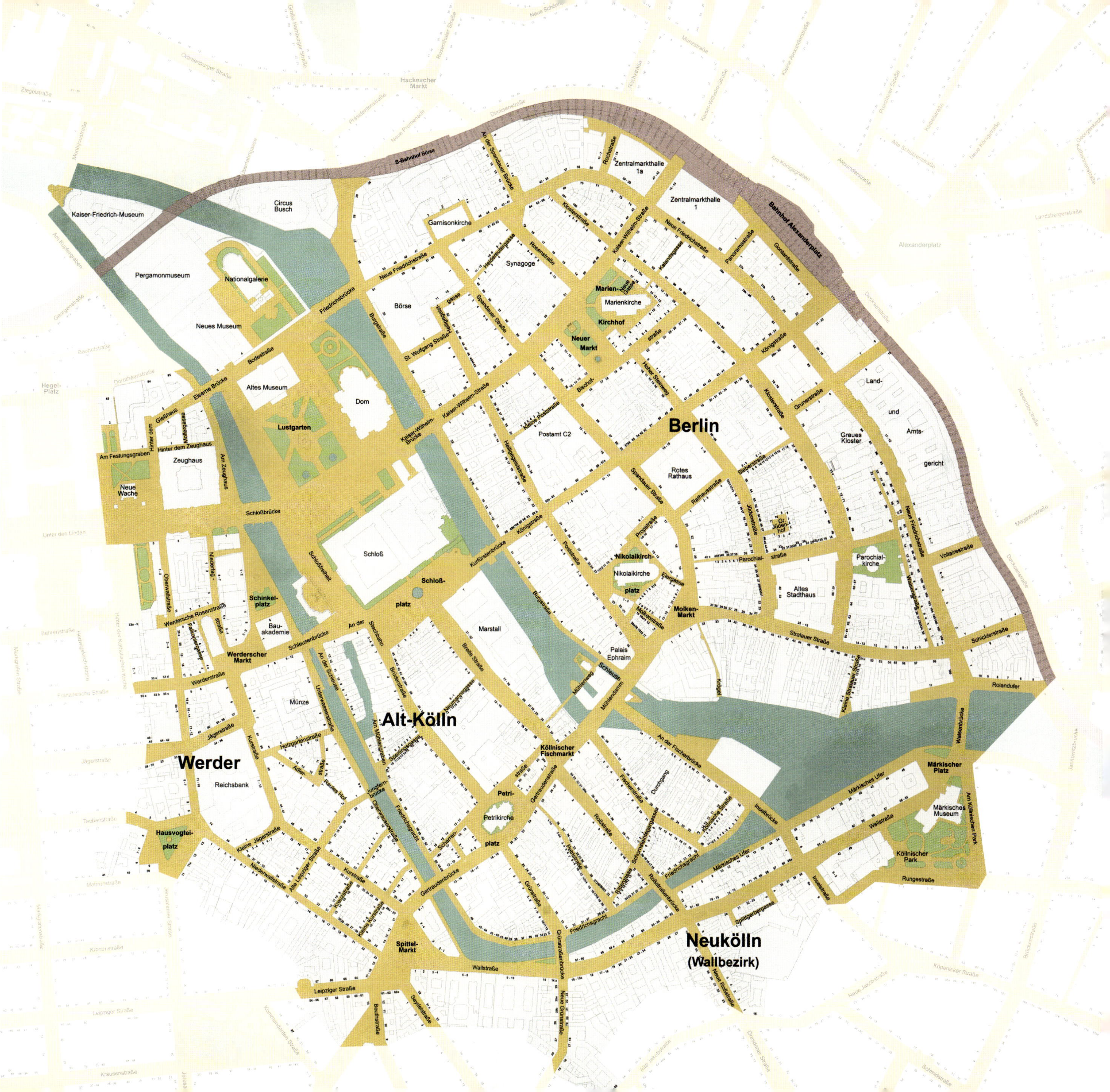

Berlin
Alt-Kölln
Werder
Neukölln
(Wallbezirk)
Hackescher Markt
S-Bahnhof Börse
Bahnhof Alexanderplatz
Alexanderplatz
Zentralmarkthalle 1a
Zentralmarkthalle 1
Kaiser-Friedrich-Museum
Circus Busch
Pergamonmuseum
Nationalgalerie
Neues Museum
Altes Museum
Dom
Lustgarten
Garnisonkirche
Synagoge
Börse
Marien- Kirchhof
Marienkirche
Neuer Markt
Postamt C2
Land- und Amts- gericht
Graues Kloster
Rotes Rathaus
Zeughaus
Neue Wache
Schloß
Schloß- platz
Schinkel- platz
Bau- akademie
Werderscher Markt
Marstall
Nikolaikirch- platz
Nikolaikirche
Molken- Markt
Altes Stadthaus
Parochial- kirche
Palais Ephraim
Münze
Reichsbank
Hausvogtei- platz
Köllnischer Fischmarkt
Petri- platz
Petrikirche
Märkischer Platz
Märkisches Museum
Köllnischer Park
Spittel- Markt
Schloßbrücke
Friedrichsbrücke
Kurfürstenbrücke
Jungfern- brücke
Gertraudenbrücke
Roßstraßenbrücke
Inselbrücke
Waisenbrücke
Schleuse
Mühlendamm
Kaiser-Wilhelm-Straße
Spandauer Straße
Königstraße
Klosterstraße
Stralauer Straße
Breite Straße
Brüderstraße
Leipziger Straße
Wallstraße
Märkisches Ufer
Rolandufer
Friedrichsgracht
Unter den Linden

> 4

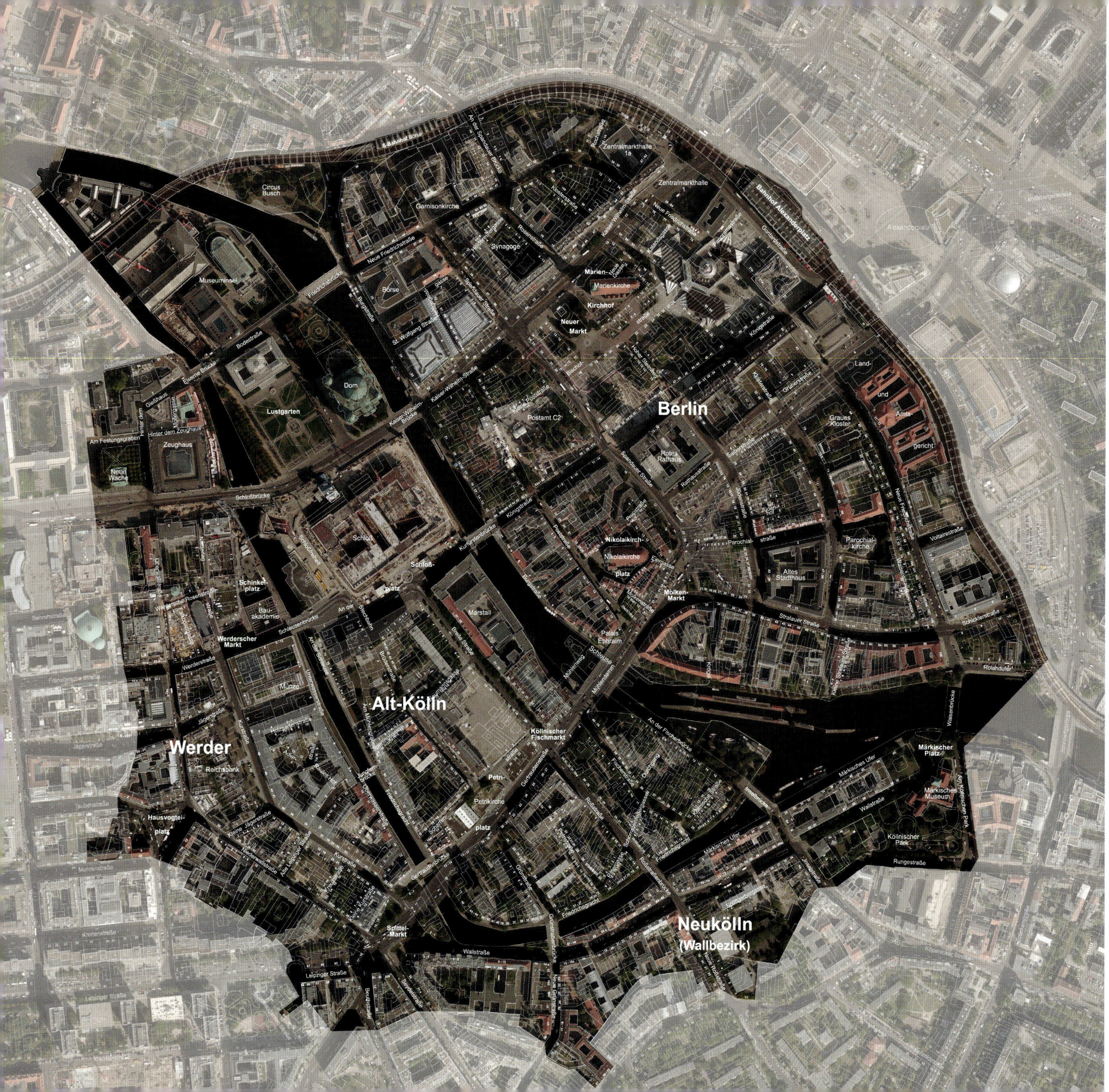

Berlin
Alt-Kölln
Werder
Neukölln
(Wallbezirk)
Circus
Busch
Museuminsel
Lustgarten
Dom
Zeughaus
Neue
Wache
Schloß
Schloß-
platz
Marstall
Schinkel-
platz
Bau-
akademie
Werderscher
Markt
Münze
Reichsbank
Hausvogtei-
platz
Spittel-
Markt
Petri-
platz
Petrikirche
Kölnischer
Fischmarkt
Marien-
Kirchhof
Marienkirche
Neuer
Markt
Synagoge
Garnisonkirche
Börse
Postamt C2
Rotes
Rathaus
Nikolaikirch-
Nikolaikirche
platz
Molken-
Markt
Palais
Ephraim
Altes
Stadthaus
Parochial-
kirche
Graues
Kloster
Land-
und
Amts-
gericht
Märkischer
Platz
Märkisches
Museum
Kölnischer
Park
Zentralmarkthalle
Bahnhof Alexanderplatz

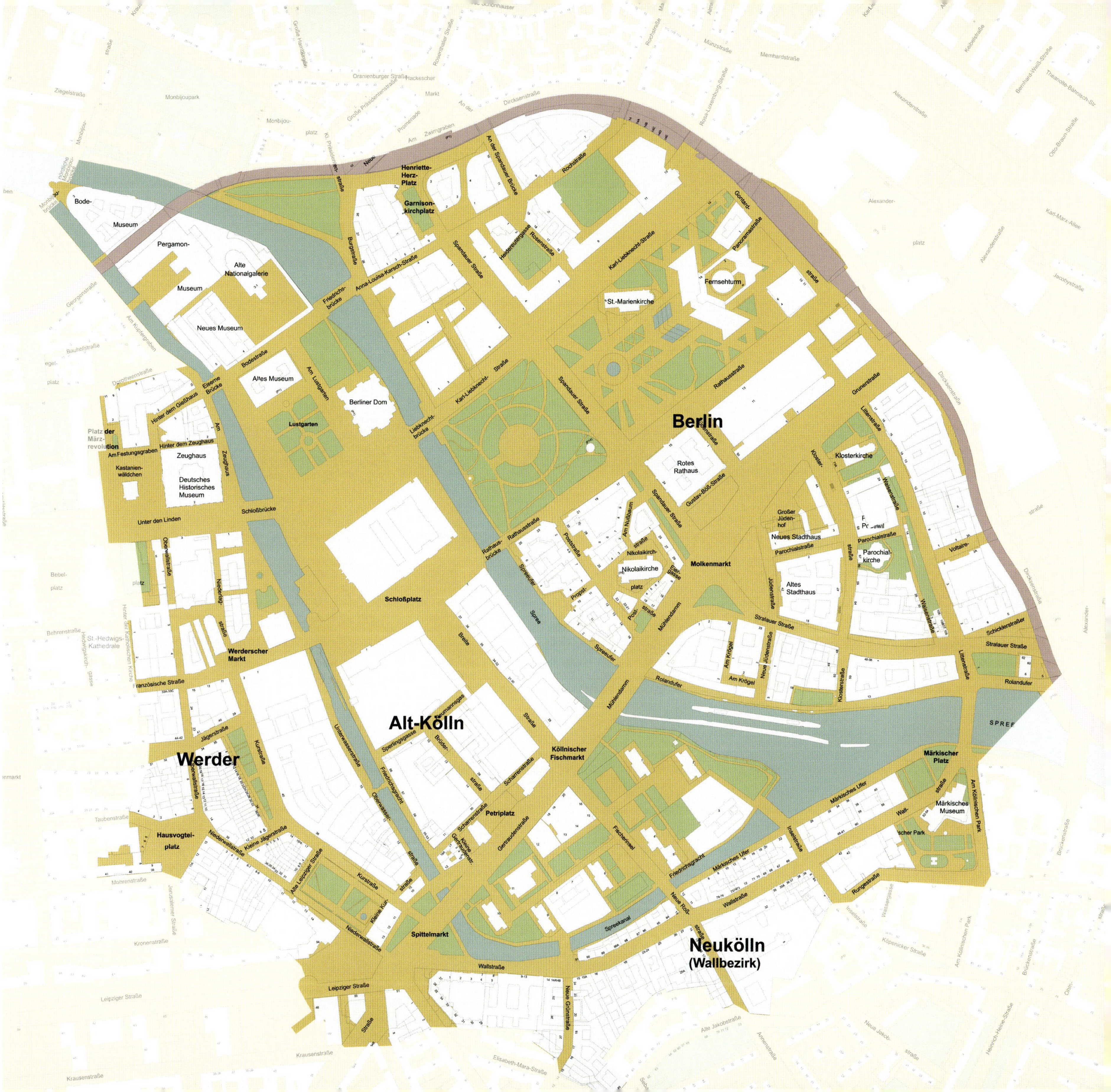

Berlin
Alt-Kölln
Werder
Neukölln
(Wallbezirk)
Bode-
Museum
Pergamon-
Museum
Alte
Nationalgalerie
Neues Museum
Altes Museum
Berliner Dom
Lustgarten
Zeughaus
Deutsches
Historisches
Museum
Kastanien-
wäldchen
Platz der
März-
revolution
Schloßplatz
Schloßbrücke
Unter den Linden
Werderscher
Markt
Hausvogtei-
platz
Spittelmarkt
Petriplatz
Köllnischer
Fischmarkt
Molkenmarkt
Nikolaikirche
Rotes
Rathaus
St.-Marienkirche
Fernsehturm
Henriette-
Herz-
Platz
Garnison-
kirchplatz
Klosterkirche
Neues Stadthaus
Altes
Stadthaus
Parochial-
kirche
Großer
Jüden-
hof
Märkischer
Platz
Märkisches
Museum
SPREE
Spree
Spreekanal
Karl-Liebknecht-Straße
Spandauer Straße
Rathausstraße
Grunerstraße
Stralauer Straße
Mühlendamm
Roßstraße
Wallstraße
Leipziger Straße
Gertraudenstraße
Breite Straße
Brüderstraße
Friedrichsgracht
Märkisches Ufer
Inselstraße
Fischerinsel
Jägerstraße
Kurstraße
Oberwallstraße
Niederwallstraße
Neue Grünstraße
Rolandufer
Littenstraße
Klosterstraße
Jüdenstraße

STRASSEN UND PLÄTZE DES BERLINER STADTKERNS GESTERN UND HEUTE

Mühlendamm

Geschichte

Das Foto von 1925 zeigt keine Brücke, sondern einen Damm in der Spree, nur unterbrochen von den Durchlässen der Schleuse in der Bildmitte und den verschiedenen Durchlässen unter und neben dem Damm-Mühlengebäude, das mit seiner burgartigen Architektur den ältesten Spreeübergang Berlins markiert. Am linken Bildrand sieht man die Fischerbrücke, die links neben dem Schleusenwärterhaus auf den Mühlendamm einmündet, und am rechten Bildrand die Gebäude des *Amtes Mühlenhof*, das die landesherrlichen Grundstücke und Einkünfte verwaltete. Diese einzigartige städtebauliche Situation des Mühlendamms als Ensemble aus Dämmen, Brücken und Gebäuden, wo sich Verkehrswege aus Westen, Süden und Osten trafen, existierte so bis zu seinem Abbruch 1937.

Der Mühlendamm verband seit dem 12. Jahrhundert den Berliner Molkenmarkt und den Köllnischen Fischmarkt. In den ersten Jahrhunderten Berlins mussten die auf der Spree transportierten Waren am Mühlendamm umgeladen werden, denn erst ab 1578 gab es die erste Berliner Schleuse im Spreekanal und erst 1894 folgte die Mühlendammschleuse. Zudem mussten bis Mitte des 15. Jahrhunderts wegen des sogenannten Stapel- oder Marktrechts alle auf der Spree transportierten Waren auf den Berliner Märkten zum Kauf angeboten werden. Der Mühlendamm war deswegen stets auch ein Ort des Handels, und Krämerbuden bestimmten sein Bild. Die Verkaufsstände waren ab 1690 in beidseitigen Kolonnaden untergebracht. Beim 1894 abgeschlossenen Umbau entstand die auf dem Bild sichtbare städtebauliche Situation.

Im Zuge des Umbaus ab 1937 wurden sämtliche Bauten abgebrochen und der Damm durch eine Notbrücke ersetzt. An Stelle des *Amtes Mühlenhof* wurde die *Reichsmünze* gebaut – im Bild von 2018 rechts zu sehen. Da die 1968 ohne Bebauung und Läden errichtete Spannbetonbrücke marode ist und in den nächsten Jahren neu errichtet werden muss, sollte über eine erneute Bebauung des Mühlendamms nachgedacht werden. Auch die Nutzung der Wasserkraft zur Energiegewinnung sollte hier wieder eine Rolle spielen.

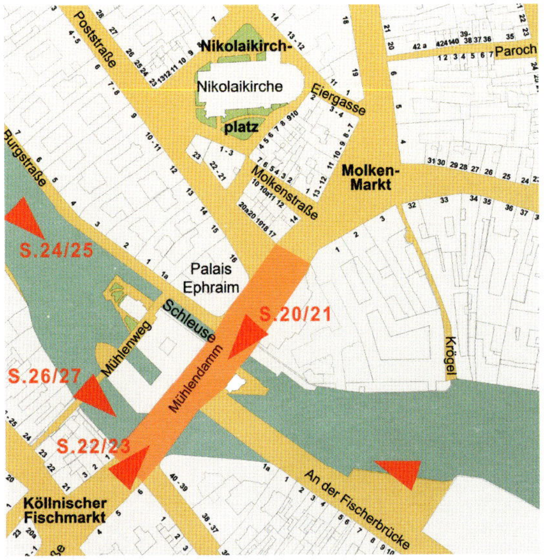

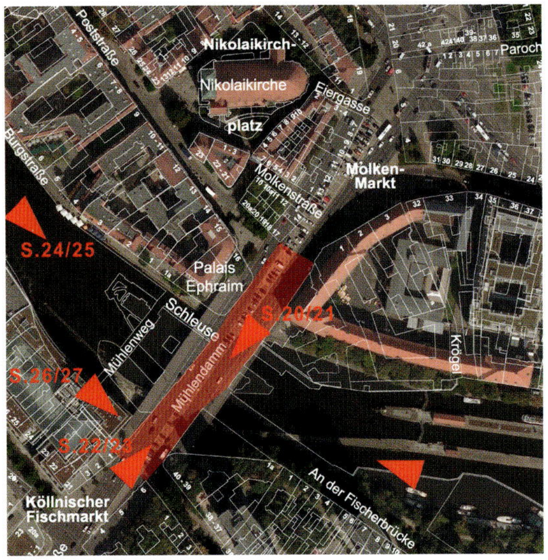

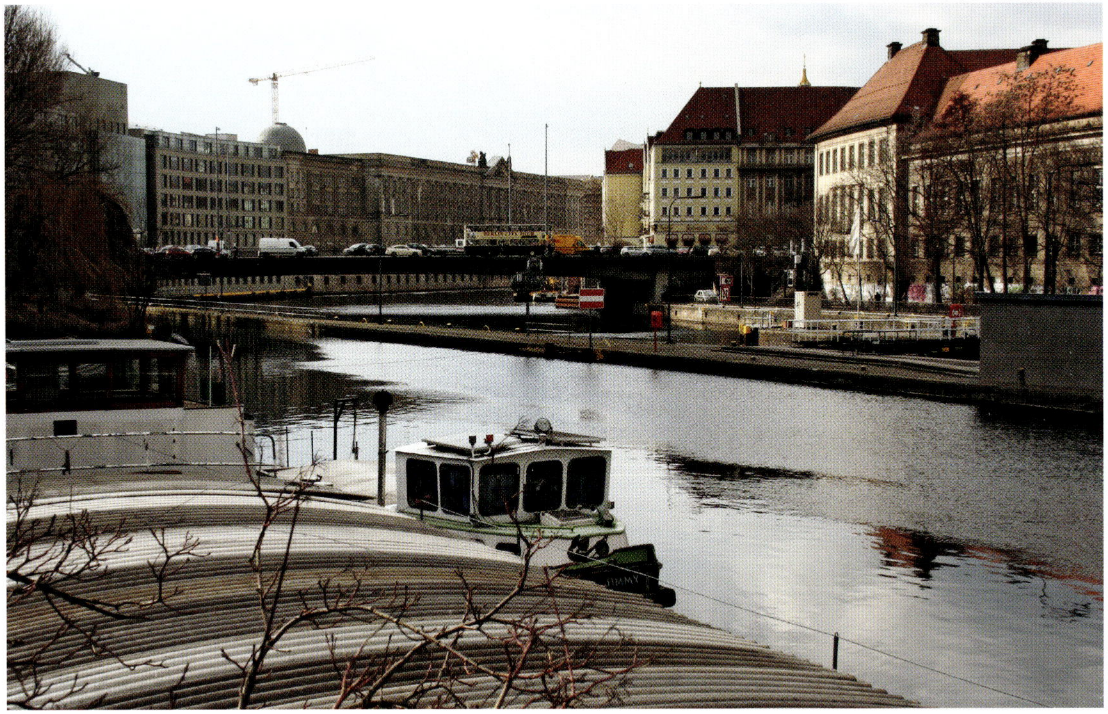

Mühlendamm, 2019

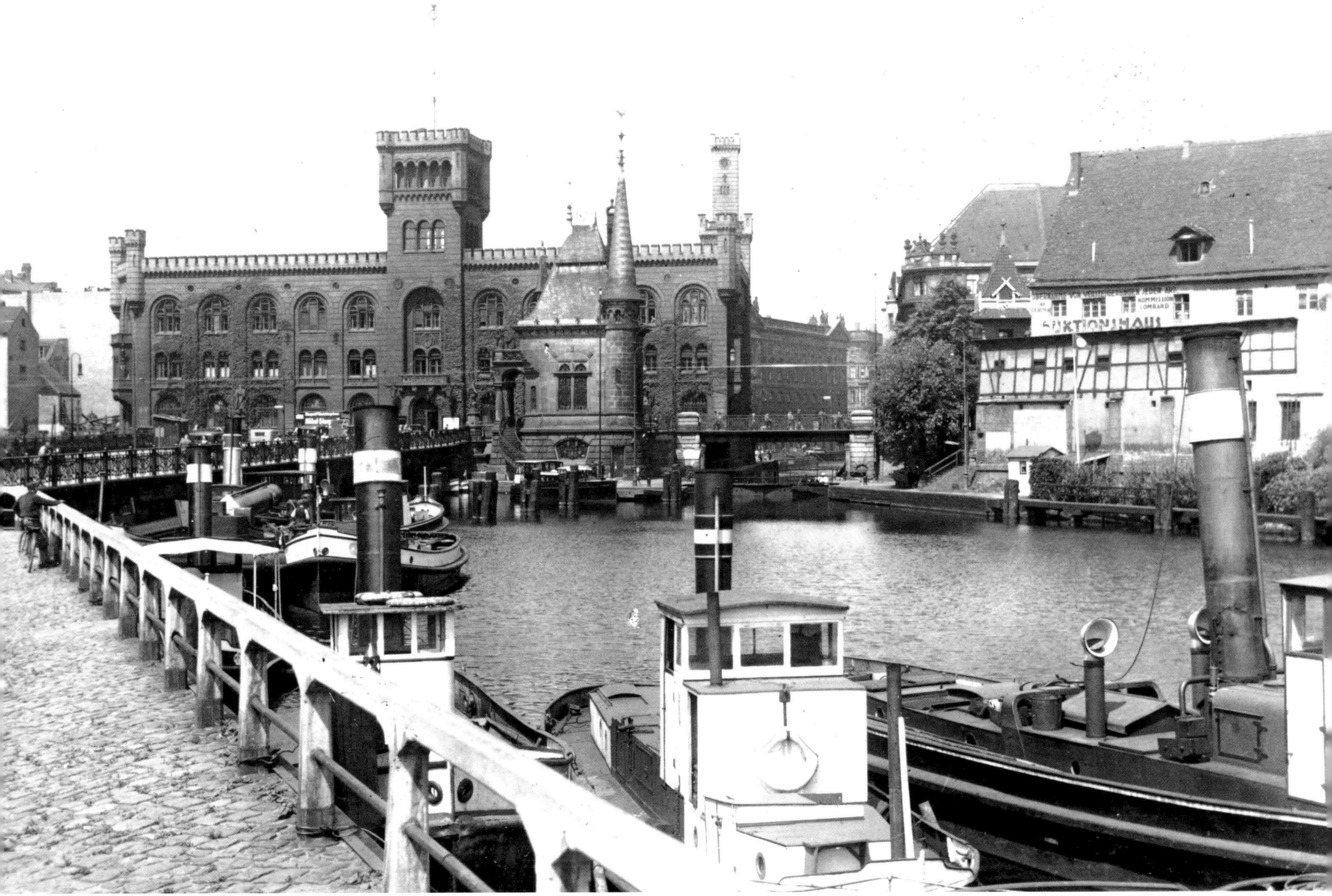

Mühlendamm, um 1925

Mühlendamm

Bebauung

Im Jahr 1934 begleiteten den Passanten auf dem 100 Meter langen Spreeübergang diverse 1894 errichtete Bauten und Schmuckelemente. Links im historischen Bild das Schleusenwärterhaus mit seinem markanten spitzen Türmchen, dahinter, an der Einmündung der Fischerbrücke, die Statuen von Albrecht dem Bären und Markgraf Waldemar, dahinter das 1902 errichtete Verwaltungsgebäude von Ludwig Hoffmann mit dem Hauptstandesamt Berlins und der Feuerwache Mitte. Rechts das Damm-Mühlengebäude. In der Bildmitte sieht man den Köllnischen Fischmarkt und im Hintergrund den Turm der Petrikirche.

Der Mühlendamm war vom 12. Jahrhundert an bis 1937 bebaut. Durch die seit dem Mittelalter betriebenen Schleif-, Säge-, Walk- und Getreidemühlen des Mühlendamms erzielte der Landesherr Einnahmen durch den sogenannten Mühlenzins. 1690 wurden nach Plänen von Arnold Nehring Kolonnaden errichtet, die im Obergeschoss über der Einmündung der Fischerbrücke den ersten Börsensaal der Berliner Kaufmannsgilde beherbergten.

Nach dem Mühlenbrand von 1838 errichtete Ludwig Persius ein neues Mühlengebäude in feuerfester Ziegelbauweise. Von 1886 bis 1894 erfolgte dessen Umbau für die *Sparkasse der Stadt Berlin*. Ab 1936 wurden das Sparkassengebäude und viele anderen Gebäude am Mühlendamm, darunter das Palais Ephraim, abgebrochen. Auch alle Brücken und Stege wurden beseitigt und eine Behelfsbrücke errichtet.

Der am 31. Dezember 1968 eröffneten achtspurigen Spannbetonbrücke fehlt jegliche Bebauung. Das Verwaltungsgebäude von Ludwig Hoffmann stand noch lange neben der neuen Brücke und wurde erst 1970 abgebrochen. Der Saal des Standesamtes wurde geborgen und im Rathaus Pankow eingebaut, wo man sich heute noch das Ja-Wort geben kann.

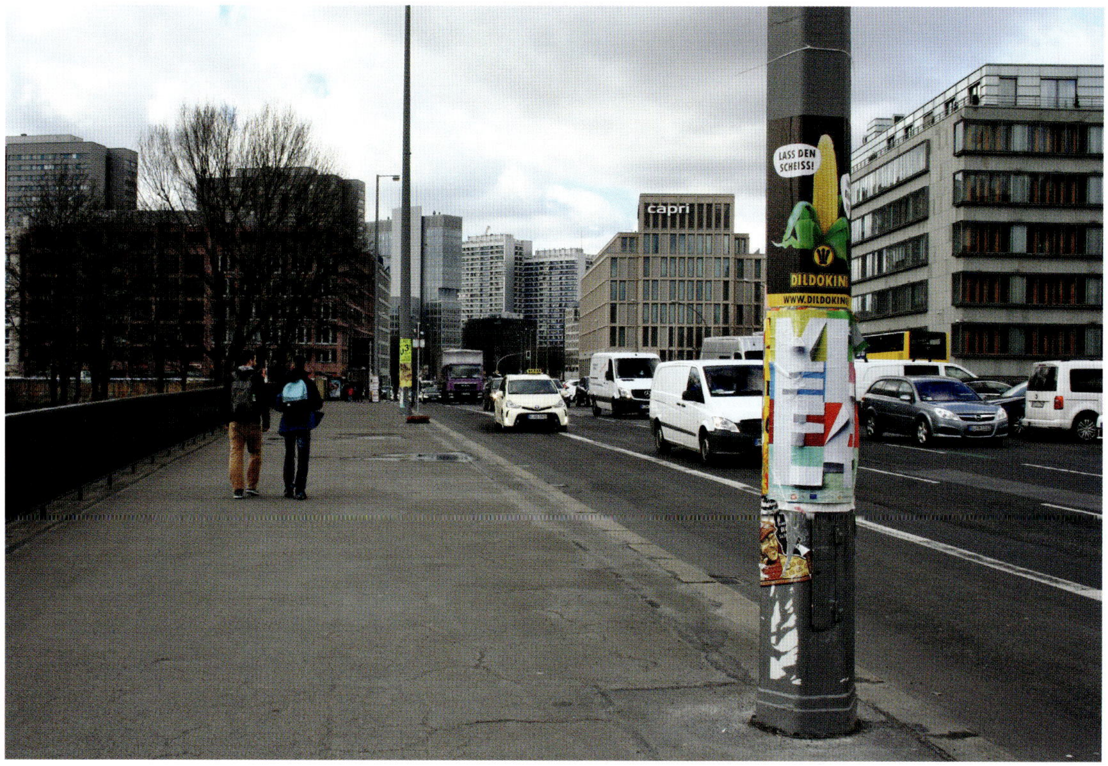

Mühlendamm, 2018

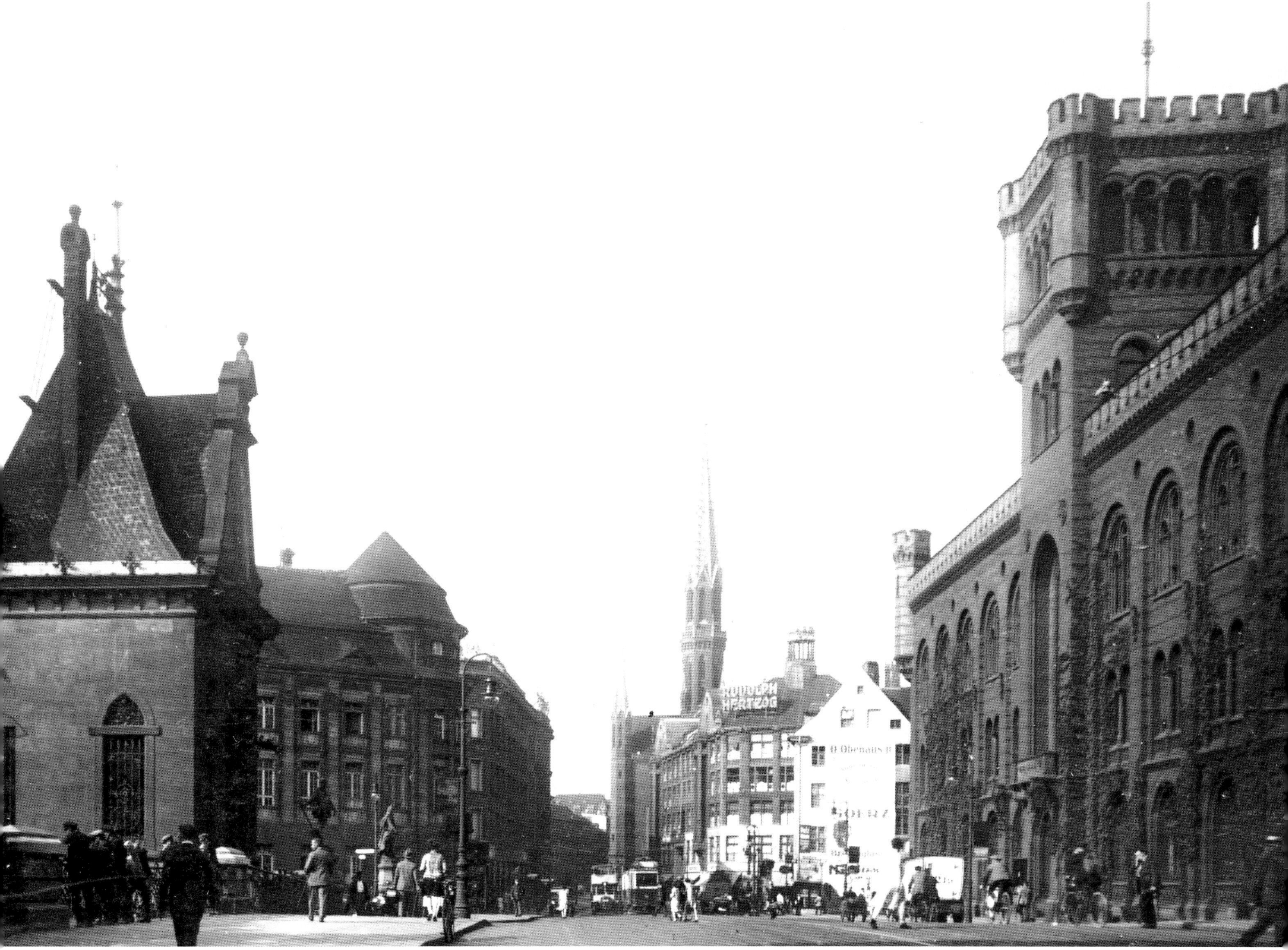

Mühlendamm, um 1934

Mühlendamm

Verkehr

Der Mühlendamm zeigte sich 1934 mit seinen 27 Metern Breite als relativ großzügiger, verkehrsreicher Spreeübergang mit Platz für Straßenbahn, Automobile und Fußgänger. Links im historischen Bild sieht man das von der Sparkasse genutzte Damm-Mühlengebäude, im Hintergrund den Molkenmarkt.

Der Mühlendamm war von Anfang an die wichtigste Verkehrsverbindung zwischen den westlichen und östlichen Stadtteilen Berlins. Zwecks besserer Durchlässigkeit wurde er wiederholt umgebaut. Zusätzlich war 1683 die Fischerbrücke als Verbindung vom Alt-Köllner Ufer direkt zum Mühlendamm errichtet worden. Nachdem im Jahr 1690 beidseitig Kolonnaden gebaut worden waren, betrug die Durchfahrtsbreite elf Meter. Zweihundert Jahre später, im Jahr 1886, passierten zehn Pferdebahnlinien den Mühlendamm. Da der Platz nicht ausreichte, wurden die Pferdebahnen zum Teil über den parallel laufenden Mühlensteg geführt. Seit dem 1894 beendeten Umbau waren der Mühlendamm 27 Meter und die neue Fischerbrücke 19 Meter breit. Nun bot der Mühlendamm auch Platz für die »Elektrische«.

1937 gab es abermals Verbreiterungspläne, die wegen des Kriegsausbruches nicht verwirklicht werden konnten. Erst bestimmte eine Behelfsbrücke und, nach deren Kriegszerstörung, eine weitere Notbrücke das Bild.

Zum Jahreswechsel 1968/69 wurde die heutige, mit 45 Metern überbreite Mühlendammbrücke fertiggestellt. Sie wird vom Autoverkehr dominiert. Die Planungen für die Brückenerneuerung sehen eine sechsspurige Autobrücke vor, ergänzt um eine Straßenbahntrasse.

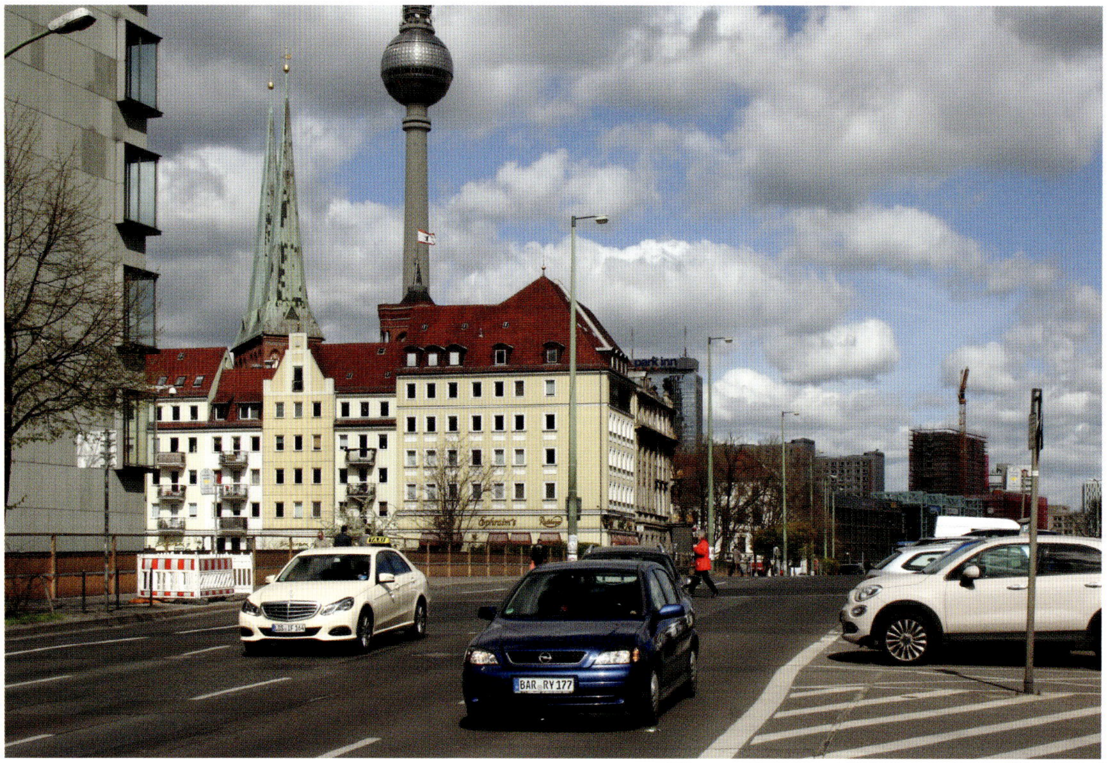

Mühlendamm, 2017

> Mühlendamm mit Sparkassengebäude, um 1920

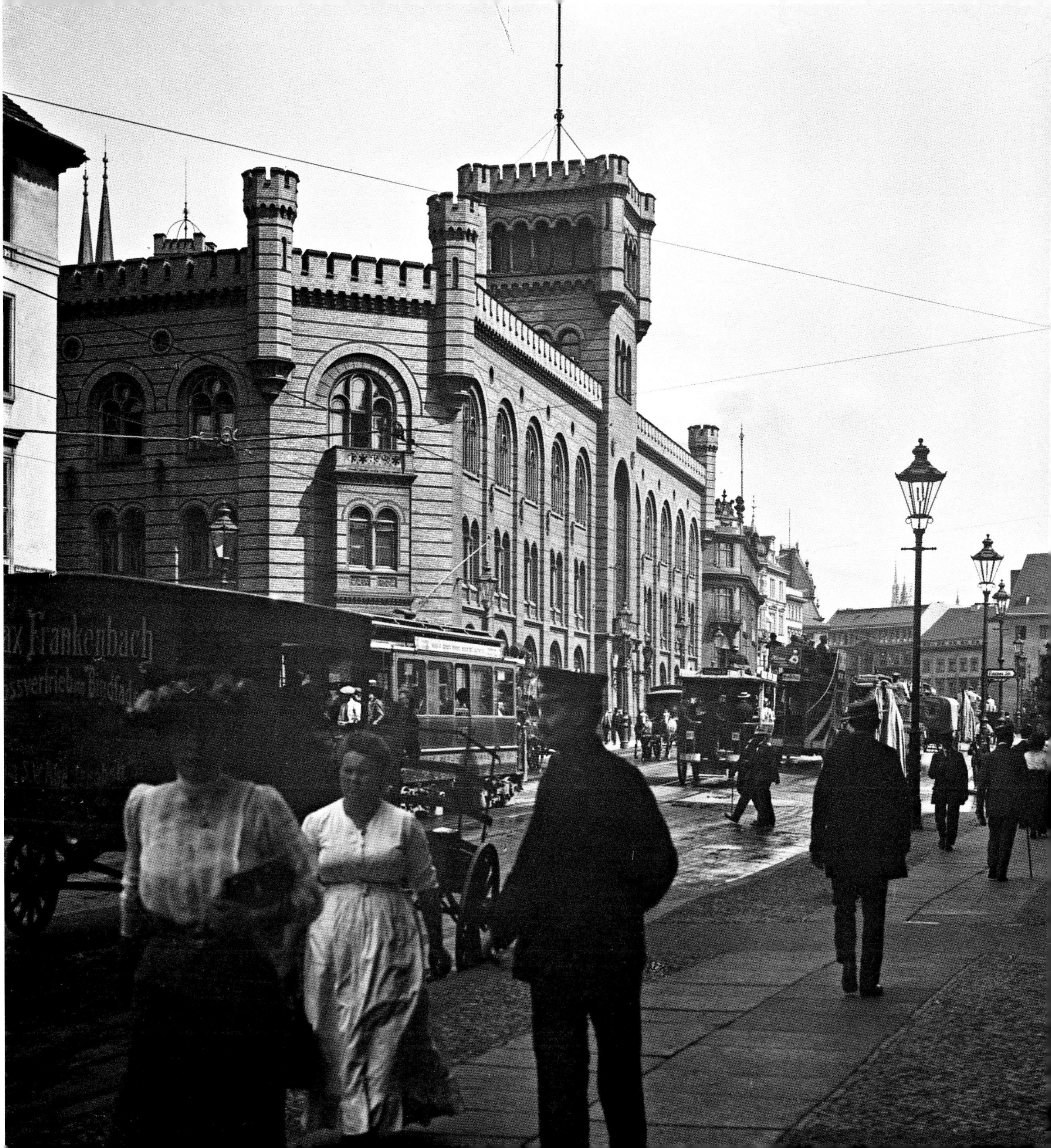
ax Frankenbach

Mühlendamm

Damm-Mühlengebäude

Wenn man 1925 von der damaligen Kurfürstenbrücke, der heutigen Rathausbrücke, nach Süden blickte, sah man das imposante, 1848 fertiggestellte Gebäude der ehemaligen Königlichen Mühlen, das bis 1894 nach Plänen von Stadtbaurat Hermann Blankenstein für die Sparkasse der Stadt Berlin umgebaut worden war. Die verschiedenen Gebäudeteile hatten senkrecht gegliederte Fassaden mit Zinnen und Ecktürmchen, die an mittelalterliche Burgen erinnerten. Die Nordostecke an der Schleuse markierte ein Turm, und in der Mitte der neu entworfenen Südfassade erhob sich der weithin sichtbare markante Hauptturm des Gebäudes. Bei diesem Umbau blieb das Gerinne, das früher dem Mühlenbetrieb diente, unter dem Gebäude erhalten. Ganz links, auf Alt-Berliner Seite, lag die Schleuse.

Ganz rechts floss ein breiter Spreearm. Nördlich des eigentlichen Mühlendammes überbrückte der Mühlensteg die Spree. Durch das Haus Breite Straße 23 erreichte man den Steg und kam im Anbau des Palais Ephraim, Poststraße 16, wieder heraus. Vor dem Mühlensteg befand sich die breite Wehranlage mit drei Wehrfeldern. 1937 wurden das Damm-Mühlengebäude und alle übrigen baulichen Anlagen abgebrochen.

Die neue, 1968 fertiggestellte Mühlendammbrücke überspannt dic Sprcc vom Alt-Berliner zum Alt-Köllner Ufer in einem Schwung. Nichts erinnert an die vielfältige Bebauung und die differenzierten Wasserläufe der Spree an dieser Stelle. Links sieht man die Häuser des *Nikolaiviertels* und das Denkmal des Heiligen Georg, das bis 1945 im Hof des Berliner Schlosses stand. Rechts sieht man die Wasserfront des Marstallgebäudes und das Haus der Deutschen Wirtschaft. Im Hintergrund ragen die Wohntürme des Wohngebietes *Fischerinsel* auf.

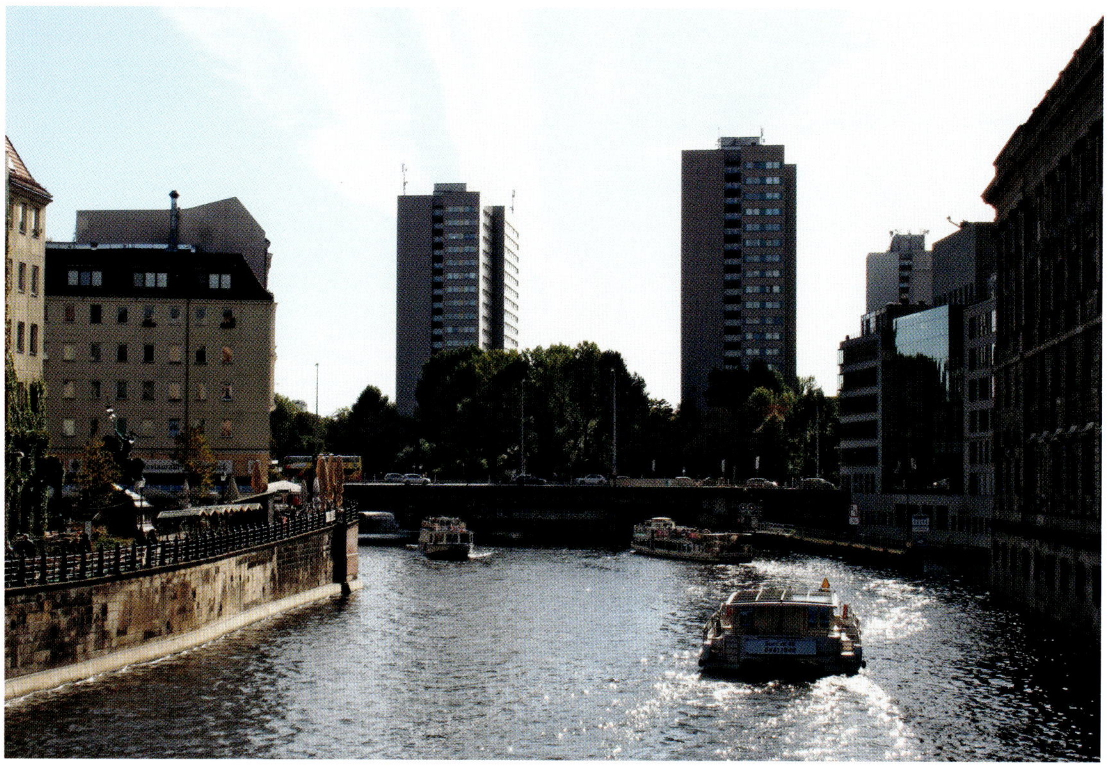

Mühlendamm, Blick von Norden, 2019

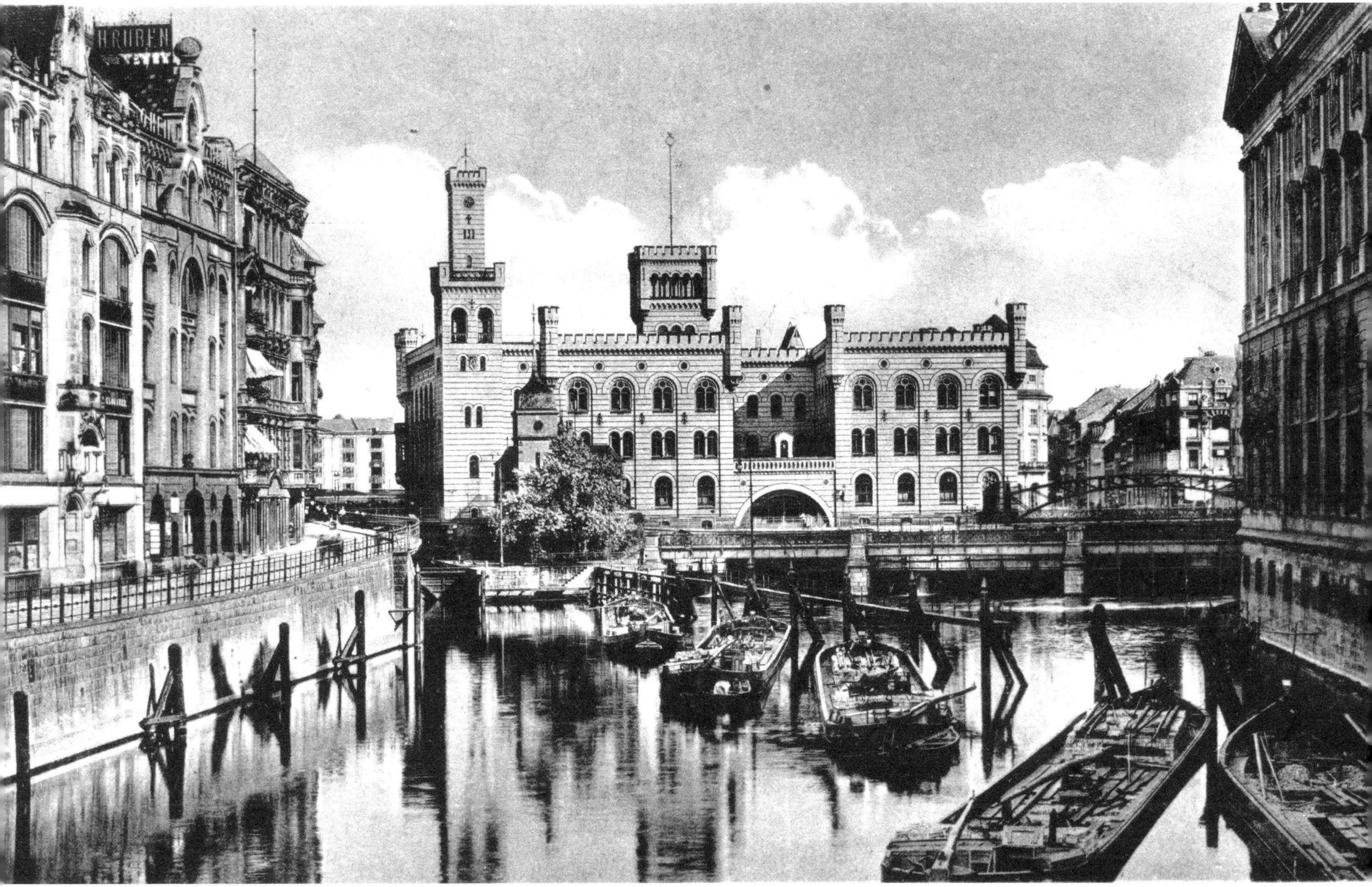

Mühlendamm, Blick von Norden, um 1925

Mühlendamm

Gerinne und Brücken

Das historische Bild zeigt eine ungewöhnliche städtische Situation, die man in Berlin nicht vermuten würde. Der Blick geht westlich am Damm-Mühlengebäude vorbei auf das *Große Gerinne*, einen Spreearm, der unter der sichtbaren und der dahinterliegenden Fischerbrücke hindurchgeht. In der Bildmitte ragt das nach Entwürfen von Ludwig Hoffmann errichtete Hauptgesundheitsamt auf. Rechts daneben blicken wir in die Fischerstraße.

Der Mühlendamm war seit dem Mittelalter nicht für Schiffe passierbar. Der Binnenschiffsverkehr wurde über den Spreekanal abgewickelt. Erst seit dem Umbau von 1894 gab es eine Einkammer-Schleuse am Alt-Berliner Ufer. Ab 1894 hatte der Mühlendamm insgesamt drei Durchlässe für die Spree: die Schleuse, das *Kleine Gerinne* unter dem Damm-Mühlengebäude und das *Große Gerinne*, der seitliche Überlauf am Alt-Köllner Ufer zum Wehr, das den Mühlendammstau ausglich. Insgesamt sieben Brücken überquerten die diversen Wasserläufe und das Wehr.

Seit dem Neubau der Mühlendammschleuse und ihrer Verlegung um etwa 300 Meter nach Osten in den 1930er Jahren und der Neuerrichtung der Mühlendammbrücke in den 1960er Jahren gibt es keinen Damm mehr. Ein großes Brückenbauwerk spannt sich über die hier etwa 100 Meter breite Spree. Lediglich das Wehr am Alt-Köllner Ufer erinnert an die ursprüngliche Nutzung der Wasserkraft.

Im sogenannten *Fischerkietz* mussten alle Gebäude, die den Krieg überstanden hatten, in den späten 1960er und frühen 1970er Jahre dem Hochhausviertel *Fischerinsel* weichen.

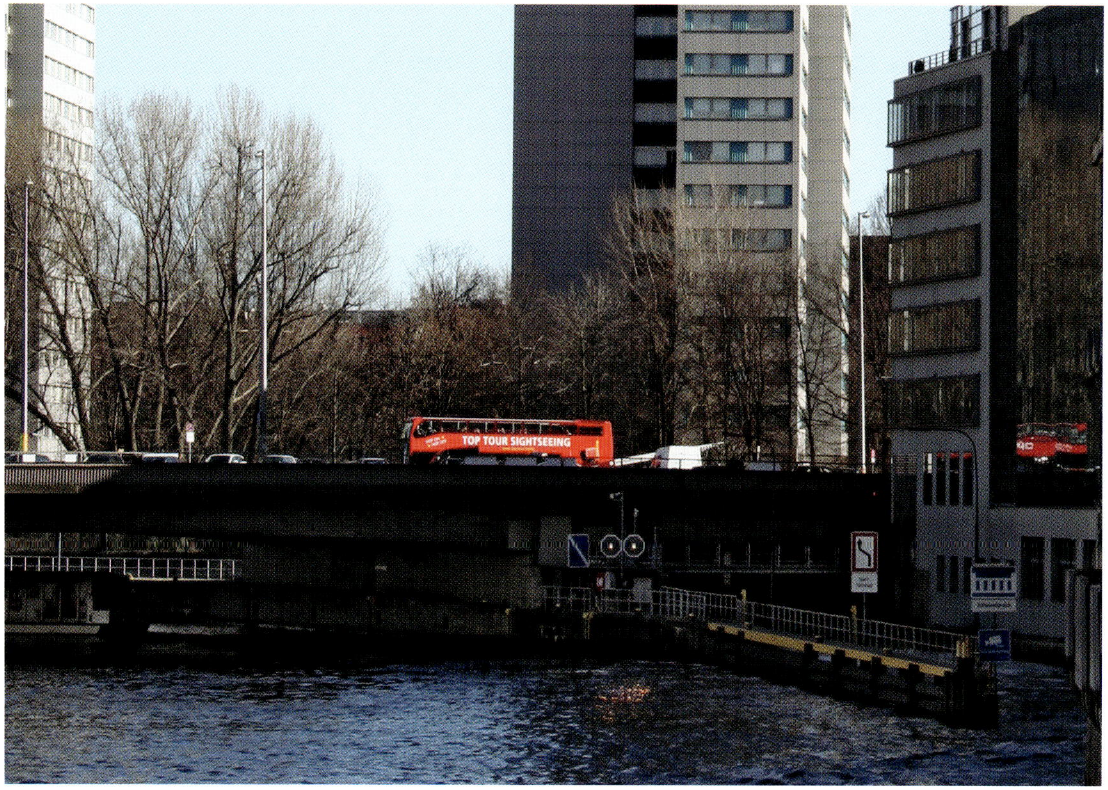

Mühlendamm und Wehr, 2019

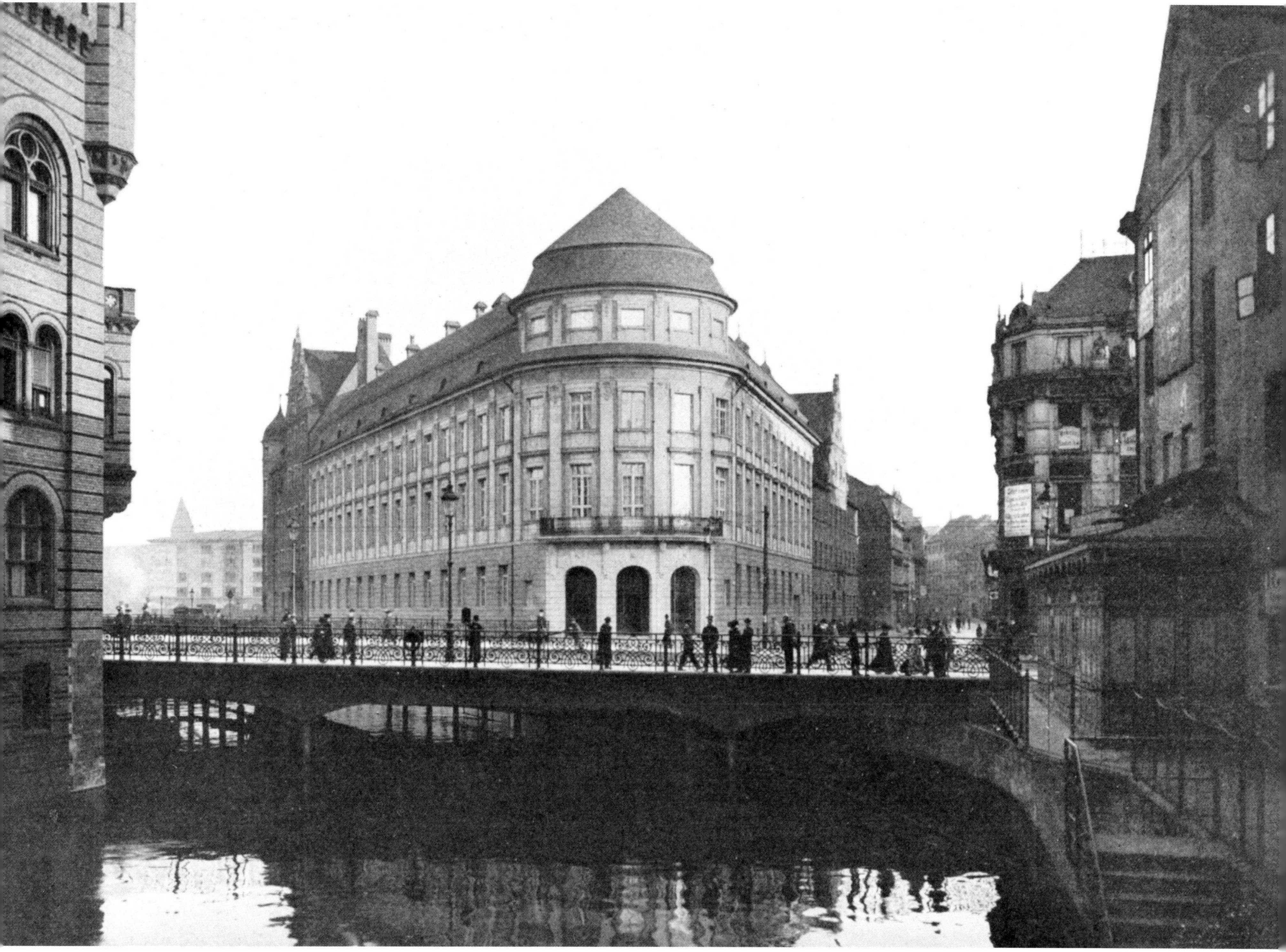

Mühlendamm, um 1910

Molkenmarkt

Blick nach Osten

Das Bild von 1925 zeigt einen belebten Stadtplatz, der eine unregelmäßige Form aufweist und dessen Ursprünge weit in das Mittelalter reichen. Erkennbar sind breite Häuser am Platz und schmale Häuser in der angrenzenden Stralauer Straße. Bis in das frühe 20. Jahrhundert hatten sich mittelalterliche Parzellen am Molkenmarkt erhalten.

Der Molkenmarkt, früher auch *Olde Markt*, ist der älteste Marktplatz Berlins. Benannt ist er nach den nahegelegenen Mühlen des Mühlendamms – *Mollen* steht niederdeutsch für Mühlen. Am Molkenmarkt standen auf den breiten Parzellen die Patrizierhäuser der großen Kaufleute. Beispiele hierfür sind das Gebäude der Feuersozietät am linken Bildrand und das Palais Schwerin am rechten Bildrand.

Das Palais Schwerin war 1702 nach Plänen von Jean de Bodt fertiggestellt worden. Ab 1765 war es in staatlichem Besitz und diente unter anderem als Polizeipräsidium. Von 1937 bis 1939 wurde das Palais in den Neubau der Reichsmünze einbezogen und lediglich die Fassade am Originalstandort und die Haupttreppe in veränderter Lage erhalten. Nach 1945 diente das Gebäude als *Kulturministerium der DDR*, nach 1990 kurzzeitig als *Gauck-Behörde* – dem Bundesbeauftragten für die Stasi-Unterlagen. Heute ist hier das *Deutsch-Französische Jugendwerk* ansässig.

Der Molkenmarkt mit seiner charakteristischen dreieckigen Form war stets Schnittpunkt vieler Verkehrswege. In den 1930er Jahren sollte er zum *Altstadtforum* aufgeweitet werden. Dafür wurde der Häuserblock vor dem Alten Stadthaus abgebrochen. Die Bombardements des Zweiten Weltkrieges vernichteten den Rest der Gebäude auf der Nord- und Ostseite. Durch den Bau der achtspurigen Grunerstraße in den 1960er Jahren ist der Molkenmarkt als Platz aus dem Stadtbild verschwunden.

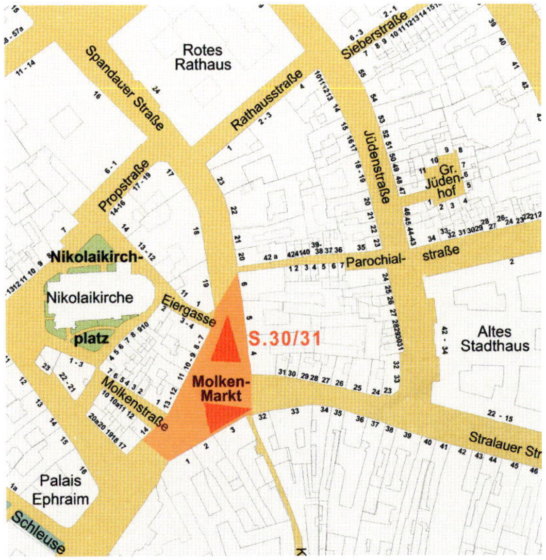

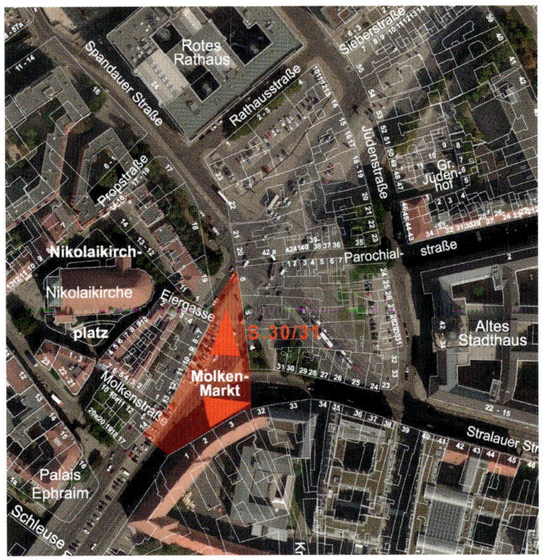

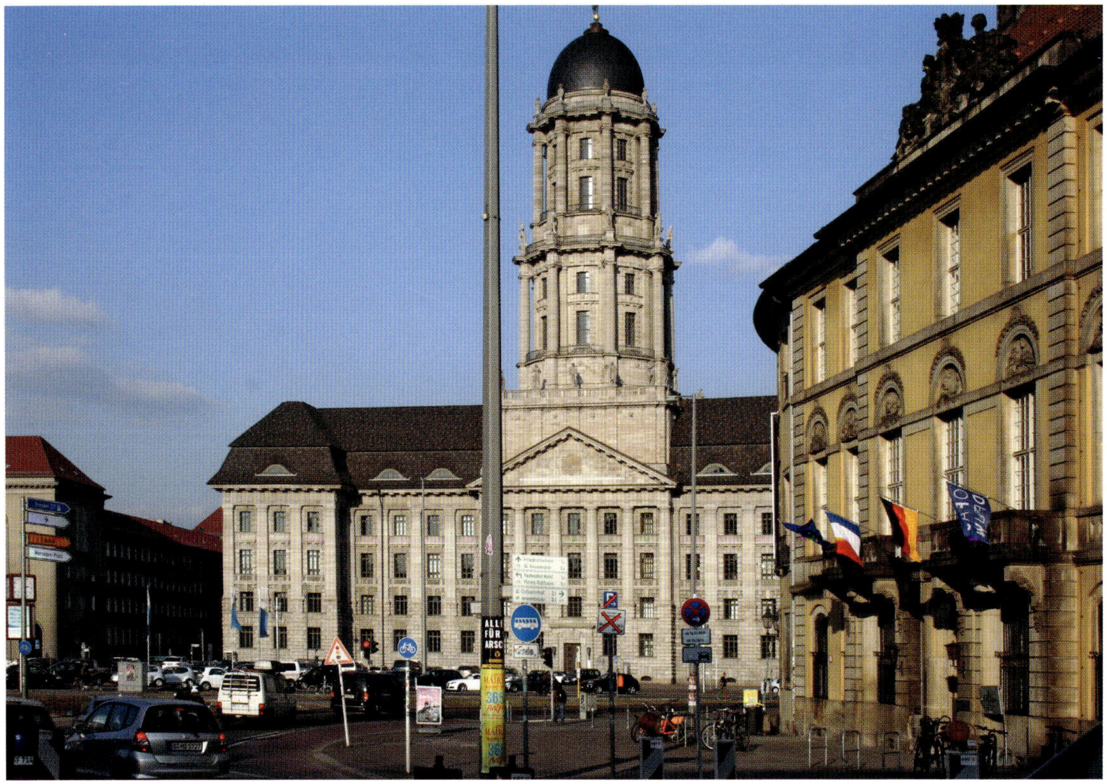

Molkenmarkt und Altes Stadthaus, 2019

> Molkenmarkt, Blick in die Stralauer Straße und zum Alten Stadthaus, rechts das Palais Schwerin, um 1925

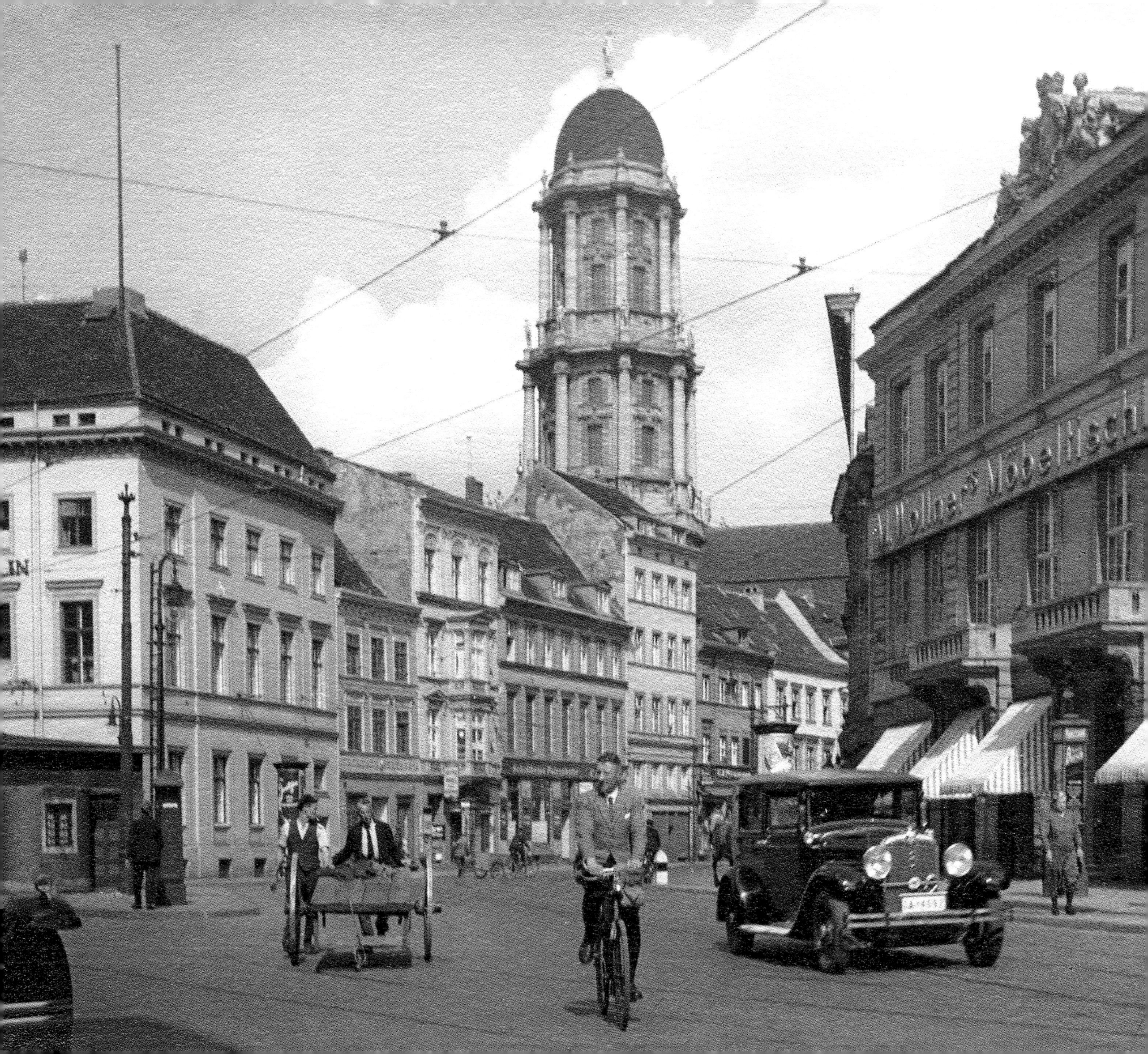

Molkenmarkt

Blick nach Norden

Vom Molkenmarkt führte die belebte Spandauer Straße zum *Roten Rathaus*. Sie säumten Kaufhäuser und Geschäfte insbesondere für Möbel. Zahlreiche Straßenbahnlinien verbanden den Molkenmarkt über die Spandauer Straße mit den nördlichen Stadtvierteln.

Die Spandauer Straße war bereits im Mittelalter eine der Hauptstraßen Berlins und führte zum Spandauer Tor. In dieser zentralen Lage zwischen Molkenmarkt und Rathaus ließen sich die wohlhabenden Familien der Stadt nieder. Ein Beispiel ist die Familie Blankenfelde, die seit 1280 in Berlin ansässig war und im Mittelalter zu den wohlhabenden und einflussreichen Familien zählte. Paul von Blankenfelde war 1390 sowie zwischen 1401 und 1429 mehrfach Bürgermeister von Berlin. Das im Kern mittelalterliche *Patrizierhaus Blankenfelde* stand bis zu seinem Abbruch 1889 in der Spandauer Straße 23 (früher Nummer 49, in der Bildmitte).

Links im Bild sieht man den Giebel des im Jahr 1900 nach Plänen von Hoeniger & Sedelmeier fertiggestellten *Kaufhauses Spandauer Straße*, bei dessen Bau die Straße von elf Meter auf 20 Meter verbreitert wurde.

Für das von den Nationalsozialisten geplante *Altstadtforum*, einen sehr großen von Verwaltungsbauten gesäumten Vorplatz vor dem Alten Stadthaus, wurden um 1937 die Häuser Spandauer Straße 20 bis 22 abgebrochen. Der Rest der Bebauung der Spandauer Straße in diesem Abschnitt wurde im Zweiten Weltkrieg zerstört.

Der Verlauf der Spandauer Straße änderte sich 1968 mit dem Bau der achtspurigen Grunerstraße. 1987 wurden beim Wiederaufbau des *Nikolaiviertels* die links im Bild von 2019 sichtbaren Neubauten in historisierenden Formen weit zurückgesetzt von der historischen Bauflucht errichtet. Es ist geplant, in Anlehnung an die Vorkriegssituation auch auf der Ostseite, zwischen Molkenmarkt und Rotem Rathaus, wieder Wohn- und Geschäftshäuser zu errichten.

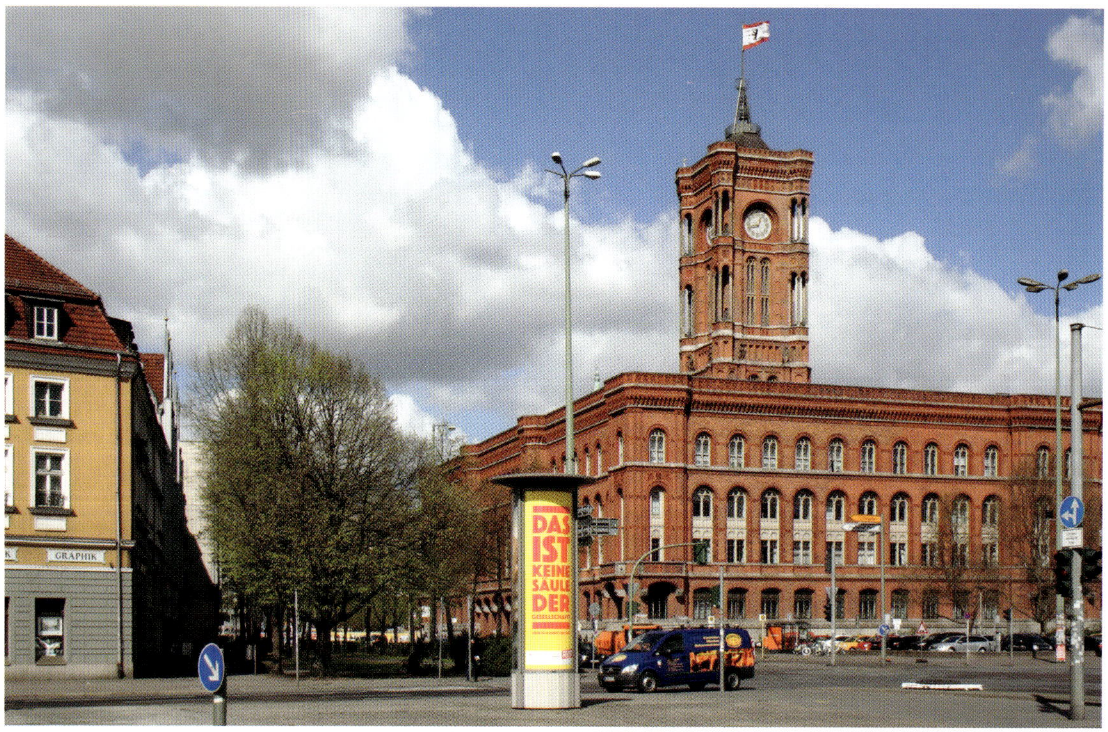

Spandauer Straße, 2019

> Blick vom Molkenmarkt in die Spandauer Straße und zum Roten Rathaus, um 1920

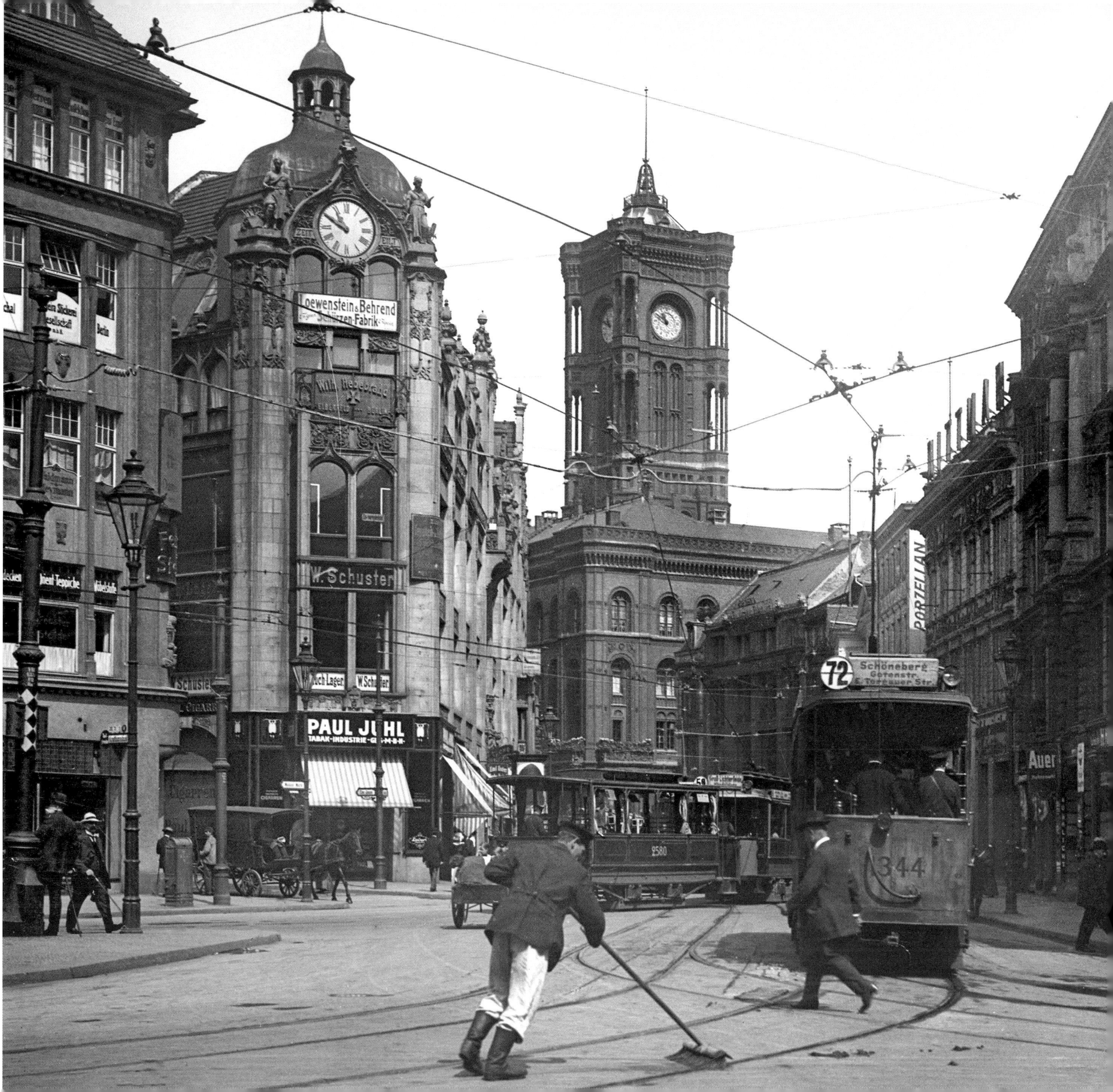
Loewenstein & Behrend
Schürzen-Fabrik
W. Schuster
Tuch-Lager
W. Schuster
PAUL JUHL
TABAK-INDUSTRIE-G-M-B-H
72
Schöneberg
Gotenstr.
PORZELLAN
Auer
344
2580
Berlin

Jüdenstraße

Die geschwungen verlaufende Jüdenstraße war eine ruhige Wohnstraße, die vom *Roten Rathaus* bis zur Stralauer Straße führte. Sie war gesäumt von Wohnhäusern auf meist schmalen Parzellen. Rechts im historischen Bild sieht man das 1904 errichtete Umspannwerk hinter dem Rathaus, dahinter die Häuser Nummer 18/19, in denen ab 1934 die Preisstelle für Grundstücke untergebracht war. Von hier aus wurde die »Arisierung« des Grundbesitzes für das gesamte Deutsche Reich organisiert und überwacht.

Auf der linken Seite erkennt man vor dem *Alten Stadthaus* ein Baugerüst. Es gehörte zum 1938 eingeweihten Bürohaus für die Feuersozietät, dem heutigen *Neuen Stadthaus*.

Die Jüdenstraße trägt ihren Namen seit dem Hohen Mittelalter und ist ein Zeuge der 800jährigen, wenn auch immer wieder gewalttätig unterbrochenen Geschichte der Juden in Berlin. Das Berlinische Stadtbuch des 14. Jahrhunderts berichtet vom Mittelpunkt der jüdischen Gemeinde in einem Häuserblock der Jüdenstraße – in welchem ist jedoch unbekannt. Möglicherweise finden die Archäologen in den nächsten Jahren die *Mikwe*, das rituelle Tauchbad der Berliner Gemeinde vor dem Pogrom des 14. Jahrhunderts. Vielleicht lag der Gemeindemittelpunkt aber auch in dem Block, der seit 1870 vom *Roten Rathaus* eingenommen wird, denn vielerorts, wie zum Beispiel in Köln und Münster, lagen die Bauten der Jüdischen Gemeinden in der Nähe der Rathäuser. In Berlin ist dies unklar, denn der Bau des neuen Rathauses in den 1860er Jahren ist nicht archäologisch begleitet worden.

Die beiden Stadthäuser und das Rathaus sind die einzigen Bauten, die Krieg und Nachkriegszeit überstanden haben. Die Jüdenstraße ist seit dem Bau der Grunerstraße in den 1960er Jahren unterbrochen, soll aber mit einer beidseitigen Wohn- und Geschäftsbebauung in den nächsten Jahren wiedererstehen.

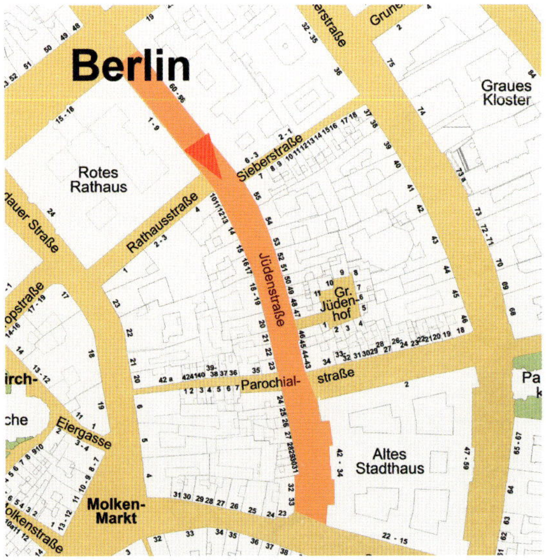

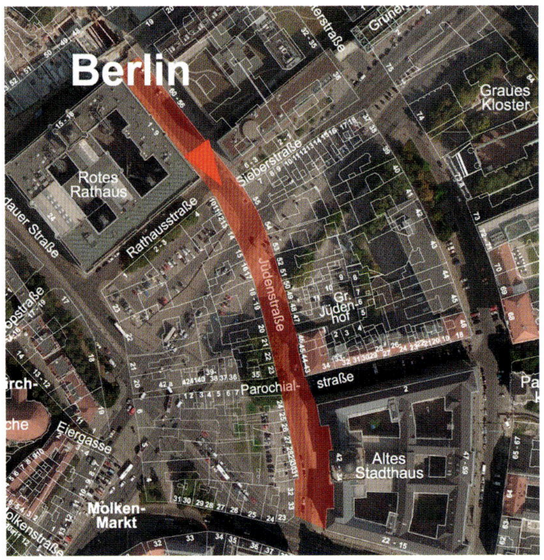

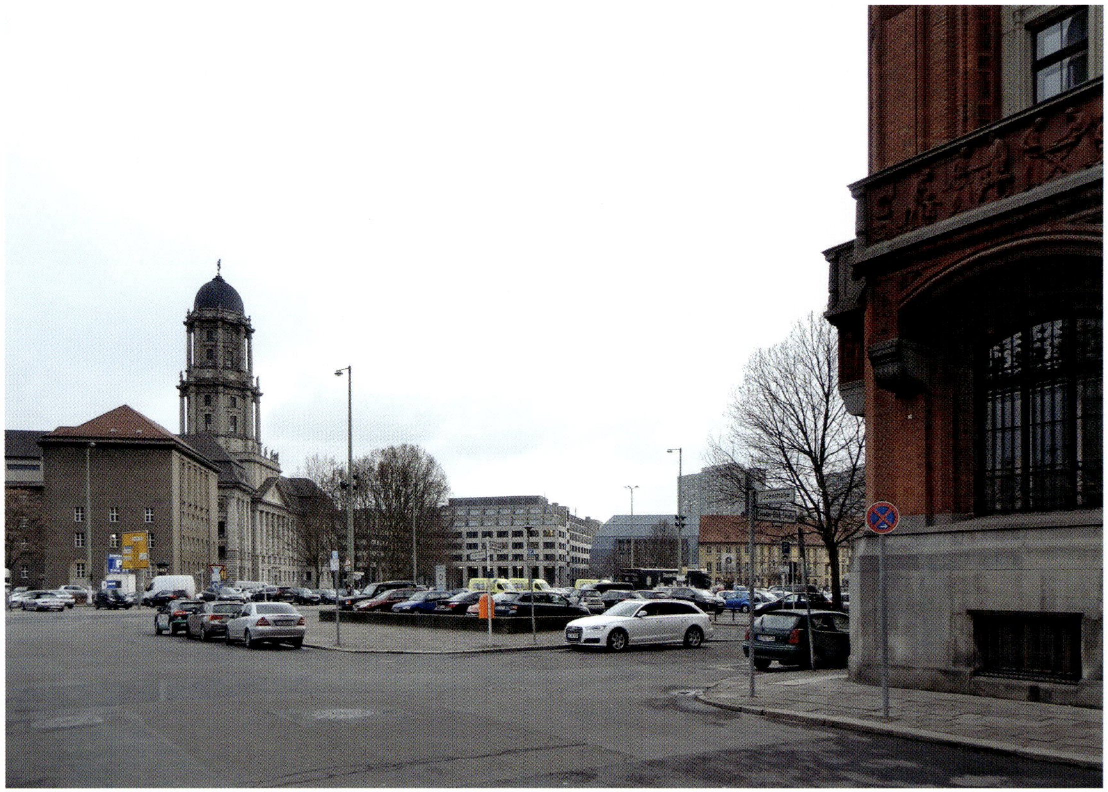

Jüdenstraße, 2017

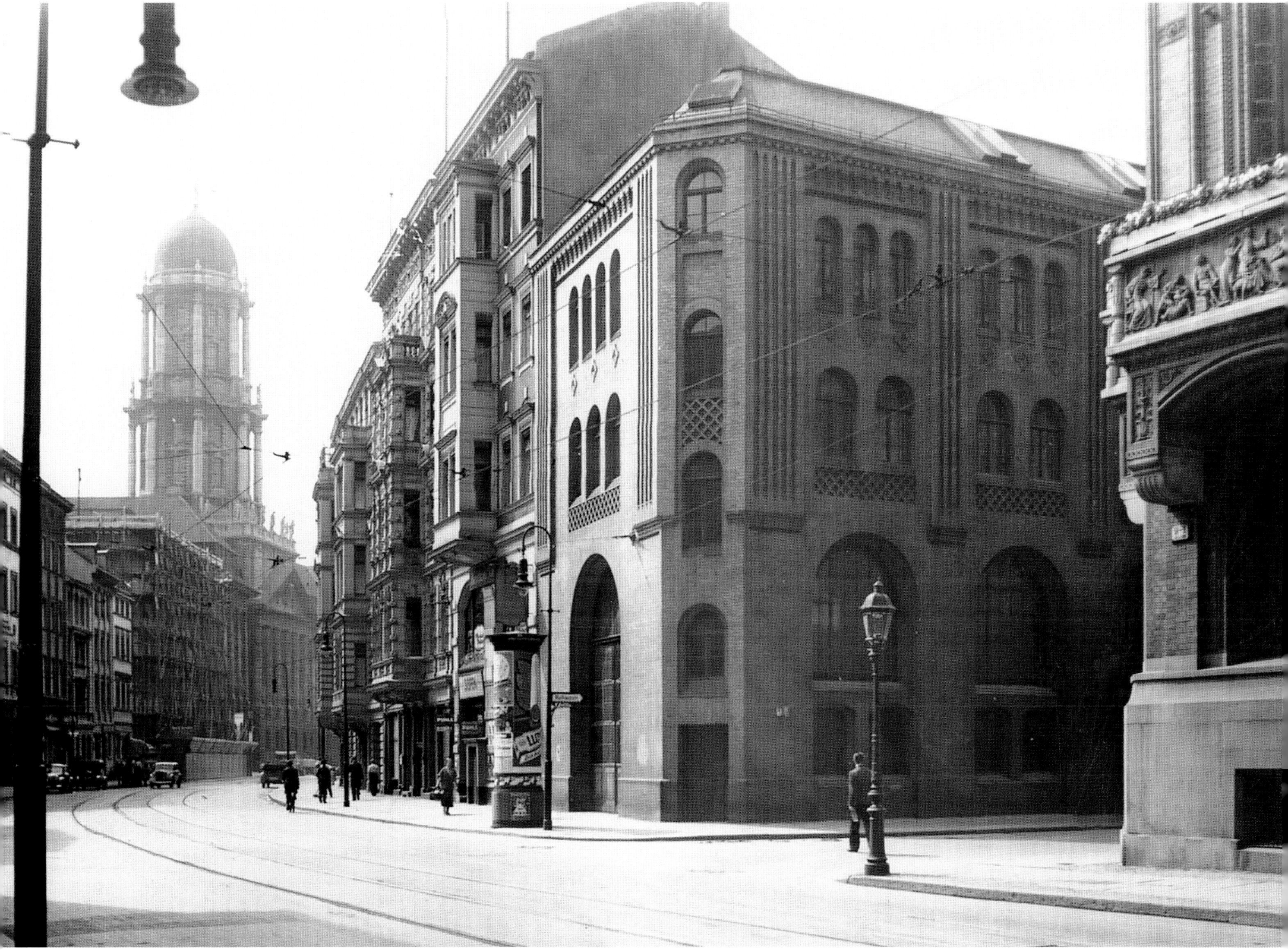

Jüdenstraße, um 1937

Großer Jüdenhof

Der Große Jüdenhof ist bekannt von zahlreichen Postkarten, die einen abgeschiedenen, beschaulichen kleinen Platz zeigen, oft mit spielenden Kindern. Es gab keinen öffentlichen Durchgang zur Klosterstraße und keine öffentlichen Attraktionen, wenn man von der imposanten schrägen Akazie absieht, die den Hof bis in die 1930er Jahre prägte.

Der Große Jüdenhof ist erst im 18. Jahrhundert als Wohnhof im Blockinneren mit zwölf zwei- bis vierstöckigen Häusern entstanden. Der romantische kleine Platz trug seinen Namen von der Jüdenstraße, an der sein Zugang lag. Markant war das zweigeschossige Haus Nummer 9 mit der Freitreppe neben der Akazie. Dem Haus wurde viel Phantasievolles zugeschrieben: Zum Beispiel, es sei das *Grundstück der mittelalterlichen Berliner Synagoge* oder gar *ein ehemaliges Kurfürstliches Jagdschloss*.

1924 wurde das Haus Nummer 4 abgebrochen. 1936 mussten die Häuser Großer Jüdenhof 1 bis 3 und 5 dem Neubau der Feuersozietät, heute das *Neue Stadthaus*, weichen. Die verbleibenden Häuser mit den Nummern 6 bis 12 wurden saniert und das Haus Nummer 5 neu errichtet. Die alte Akazie fällte man und ersetzte sie durch eine Robinie am Ort der Laterne in der Mitte des Wohnhofs.

Im Zweiten Weltkrieg wurde die Bebauung des Großen Jüdenhofs zerstört, bis auf das Haus Nummer 5. Dieses wurde erst im Mai 1968 abgerissen. Die Robinie stand noch lange an ihrem Platz. Nach ihrer Fällung im Jahr 2008 spross neues Grün aus dem Stumpf, wie man am rechten Rand des Bildes von 2017 sieht. Vor wenigen Jahren fanden archäologische Grabungen am Großen Jüdenhof statt, die keinen Nachweis für eine mittelalterliche jüdische Ansiedlung erbringen konnten. Die Fläche wurde anschließend asphaltiert und erneut als Parkplatz verpachtet. Eine Wiederbebauung nach historischem Vorbild ist geplant.

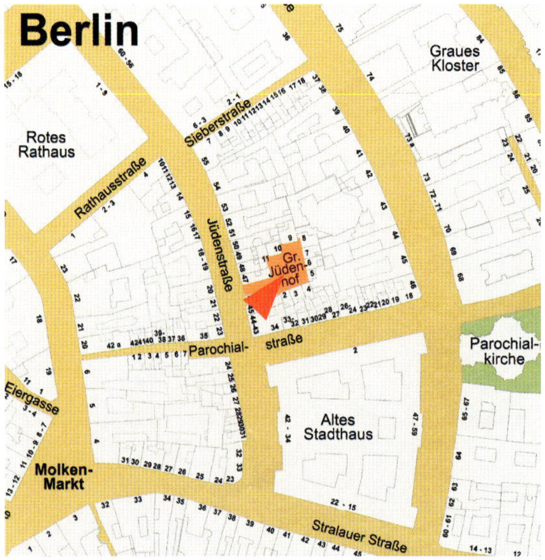

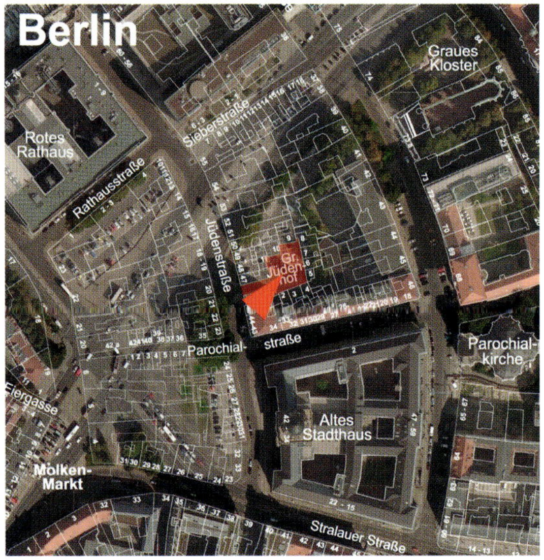

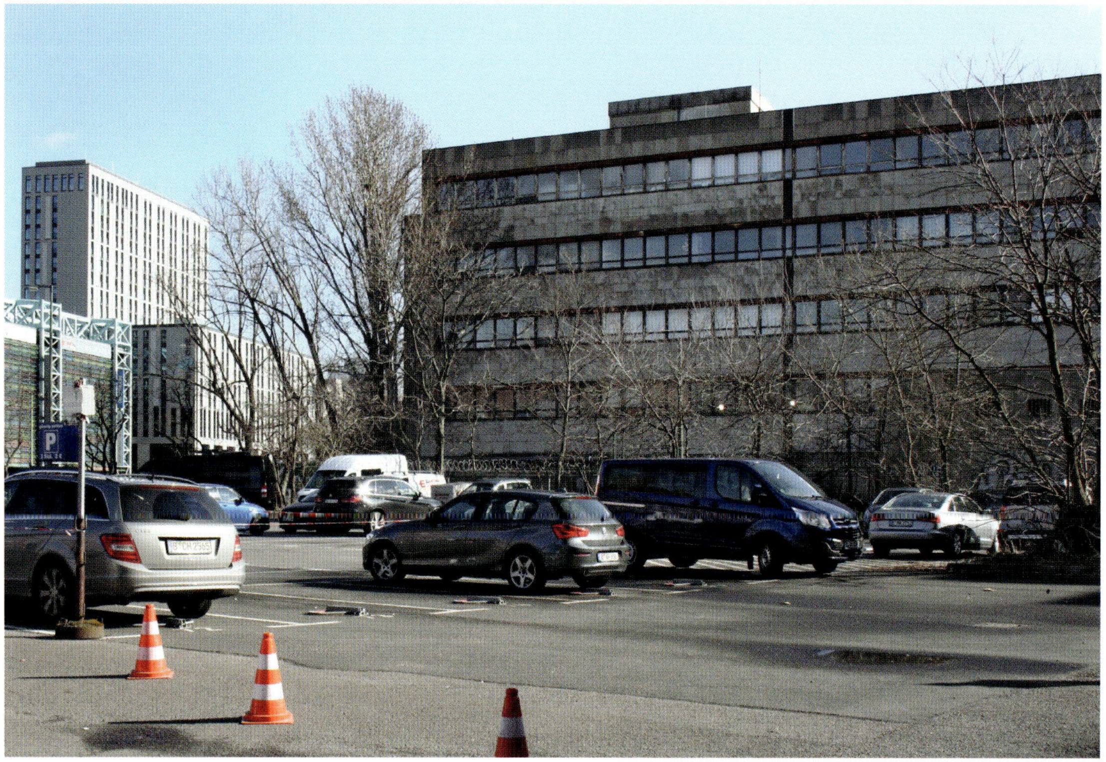

Parkplatz am Neuen Stadthaus, 2017

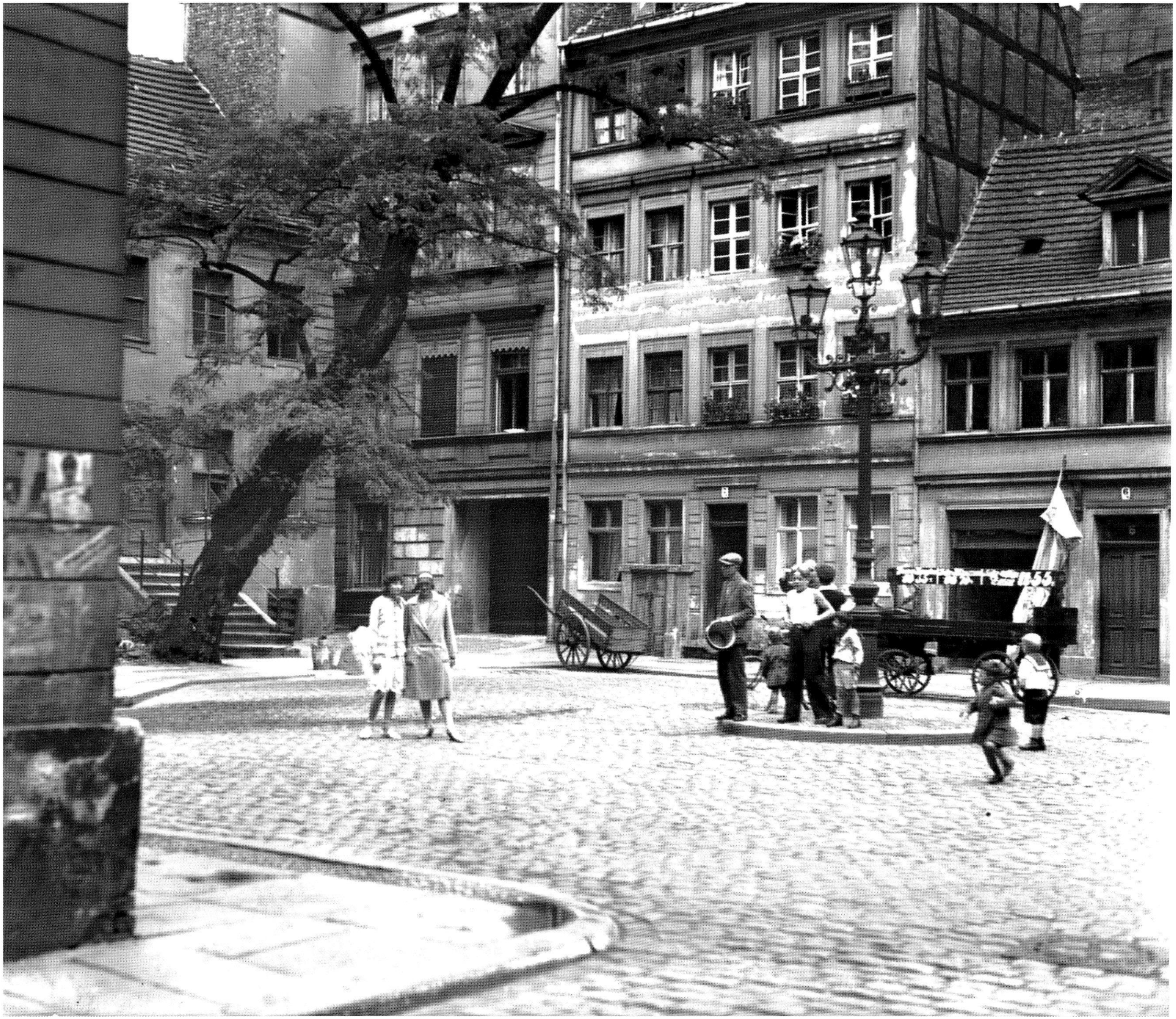

Großer Jüdenhof, um 1925

Parochialstraße

Die Parochialstraße war ein ursprünglich aus drei verschiedenen Gassen bestehender schmaler Straßenzug zwischen Waisenstraße und Molkenmarkt, der, wie andere schmale Straßen des Stadtkerns, die breiteren Tangentialstraßen verband – ein Prinzip, das uns in der Altstadt öfter begegnet. Die Aufnahme von 1928 zeigt den Blick aus dem westlichsten Teil der Straße mit den sehr schmalen Parzellen und niedrigen Handwerkerhäusern auf die Seitenfront des Alten Stadthauses und die Turmspitze der Parochialkirche im Hintergrund. Das vorletzte Haus auf der rechten Seite, Haus Nummer 6, galt als wichtiges Zeugnis Berliner Wohnkultur und als Baudenkmal.

Die Parochialstraße, die ihren Namen nach der an ihr gelegenen Parochialkirche trägt, entstand 1862 als Zusammenschluss von der Parochialgasse, die neben der Kirche verlief, der Kronengasse im Bereich des heutigen Alten Stadthauses und der Reetzengasse am Molkenmarkt. Die Parochialstraße wurde mehrfach verbreitert – zuerst an der Parochialkirche um 1880 durch Zurücksetzen der Friedhofsmauer auf die doppelte Breite. Der mittlere Teil wurde durch den Bau des heutigen Alten Stadthauses um 1902 auf der Südseite um 20 Meter verbreitert. Im Sommer 1936 wurde die nördliche Häuserzeile des mittleren Teils für den Neubau der *Feuersozietät*, heute *Neues Stadthaus*, abgebrochen. Das Gebäude ist auf dem aktuellen Foto links zu erkennen. Nur der westliche Teil, die ehemalige Reetzengasse, existierte nahezu unverändert bis zum 1938 erfolgten Abbruch für das Altstadtforum.

Die in der Nachkriegszeit gepflanzten Platanen markierten den früheren Verlauf der Parochialstraße in diesem Bereich. Sie wurden 2019 für die geplante Neubebauung gefällt.

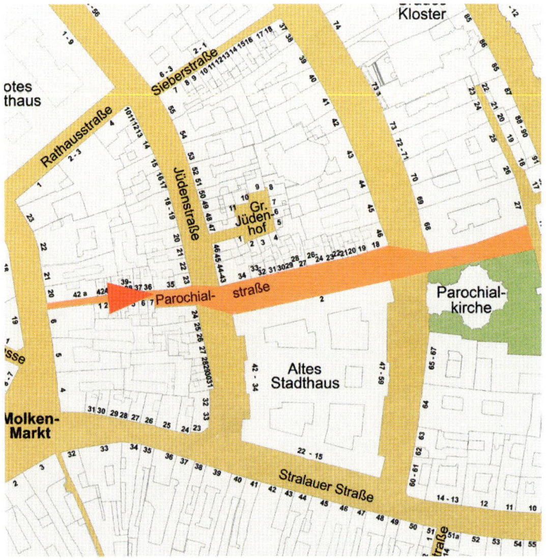

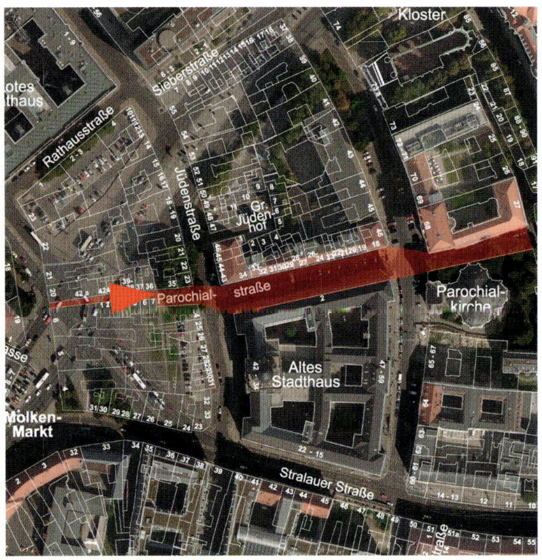

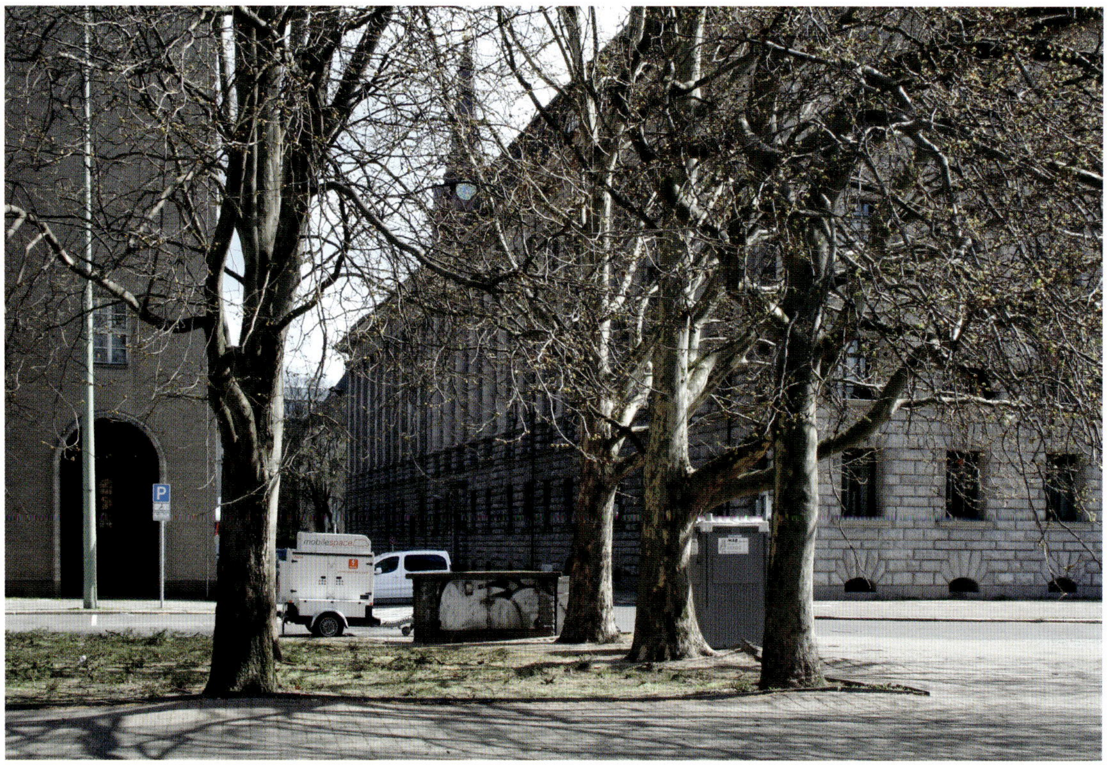

Parochialstraße, 2017

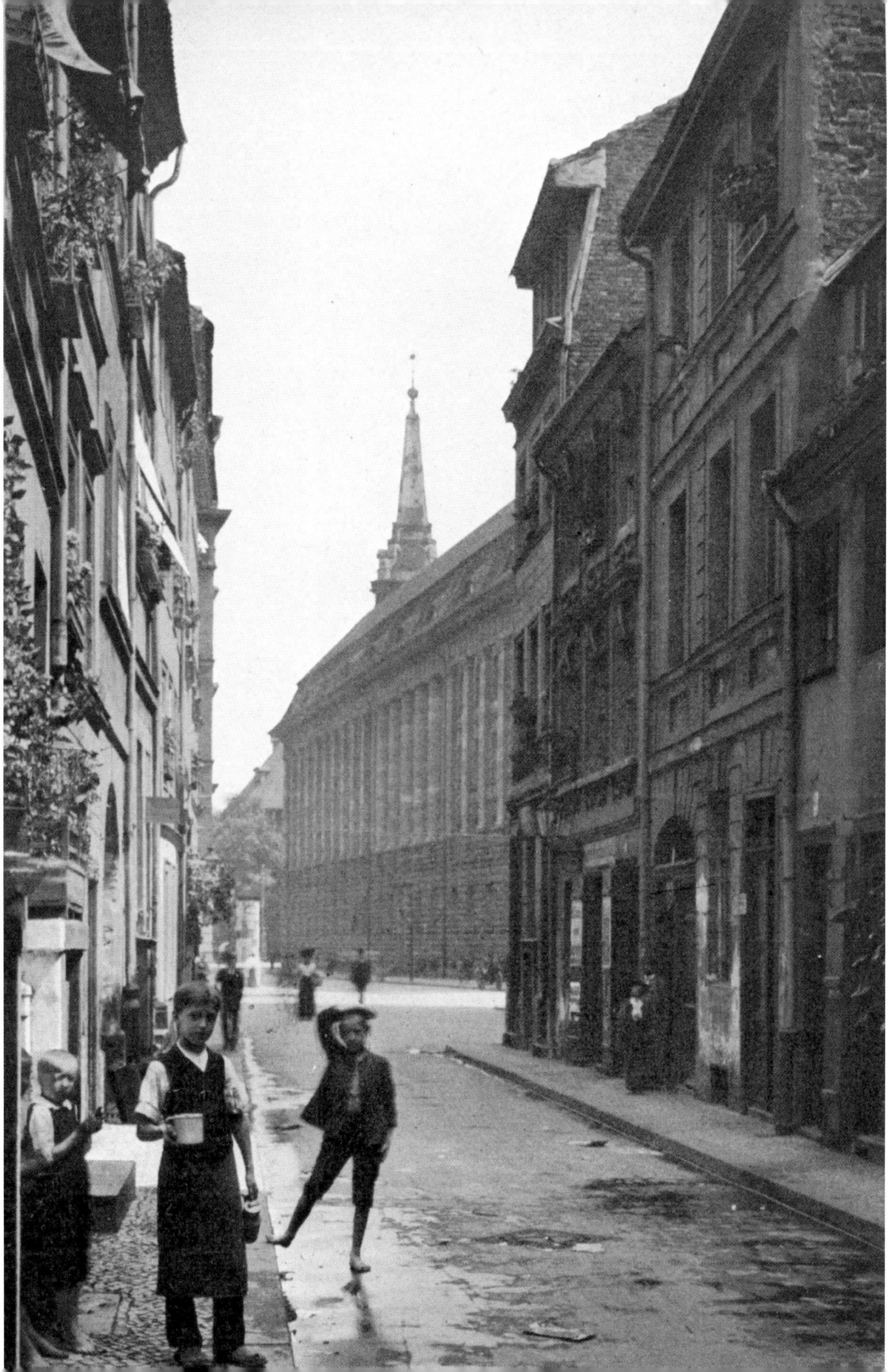

Parochialstraße, um 1928

Nikolaikirchplatz

Das Bild zeigt einen dem lauten Betrieb der Großstadt entzogenen Platz, ein Altstadt-Refugium, das seinerzeit in vielen Reiseführern empfohlen und auf Postkarten abgebildet wurde.

Der Platz ist mit dem Petriplatz in Alt-Kölln eng verwandt. Von der Zeit der Stadtentstehung vor 1200 bis zum Jahr 1707 diente der Platz um die Nikolaikirche als Friedhof. Im 18. Jahrhundert wurden nach und nach alle Friedhöfe im Zentrum Berlins geschlossen und einige in Stadtplätze umgewandelt. 1781 wurde der Platz nach der ältesten Pfarrkirche Berlins St. Nikolai *Nicolaikirchhof* genannt. 1901 erfolgten die Umbenennung in *Nikolaikirchplatz*. Die Kirche wurde im Zweiten Weltkrieg schwer beschädigt und die südliche Platzbebauung weitestgehend zerstört.

In den Jahren von 1983 bis 1987 – im Zuge des Wiederaufbaus des *Nikolaiviertels* – wurden die Ruine der Nikolaikirche rekonstruiert und die Südseite des Platzes mit Häusern bebaut, die bis auf zwei Gebäude den Vorkriegsbauten gleichen. Da man sich an der Bebauung des 18. Jahrhunderts orientierte, entfielen spätere Gebäudezusammenlegungen wie beim zweiten Haus von rechts und Aufstockungen, wie beim Haus Nummer 7, dem zweiten Haus von links neben der Kirche. An letzterem wurde 1987 eine Gedenktafel für Gotthold Ephraim Lessing angebracht, der »in diesem Haus in den Jahren von 1752 bis 1755 wohnte«. Die Tafel hing bis 1945 allerdings am Warenhaus Tietz am Alexanderplatz und erinnerte an Lessings dortigen Wohnort Am Königsgraben 10 – heute etwa an der Karl-Liebknecht-Straße hinter dem Kaufhaus *Galeria Kaufhof*.

Die Form und Einfassung der Rasenfläche samt Schinkelleuchte orientieren sich am früheren Zustand. Hier wurde 1987 die Skulptur *Clio* von Albert Wolff aufgestellt, die einst zum Reiterdenkmal für Friedrich Wilhelm III. im Lustgarten gehörte.

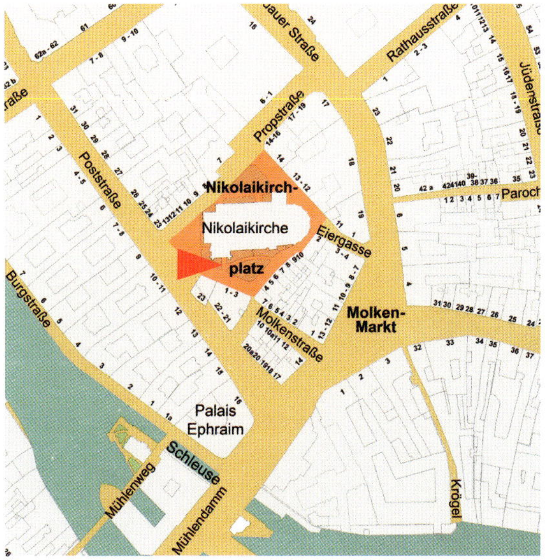

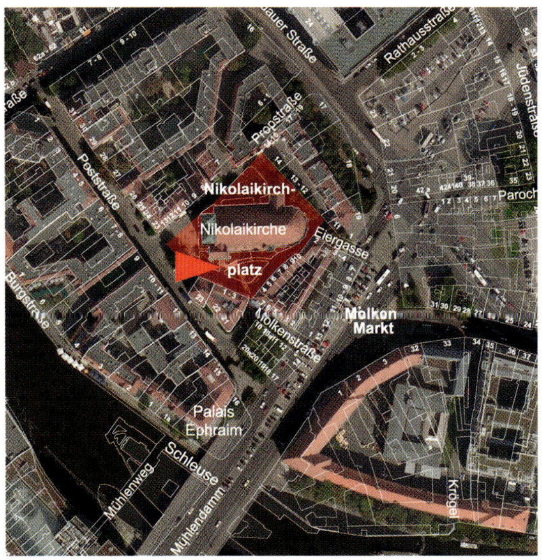

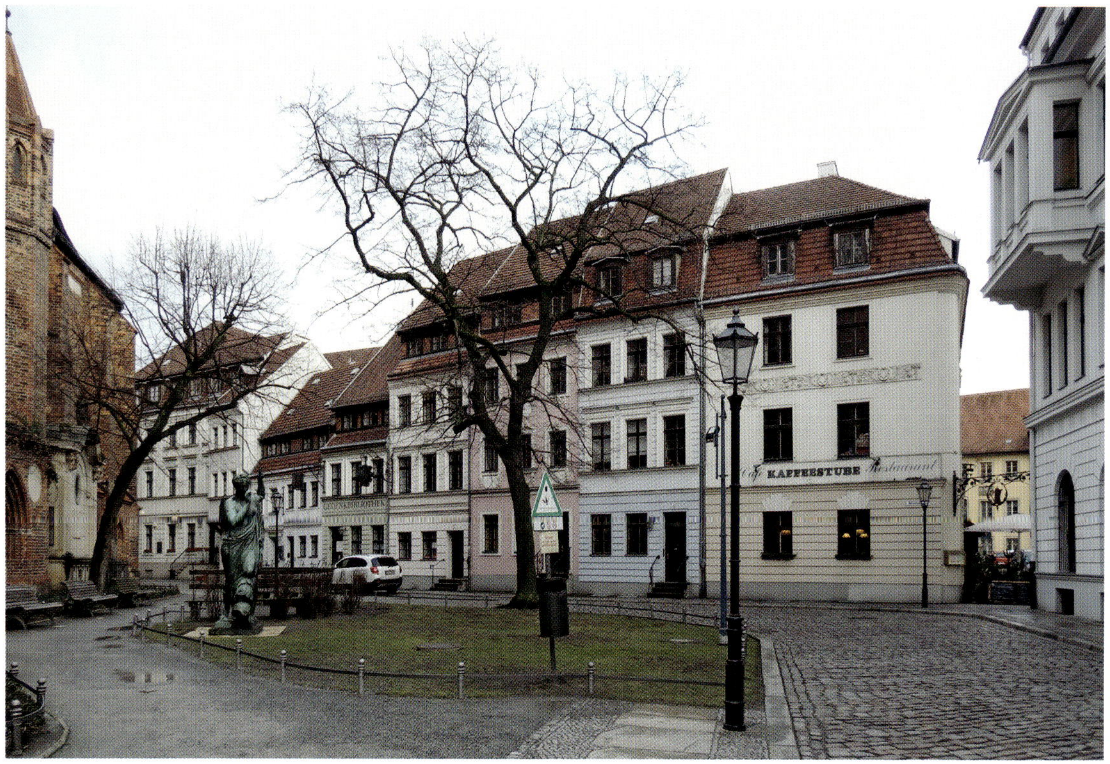

Nikolaikirchplatz, 2017

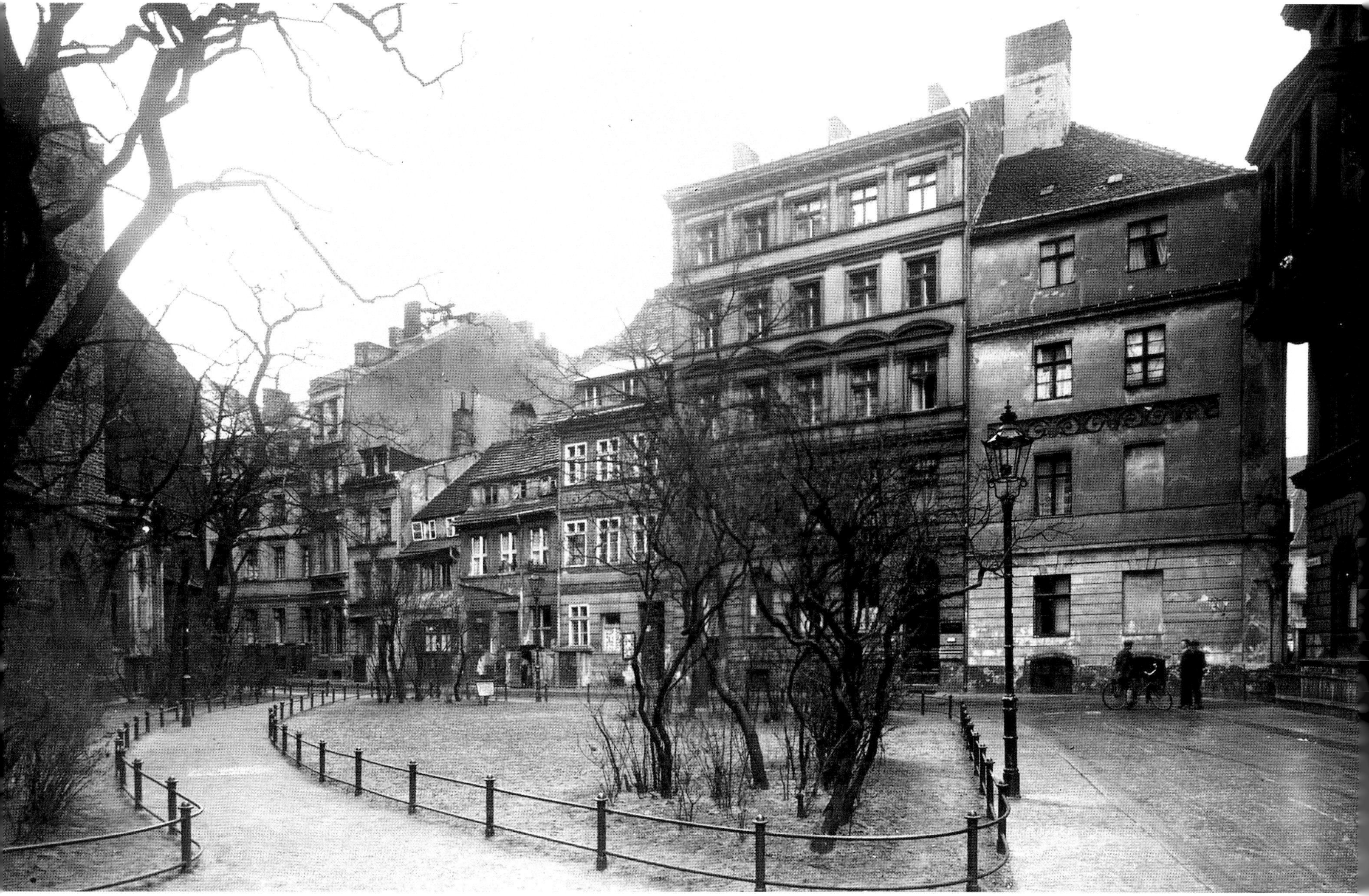

Südseite des Nikolaikirchplatzes, um 1925

Heiligegeiststraße

Die heute nicht mehr existierende Heiligegeiststraße war eine mit zum Teil prächtigen Häusern bestandene Wohnstraße. Die meistfotografierten Häuser waren die mit den Nummern 34 bis 39, da der *Neidkopf* am Haus Nummer 38, das man in der Bildmitte sieht, alle Blicke auf sich zog.

Die Straße ist benannt nach dem auf das Mittelalter zurückgehenden *Heilig-Geist-Spital*, dem Krankenhaus und Altersheim am Spandauer Tor. Von ihm steht nur noch die kleine Kapelle als Teil der *Handelshochschule*, heute *Wirtschaftswissenschaftliche Fakultät der Humboldt-Universität*. Die Heiligegeiststraße führte vom *Heilig-Geist-Spital* südwärts bis zur Königstraße, der heutigen Rathausstraße.

Das *Haus zum Neidkopf* befand sich zwischen Kleiner Poststraße und Kaiser-Wilhelm-Straße. Neidköpfe waren ein im Mittelalter und in der Barockzeit weit verbreiteter Abwehrzauber, um böse Gedanken und Wünsche von einem Haus und seinen Bewohnern abzuwenden. Die Geschichten, die sich um seine Herkunft ranken, sind allesamt als Legenden anzusehen. Die Heiligegeiststraße war Wohnadresse von berühmten Persönlichkeiten. Der Schlossbaumeister Caspar Theiß wohnte im 16. Jahrhundert im Haus Nummer 10/11, der Dichter Gotthold Ephraim Lessing von 1758 bis 1760 im Haus Nummer 52 und der deutsche Literatur-Nobelpreisträger des Jahres 1910, der Dichter Paul Heyse, wurde im Haus Nummer 5 geboren.

Die Heiligegeiststraße verlor durch Abrisse um 1939 und die Kriegszerstörungen weitgehend ihre Bebauung. Die letzten Gebäude des einst weitläufigen Komplexes *Postamt C2* wurden 1971 gesprengt. Heute kann man den ehemaligen Straßenverlauf an der Passage im 2002 eröffneten Geschäfts- und Hotel-Komplex *DomAquarée* und auch am Verlauf eines Parkweges im *Marx-Engels-Forum* wiedererkennen.

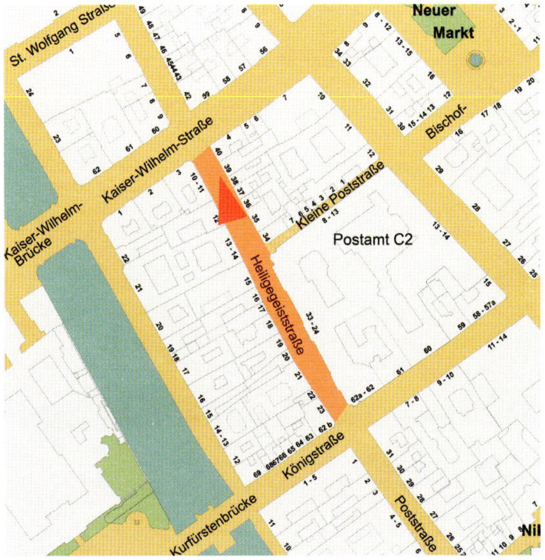

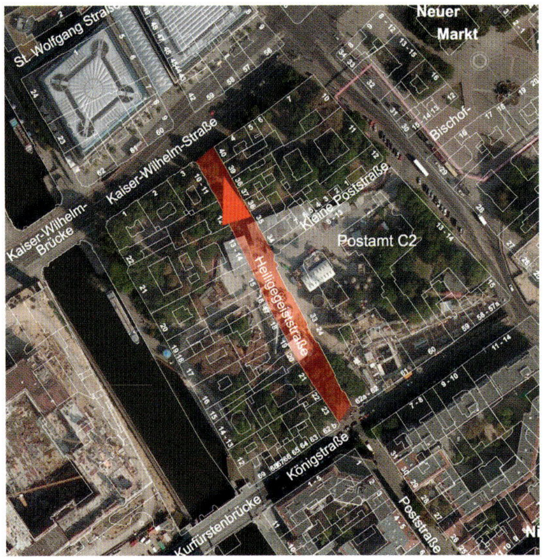

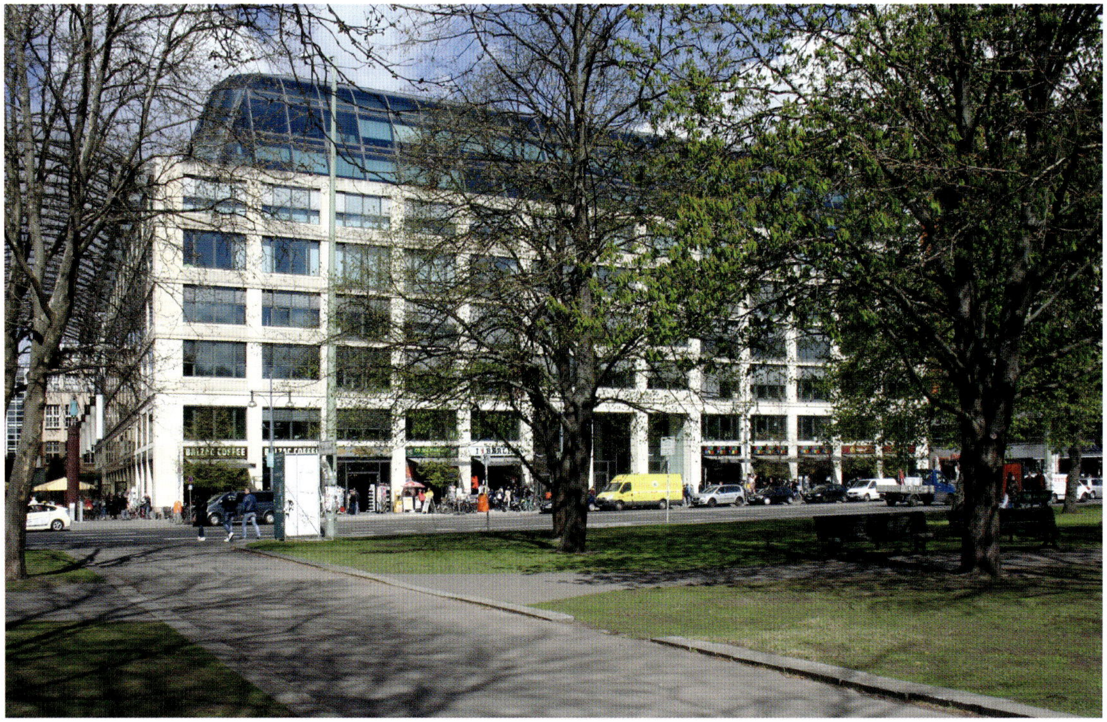

Parkweg etwa im Verlauf der Ostseite des mittleren Abschnitts der Heiligegeiststraße mit Blick auf das DomAquarée, 2017

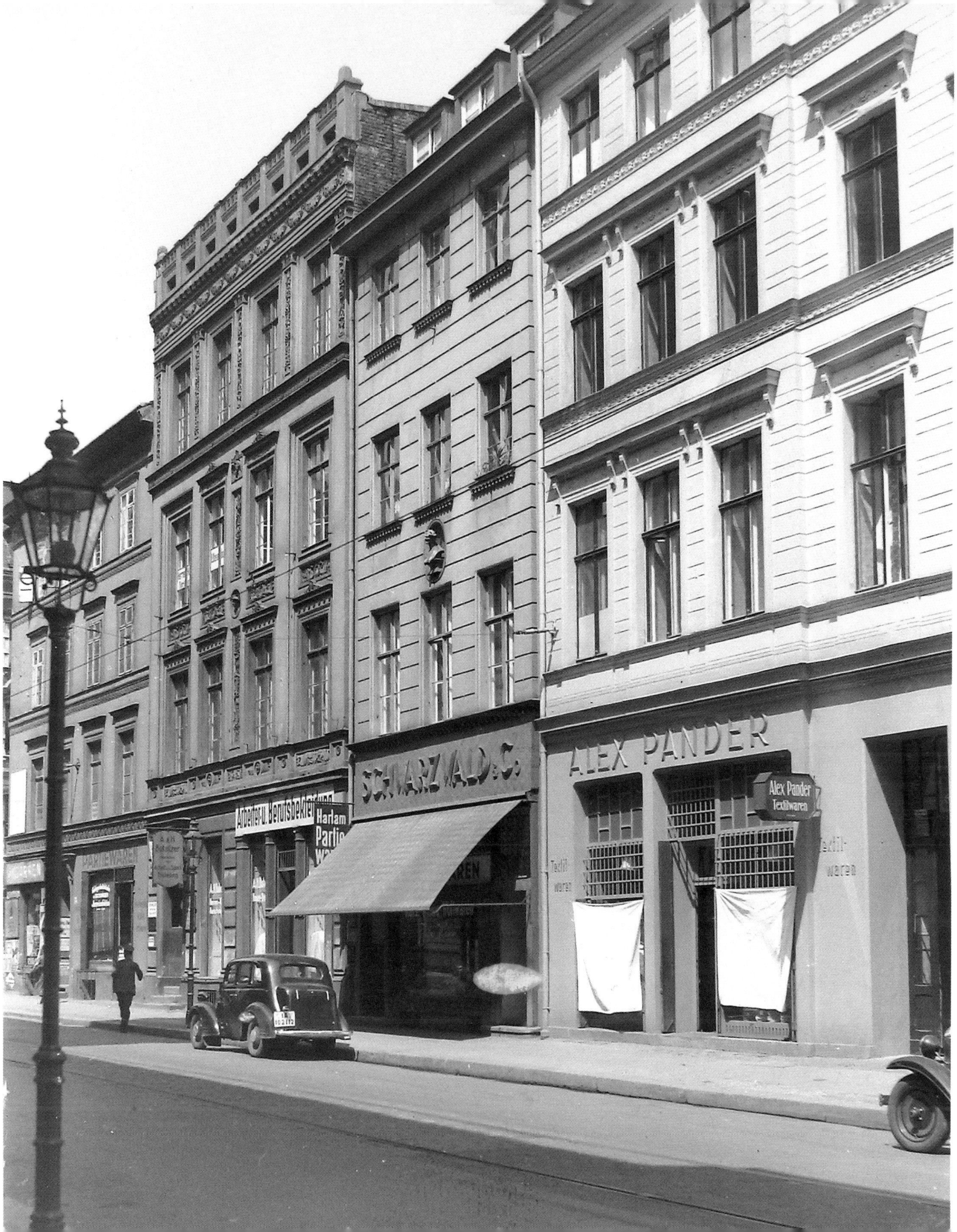

Heiligegeiststraße 37 bis 40,
um 1930

Kleine Poststraße

Die Kleine Poststraße war die Verbindung zweier größerer Straßen, der Spandauer und Heiligegeiststraße. Niedrige Häuser drängten sich auf schmalen Parzellen. Im Hintergrund sind die Gebäude Heiligegeiststraße 13/14 und 15 zu erkennen.

Die Kleine Poststraße ist in Abwandlung einer gängigen Redewendung Martin Luthers die *kleine Unbekannte* des historischen Stadtkerns. Vor 1844 hieß sie *Pankowsgasse*. Das Attribut *Klein* gab es in der Berliner Altstadt insgesamt sieben Mal. Stets bezeichnete es die jüngere und kürzere Version einer älteren, längeren Straße gleichen Namens: in Alt-Berlin die Kleine Burgstraße, den Kleinen Jüdenhof, die Kleine Stralauer Straße und die Kleine Präsidentenstraße, in Alt-Kölln die Kleine Gertraudenstraße, auf dem Friedrichswerder die Kleine Kur- und die Kleine Jägerstraße.

Im Haus Nummer 3, das zur Spandauer Straße 18 gehörte, war in der Zeit des Nationalsozialismus ein Rüstungsbetrieb ansässig, der Zwangsarbeiterinnen beschäftigte. Auf der Südostseite der Straße erhob sich die Postverwaltung, die nach und nach fast den gesamten Häuserblock bis zur Königstraße, heute Rathausstraße, einnahm.

1971 wurden die letzten Bauten zwischen Spandauer Straße und Burgstraße abgebrochen, um für den *Park an der Spree* Platz zu machen. In diesem Zusammenhang verschwand auch die Kleine Poststraße aus dem Berliner Stadtbild. Heute erstreckt sich hier das 1986 eingeweihte *Marx-Engels-Forum*. Der Zaun der Baustelleneinrichtung für die Verlängerung der U-Bahn-Linie 5 markiert in etwa den historischen Verlauf der Kleinen Poststraße.

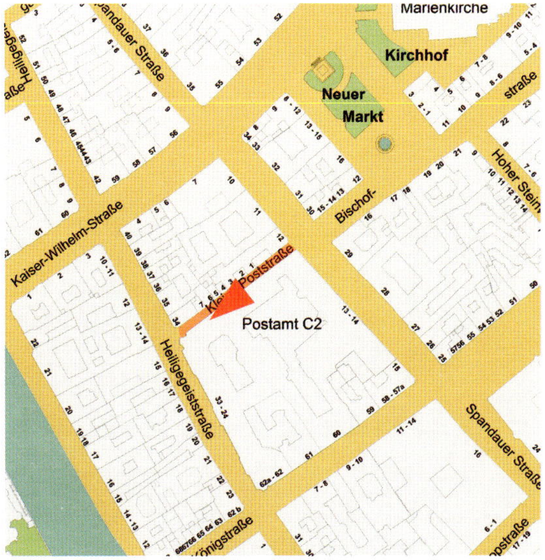

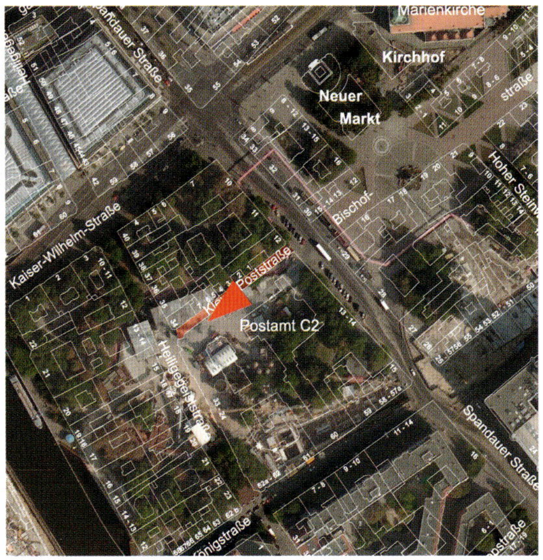

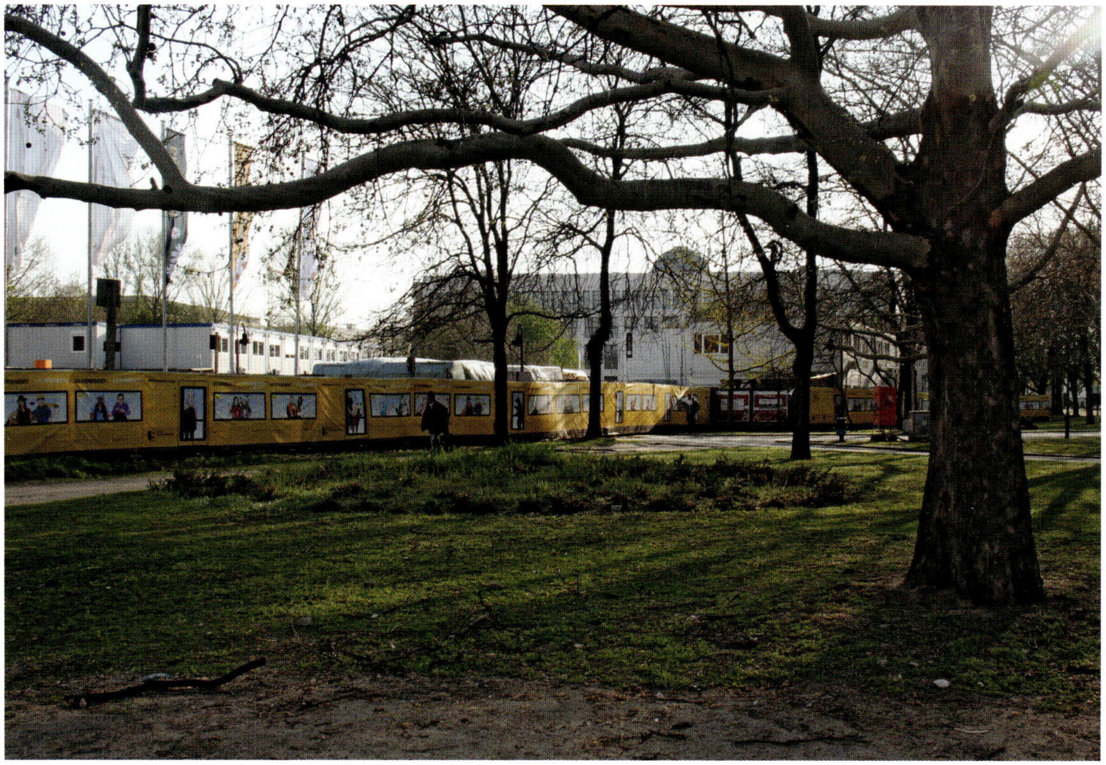

Parkanlage (Marx-Engels-Forum) mit Baustelleneinrichtung der U 5, 2019

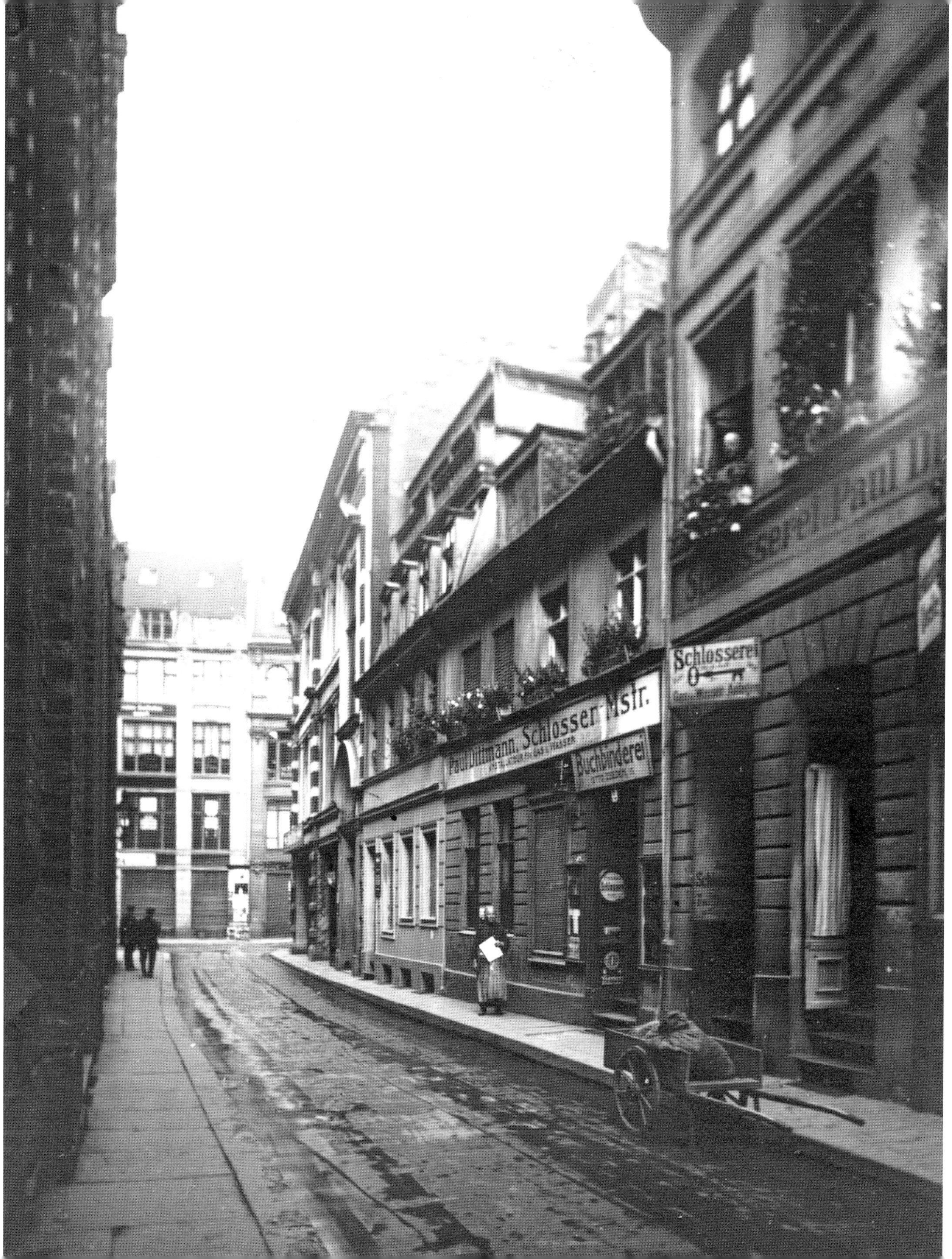

Nordwestseite der Kleinen Poststraße, um 1920

Rathausstraße
Königstraße
Westlicher Abschnitt

Auf dem Foto von 1925 sehen wir eine belebte Straße, die von zahlreichen Geschäften gesäumt wird. Fußgänger eilen über die Kurfürstenbrücke, und am rechten Bildrand ist das prächtige *Kaufhaus Alte Post* im Anschnitt zu sehen. Im Hintergrund erahnt man den Turm der Georgenkirche.

Die Königstraße – so genannt, weil der erste König in Preußen nach seiner Krönung in Königsberg im Jahre 1701 über diese Straße feierlich zum Schloss zog – ist die Mittelachse der Altstadt und verbindet das Rathaus mit dem Alexanderplatz und dem Schloßplatz. Im Zuge der Königstraße führt die älteste Berliner Brücke über die Spree, die heutige *Rathausbrücke*. Sie hieß zuerst *Lange Brücke* und dann *Kurfürstenbrücke* – benannt nach dem bedeutenden Reiterstandbild des Großen Kurfürsten von Andreas Schlüter und Johann Jakobi. Warum hieß ausgerechnet die Brücke über die engste Stelle der Spree bis 1896 *Lange Brücke*? Der Berliner Humor war hier nicht am Werk. Das östliche Flussufer war vielmehr bis ins 17. Jahrhundert unbebaut und fiel von der Heiligegeist- beziehungsweise Poststraße sanft zur Spree ab. Dadurch war das Brückenbauwerk um ein Vielfaches länger als heute, was ihm zu Recht den Namen *Lange Brücke* eintrug.

Das *Kaufhaus Alte Post* am rechten Bildrand wurde gleich zweimal errichtet: zuerst 1892 als Wohn- und Geschäftshaus und nur sieben Jahre später, 1899, wegen der Straßenverbreiterung ein zweites Mal als reines Kaufhaus. In beiden Fällen hieß der Architekt Carl Bauer.

Die Bebauung der Königstraße war in diesem Abschnitt weitgehend kriegszerstört. 1951 erfolgte die Umbenennung in Rathausstraße. Mit dem Bau des *Nikolaiviertels* wurde die Südseite der Straße bis zu zwölf Meter hinter der historischen Bauflucht wieder bebaut. Im Jahr 2012 wurde die von Walter A. Noebel entworfene neue Rathausbrücke fertiggestellt, die durch vier Lampenaufsätze tragende Granitpfeiler charakterisiert ist.

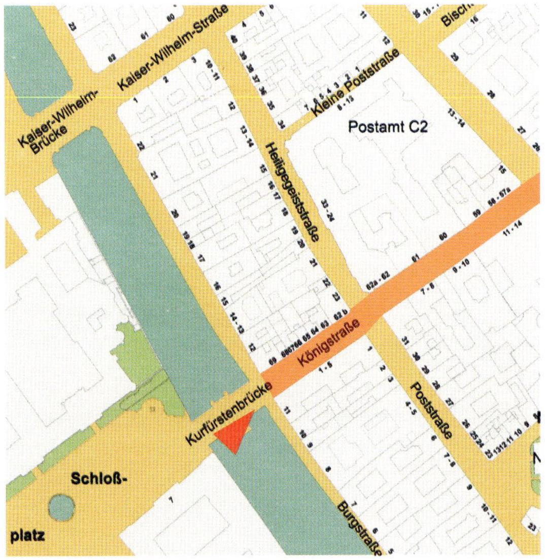

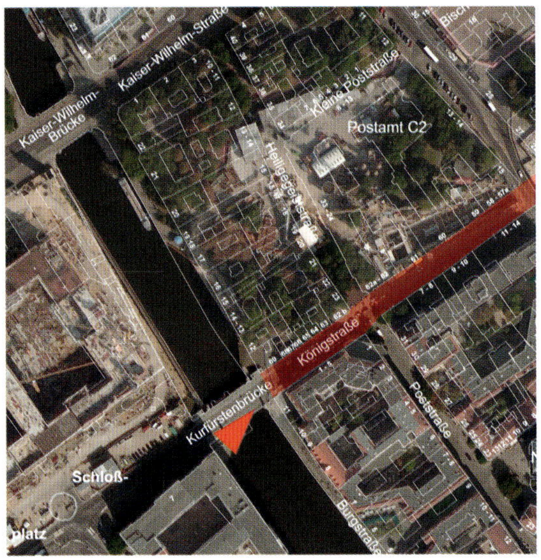

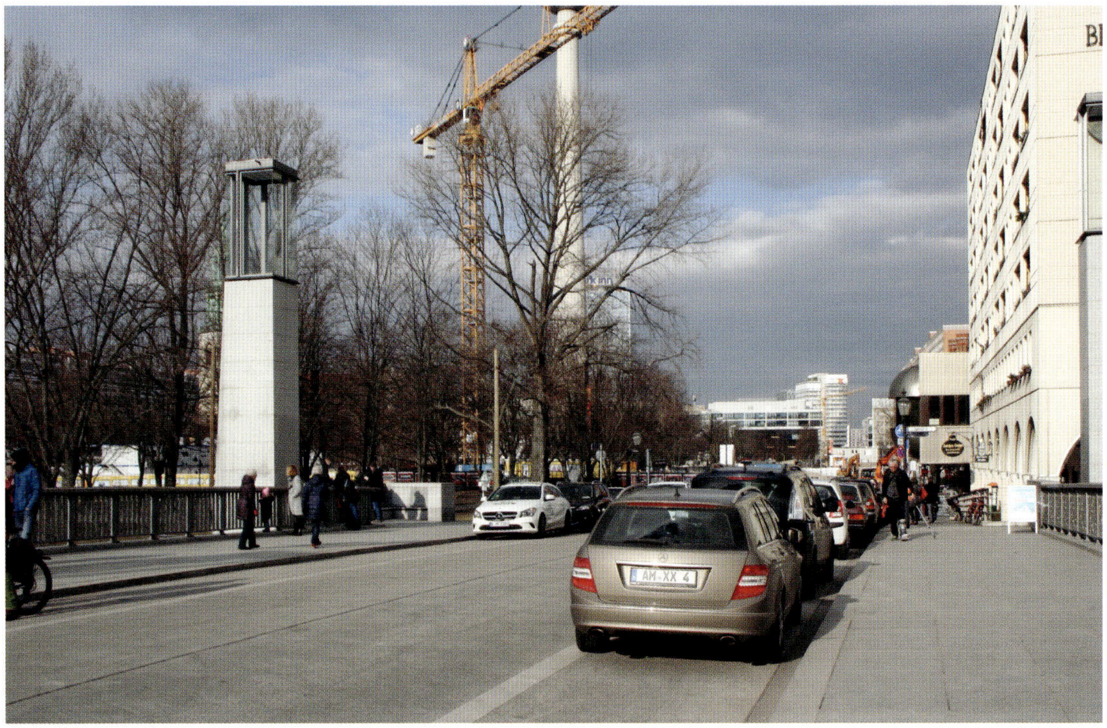

Rathausstraße an der Rathausbrücke, 2018

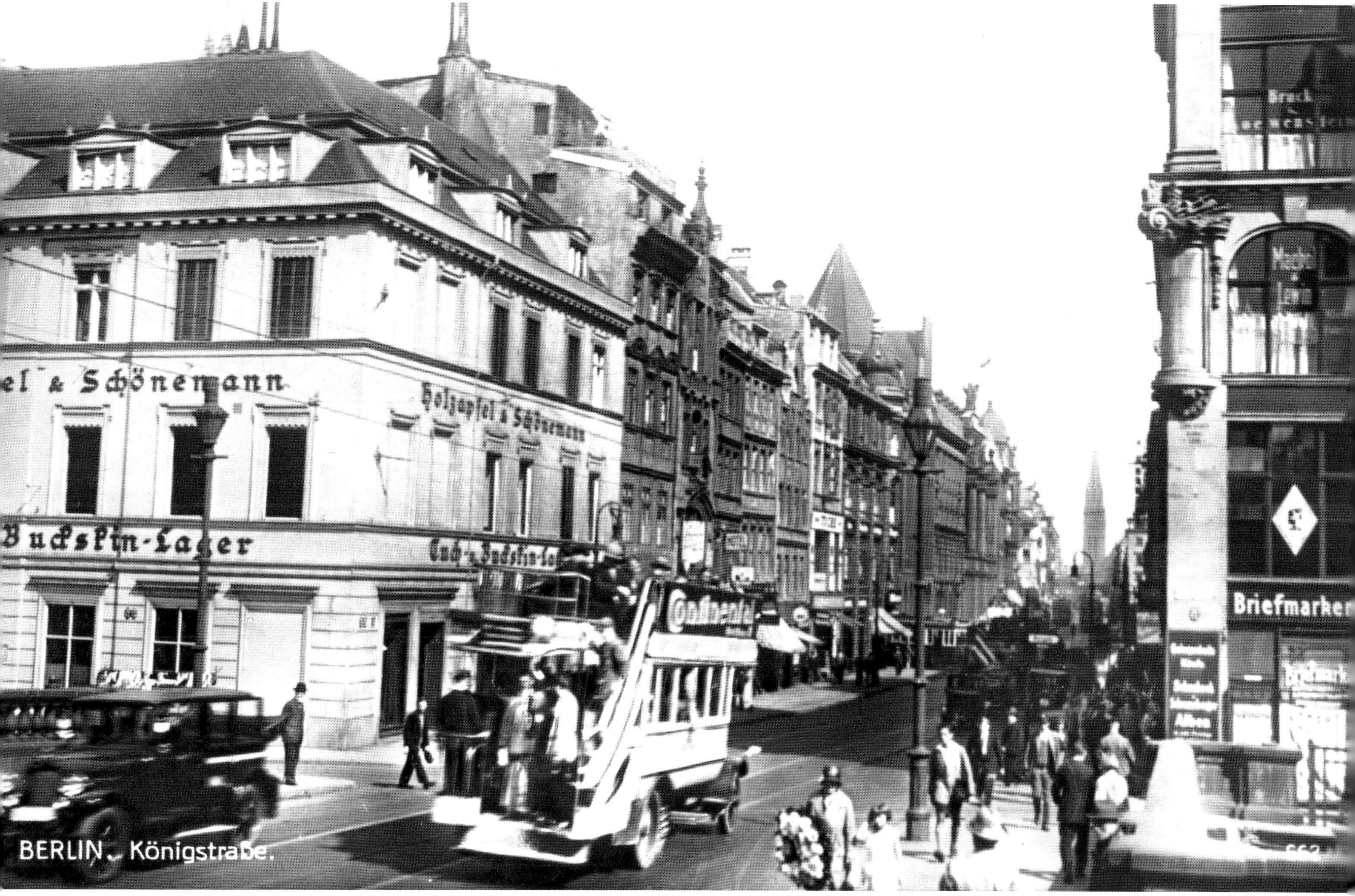

Königstraße an der Kurfürstenbrücke, um 1925

Rathausstraße
Königstraße
Mittlerer Abschnitt

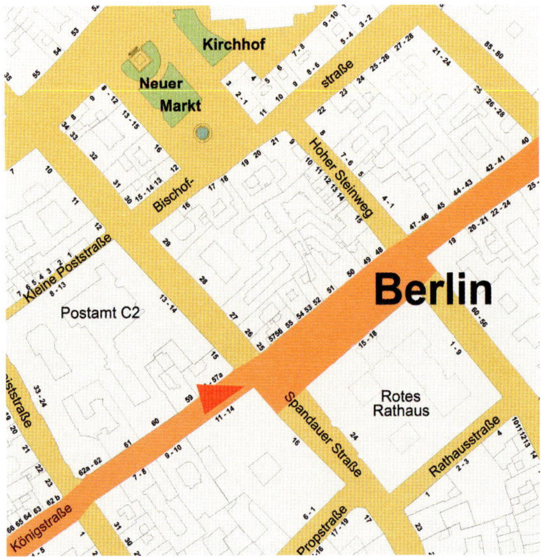

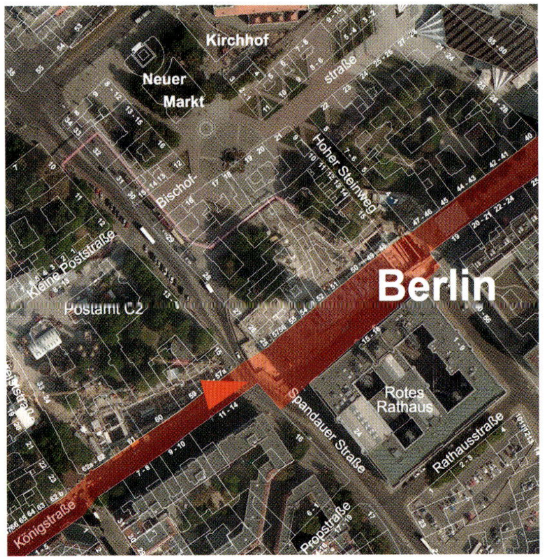

Auf dem Foto von 1930 geht der Blick aus der knapp 20 Meter breiten Königstraße (heute Rathausstraße) über die Spandauer Straße hinweg auf das von Hermann Friedrich Waesemann weit hinter der Straßenflucht zurückgesetzt errichtete Rote Rathaus. In der historischen Fotografie sieht man rechts das 1899 nach Entwurf von Ludwig Engel errichtete Kaufhaus N. Israel, das später mehrfach erweitert wurde.

Angefangen hatte Nathan Israel 1815 mit einer Leinenhandlung in der Jüdenstraße 18. Über Zwischenstation am Molkenmarkt 2 und ab 1843 an der Ecke Spandauer und Königstraße entwickelte sich das spätere bekannte Kaufhaus N. Israel. Es reiht sich ein in die Kauf- und Warenhausbauten der Jahre um 1900 wie Wertheim, Tietz und Jandorf. N. Israel unterhielt als einziges Berliner Warenhaus keine Filialen. In den ersten Jahrzehnten des 20. Jahrhunderts war es bei Mitarbeitern und Kunden außergewöhnlich gut angesehen und auch wirtschaftlich sehr erfolgreich.

Nach dem Januar 1933 war die Inhaberfamilie vielen Schikanen ausgesetzt, doch da die Firma frei von Hypotheken und Schulden war, fehlte den Verfolgungsbehörden ein Hebel, um sie aus dem Markt zu drängen. Erst 1939 wurde das Kaufhaus von der Emil Köster AG zum Schein »arisiert« – diese Firma gehörte über mehrere Mittelsmänner einem im Ausland lebenden ehemaligen Berliner Unternehmer jüdischer Herkunft. Das Gebäude wurde im Krieg beschädigt, die unteren beiden Geschosse nach 1945 aber noch für Verwaltungszwecke genutzt und erst im April 1952 abgeräumt.

Die Kaufhausfront muss man sich an der Straßenseite der Grünanlage an der Rathausstraße denken. Da die Nordfront des Nikolaiviertels in den 1980er Jahren bis zur Flucht des Roten Rathauses zurückgesetzt wurde, ist der Vorplatz des Rathauses heute nicht mehr erlebbar.

Lediglich zwei Stolpersteine erinnern vor Ort an das Kaufhaus und seinen letzten Besitzer Wilfrid Israel.

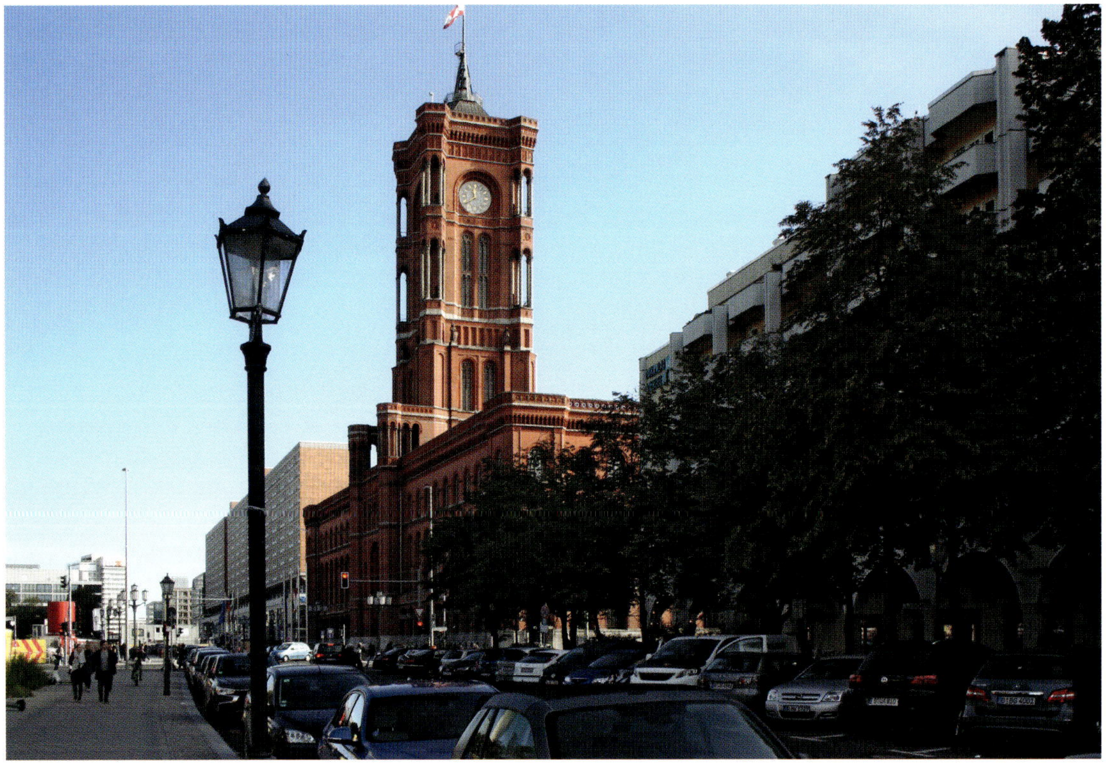

Rathausstraße / Ecke Spandauer Straße, 2019

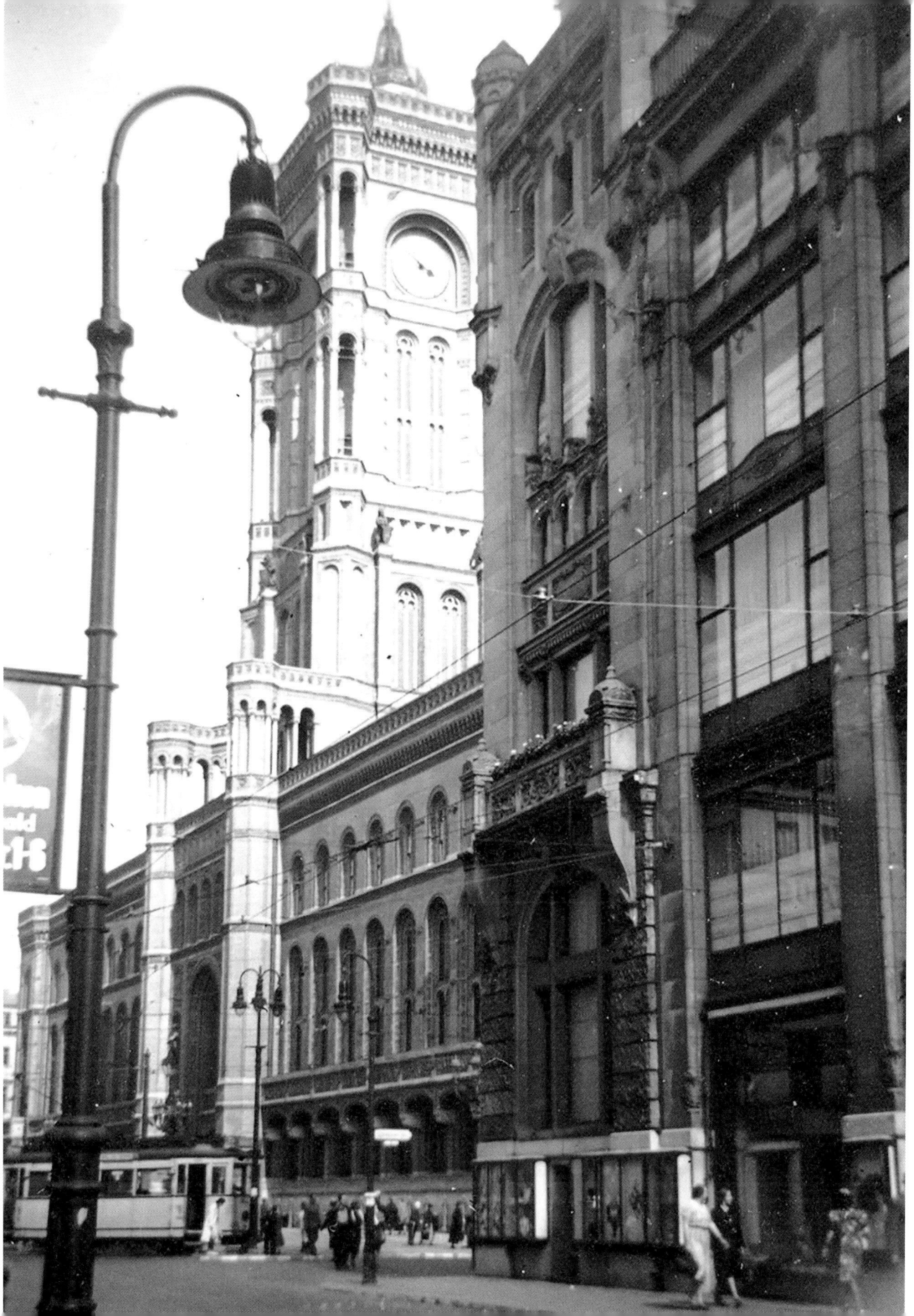

Königstraße / Ecke Spandauer Straße, um 1930

Rathausstraße
Königstraße
Platz am Rathaus

Die Ansichtskarte von 1915 zeigt einen geräumigen Platz, an dem links das Rote Rathaus zu erkennen ist und an dessen übrigen Seiten Wohn- und Geschäftshäuser stehen, die alle Läden in den Erdgeschossen aufweisen. In der Blickachse liegt der markante Eckturm des Kaufhauses *N. Israel* von 1899. Daneben öffnet sich die Königstraße in Richtung Schloss und gegenüber, an der Ecke zur Spandauer Straße, sieht man das 1881 errichtete Stoffkaufhaus Grumach mit Eckkuppel. Die östlich anschließenden Häuser der Königstraße stammten alle aus dem 19. Jahrhundert. In der Nummer 52, dem dritten Haus von rechts, befand sich seit den 1920er Jahren die *Vegetarische Gaststätte am Rathaus*.

Der Rathausvorplatz entstand 1871 durch den Rücksprung des Rathausneubaus hinter die Bauflucht der Königstraße um etwa zwölf Meter. Er war 140 Meter lang, 35 Meter breit und fasste bei Aufläufen und Demonstrationen einige Zehntausend Menschen.

In das Haus Nummer 50, rechts angeschnitten, lagerte das *NS-Propagandaministerium* im Herbst 1942 die Überreste der *Aktion Entarte Kunst* ein. Als das Haus Ende Mai 1944 niederbrannte, gingen die Kunstwerke verloren. Im Jahr 2010 wurden bei U-Bahn-Bauarbeiten die Skulpturen aus Stein und Metall, die den Brand überstanden hatten, in den verschütteten Kellerräumen des Hauses gefunden und erregten als *Skulpturenfund im Trümmerschutt* weltweites Aufsehen.

Heute existiert von den auf dem historischen Foto sichtbaren Bauten nur noch das nach Kriegszerstörungen bis 1955 wieder aufgebaute *Rote Rathaus*. Diesem gegenüber stehen seit 1958 die Skulpturen *Die Aufbauhelferin* und *Der Aufbauhelfer* von Fritz Cremer.

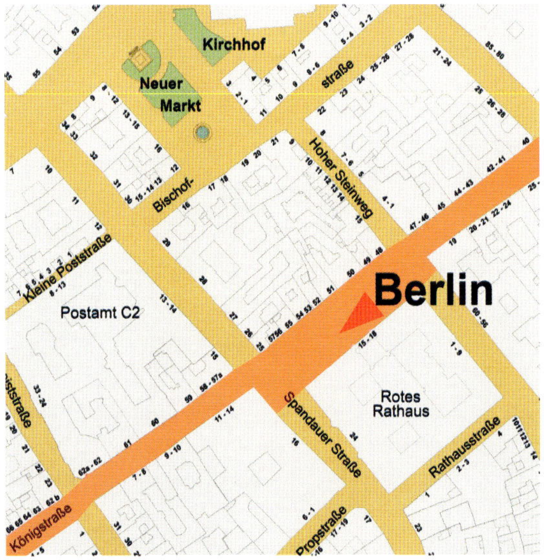

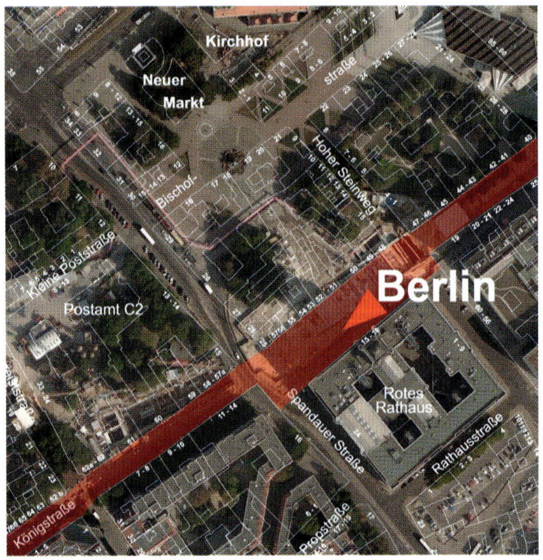

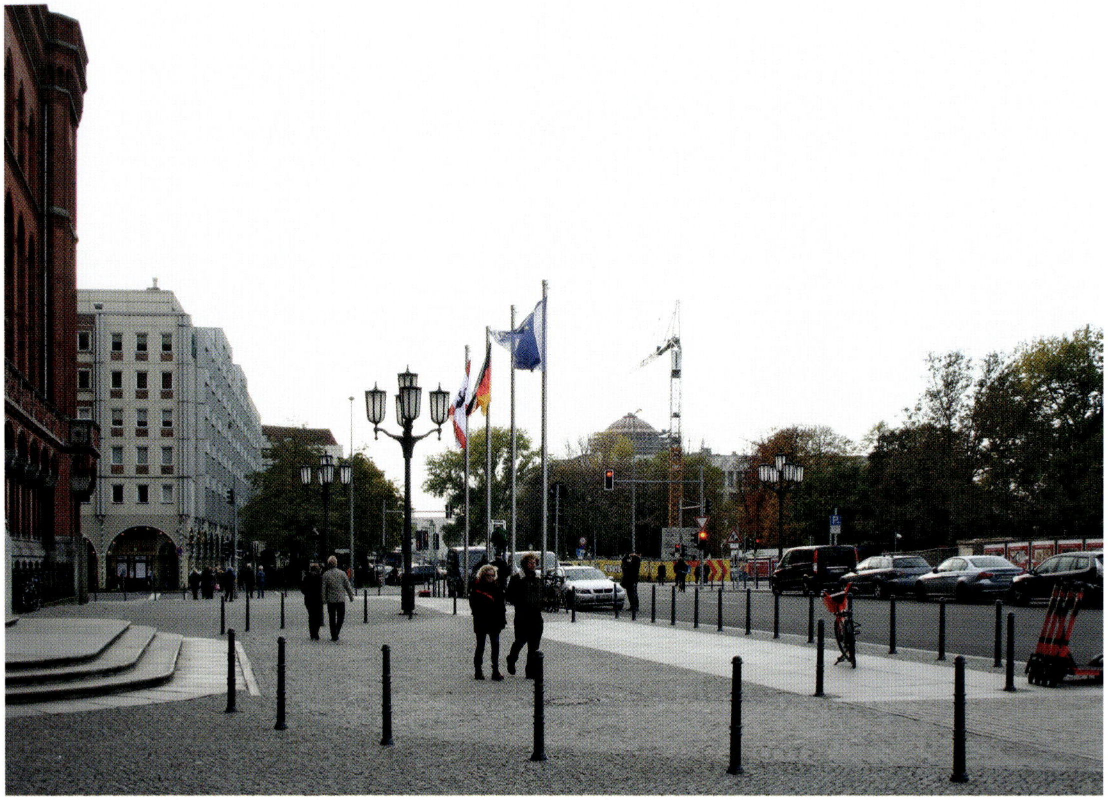

Rathausstraße am Roten Rathaus, 2019

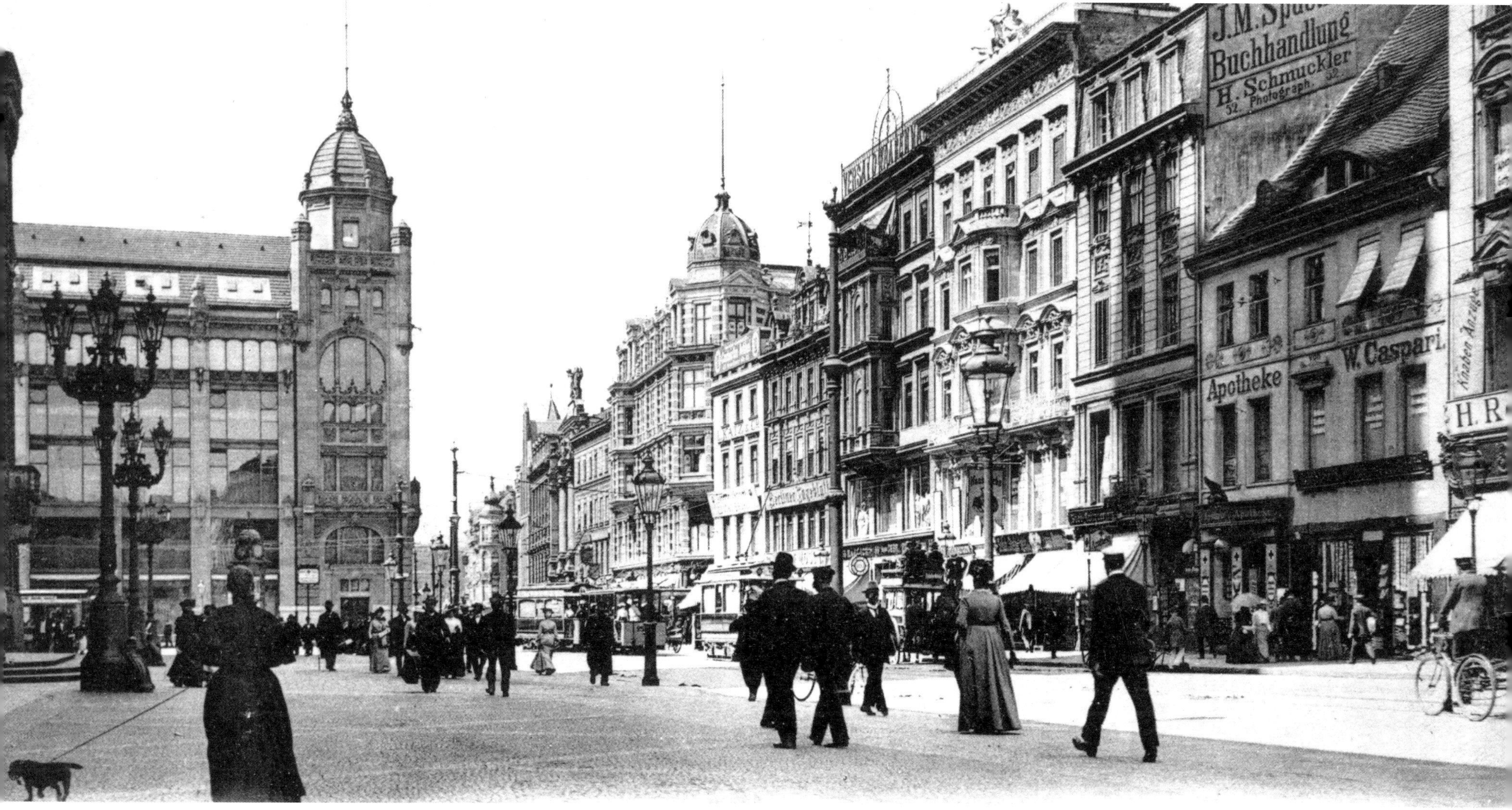

Rathausvorplatz und Königstraße, Blick nach Südwesten, um 1915

Hoher Steinweg

Das Foto zeigt den Blick aus der Jüdenstraße nach Norden in eine weniger geschäftige Nebenstraße der Königstraße – den Hohen Steinweg. Links ist das *Rote Rathaus* angeschnitten, rechts das Haus Königstraße 19, das 1721 nach Entwurf von Diterichs und Böhme errichtete *Adelspalais Katsch*, später *Gouverneurshaus* und *Stadtgericht*. Im Hintergrund erhebt sich der Turm der Marienkirche.

Der Hohe Steinweg war eine der ältesten Straßen Berlins. Er wurde nach dem Stadtbrand von 1380 mit Schutt erhöht; und auf diesen hochgelegten Steinweg geht vermutlich sein Name zurück. 1574 wird der *Hohe Steinweg* als erste gepflasterte Straße Berlins erwähnt.

Das Haus Nummer 15 war das *Patrizierhaus Wins*, einer der ältesten Profanbauten Berlins. In den 1930er Jahren wurde an der Ecke zur Königstraße, der heutigen Rathausstraße, der Neubau für die Hauptstadtrepräsentanz der Salamander AG nach Entwürfen des KaDeWe-Architekten Johann Emil Schaudt errichtet. Der Neubau hatte eine rote Sandsteinfassade und galt mit seinen acht Stockwerken als Hochhaus. Ihm war ein zweistöckiger Pavillon vorgelagert, der nach der geplanten Verbreiterung der Königstraße niedergelegt worden wäre.

Das Haus Hoher Steinweg 15, das letzte mittelalterliche Wohnhaus Berlins, fiel 1955 der Beräumung des Rathausvorplatzes zum Opfer. Das *Gouverneurshaus* wurde 1967 gesprengt, um Baufreiheit für die Rathauspassagen zu schaffen.

Heute erinnert nichts an den Hohen Steinweg, und nur der Bauzaun der U 5-Verlängerung steht dem freien Blick auf die Marienkirche im Weg.

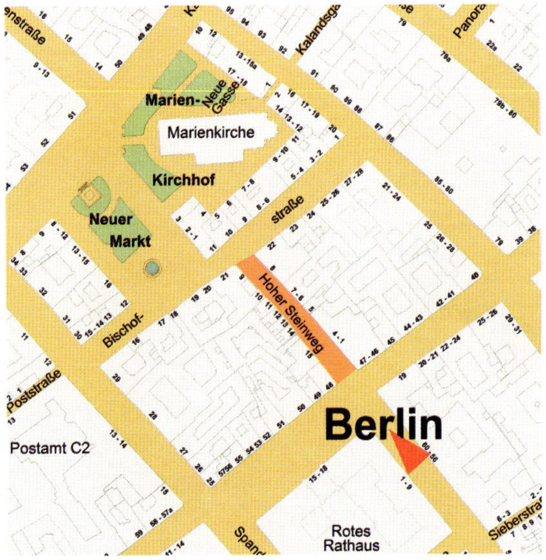

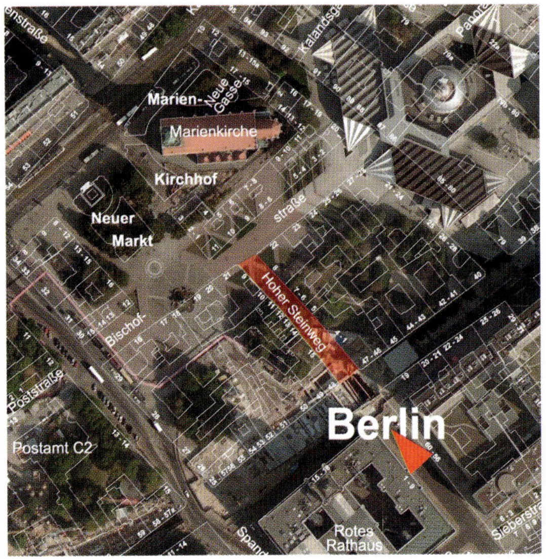

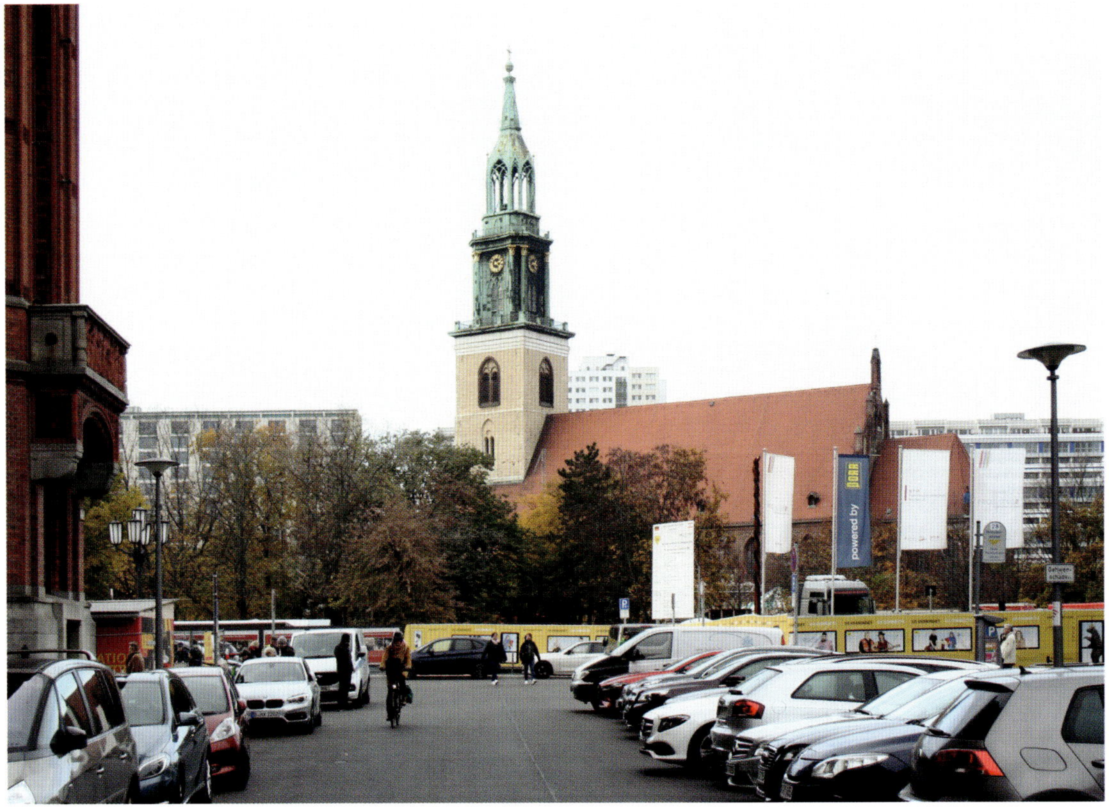

Rathausstraße / Ecke Jüdenstraße, 2017

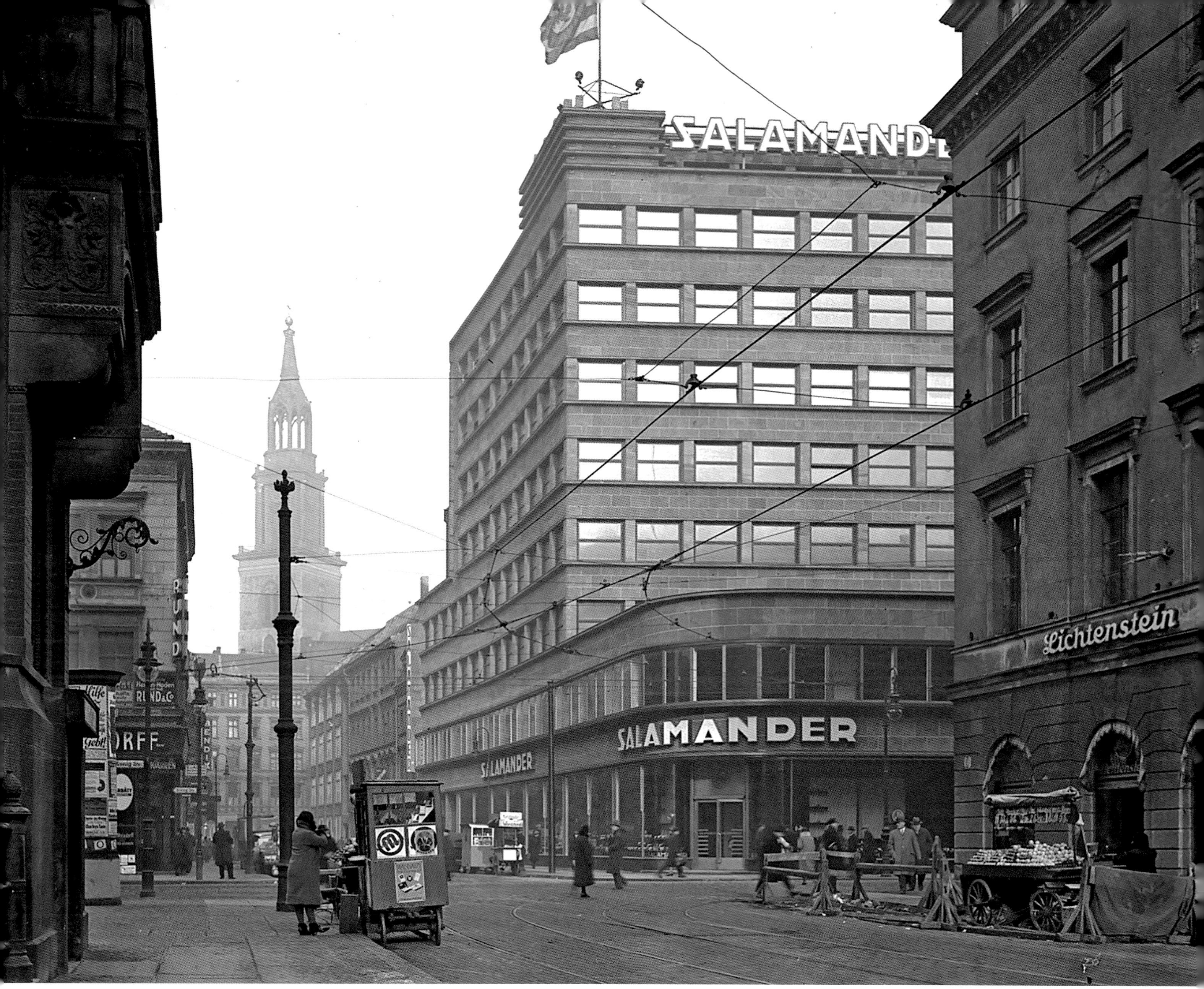

Königstraße / Ecke Jüdenstraße, Blick zum Hohen Steinweg, um 1932

Rathausstraße
Königstraße
Östlicher Abschnitt

Die historische Aufnahme zeigt die belebte Königstraße, heute Rathausstraße, an der Ecke zur Klosterstraße mit Blick zum Alexanderplatz. Schemenhaft ist die Georgenkirche im Hintergrund erkennbar. Durch die Königstraße floss der Verkehr zwischen dem Potsdamer Platz und dem Alexanderplatz. Fast jede Minute passierte eine Straßenbahn. Dazwischen drängten sich die Autos der Wenigen, die sich um 1938 ein Auto leisten konnten. Wegen der Bedeutung der Königstraße als Ost-West-Verbindung wurde beim Bau der heutigen U-Bahn-Linie 5 von 1927 bis 1930 die 17 Meter tiefe Baugrube mit Holzbalken abgedeckt, damit der Verkehr weiter fließen konnte.

Leuchtreklamen für 1938 in Berlin sehr bekannte Geschäfte sind erkennbar: *Seidenhaus Michels*, *Schuh-Lingel* und *WMF* residierten ebenso in der Königstraße wie das *Café Gumpert*, das auf einem Schild am rechten Bildrand auf sich aufmerksam macht. Hier konnte man zwischen 250 Zeitungen und Zeitschriften wählen. Alfred Döblin war im *Café Gumpert* Stammkunde. An der S-Bahn-Brücke zeigt die Reklame für das Warenhaus *Hertie* am Alexanderplatz an, dass das traditionsreiche jüdische Unternehmen *Hermann Tietz* bereits »arisiert« war.

Alle Bauwerke, außer der Bahnbrücke, sind ebenso wie das rege Geschäftsleben und der rege Verkehr, spurlos verschwunden.

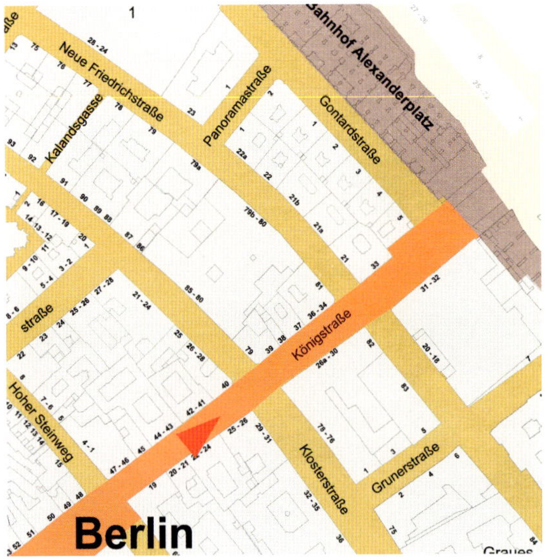

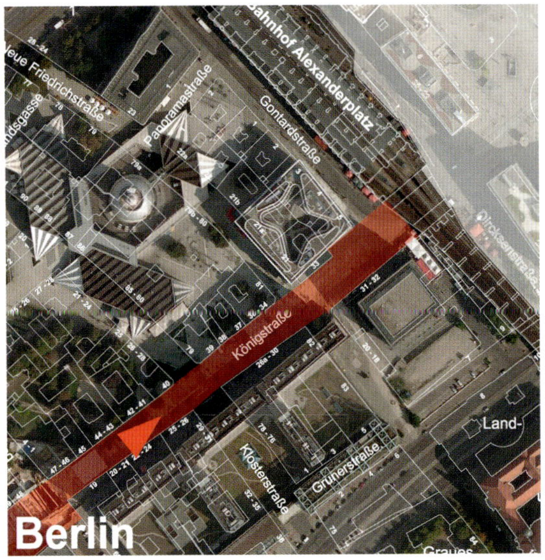

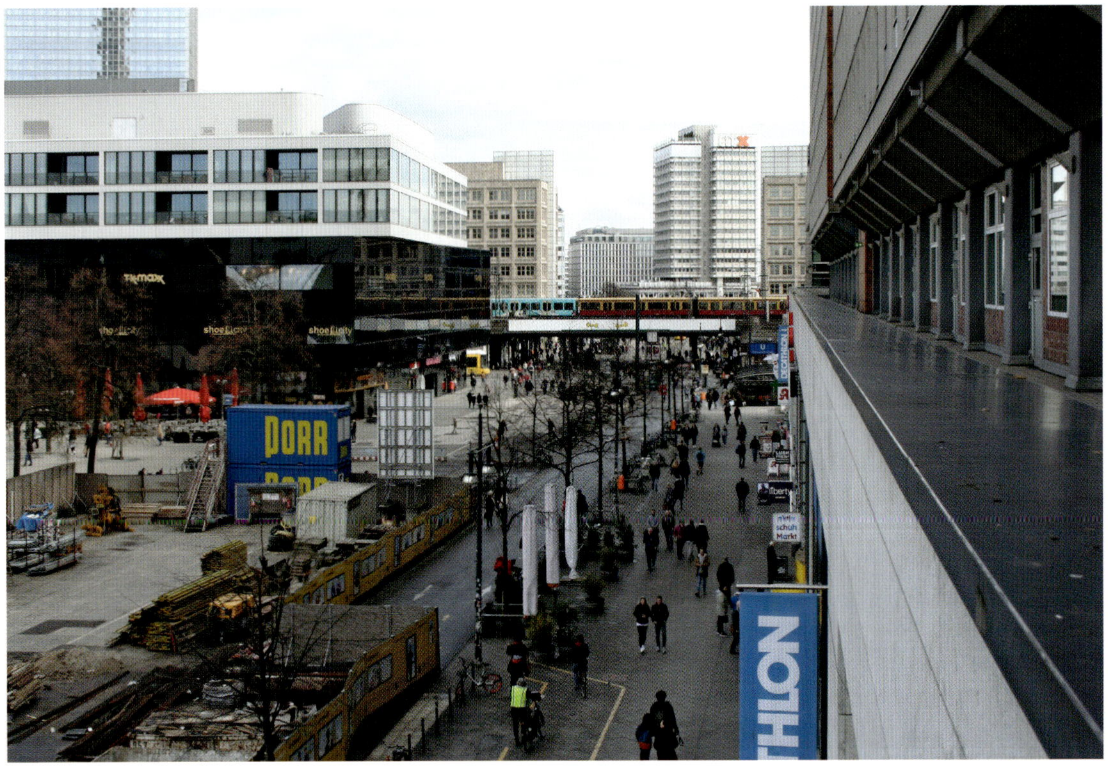

Blick durch die Rathausstraße zum Alexanderplatz, 2018

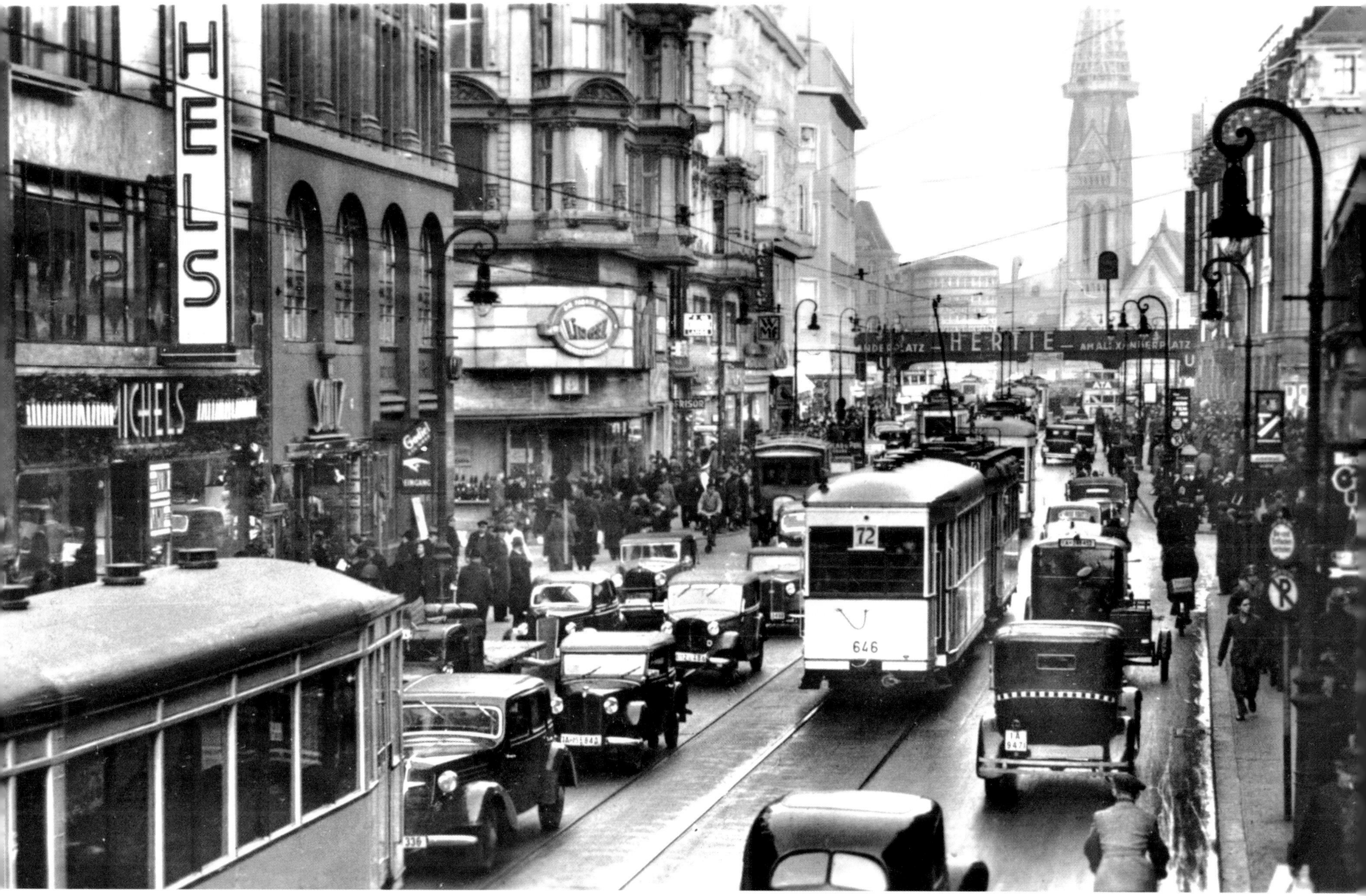

Blick durch die östliche Königstraße zum Alexanderplatz, um 1938

Karl-Liebknecht-Straße
Kaiser-Wilhelm-Straße

Auf dem Foto von 1933 sehen wir im Vordergrund die Brüstung und drei der vier Obelisken der von 1887 bis 1889 auf Kosten der Stadt Berlin erbauten, reich dekorierten *Kaiser-Wilhelm-Brücke*, die vom Lustgarten in die damals neuangelegte Kaiser-Wilhelm-Straße führte. Zuvor stand hier die hölzerne *Kavalierbrücke*.

Links, an der Ecke Kaiser-Wilhelm-Straße zur Burgstraße, stand ein neobarockes Geschäftshaus der Architekten Cremer & Wolffenstein. Zusammen mit seinem Pendant auf der gegenüberliegenden Straßenseite bildete es eine Torsituation der Altstadt zum Schlossbezirk. Bei ihrer Fertigstellung im Jahr 1886 waren dies die ersten neobarocken Gebäude Berlins.

Im Hintergrund erkennt man die Marienkirche, dahinter das *Kaufhaus Riemer* von Albert Rietz mit seiner neogotischen Fassade. Auf der linken, nördlichen Straßenseite wurden im Zuge des Straßendurchbruchs der Kaiser-Wilhelm-Straße prächtige Wohn- und Geschäftshäuser errichtet. Auf der gegenüberliegenden Seite, an der Ecke Heiligegeiststraße, blieben einige Bauten von der früher hier verlaufenden Brauhausgasse erhalten.

Nach Sprengung des Mittelteils der Brücke in den letzten Tagen des Zweiten Weltkrieges war die Brücke ab 1950 wieder benutzbar und heißt seitdem *Liebknechtbrücke*. Von den abgebildeten Bauwerken hat nur die Marienkirche die Zeitläufte überdauert.

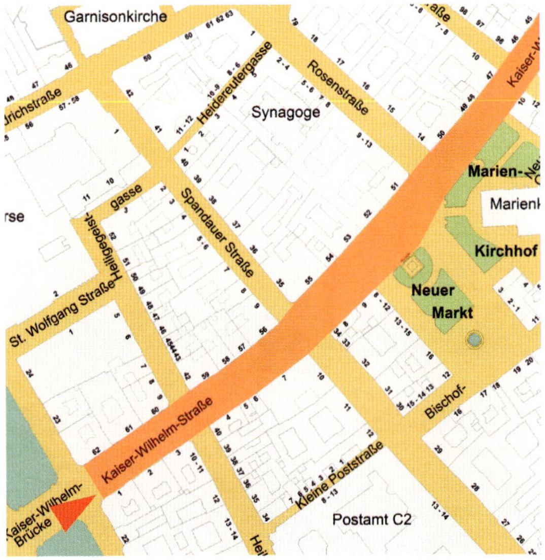

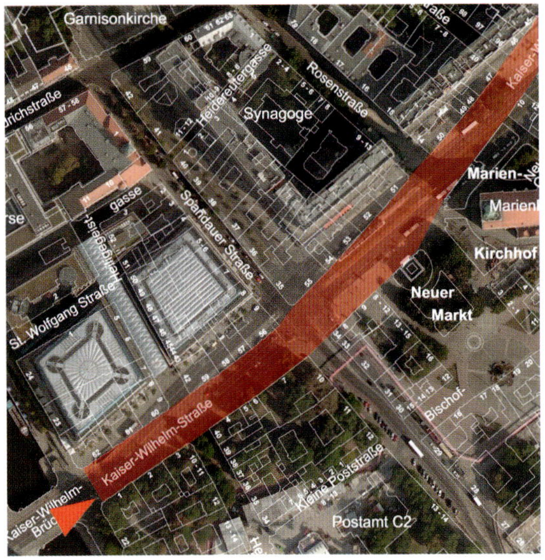

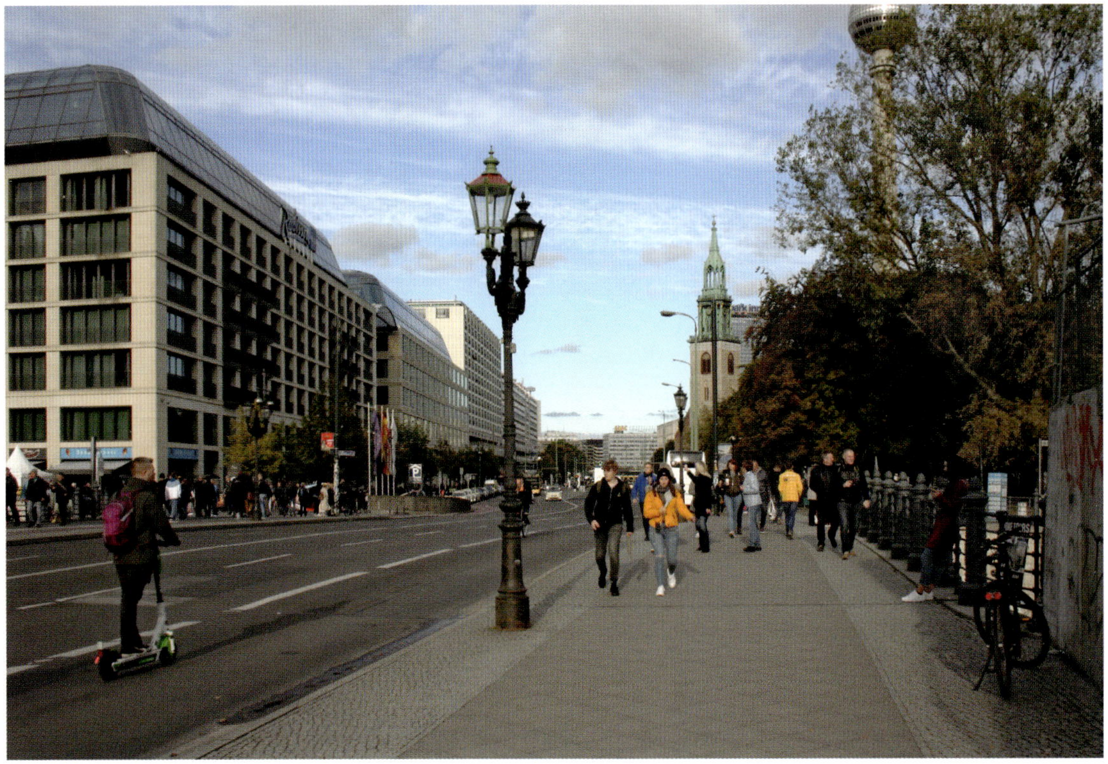

Karl-Liebknecht-Straße, 2017

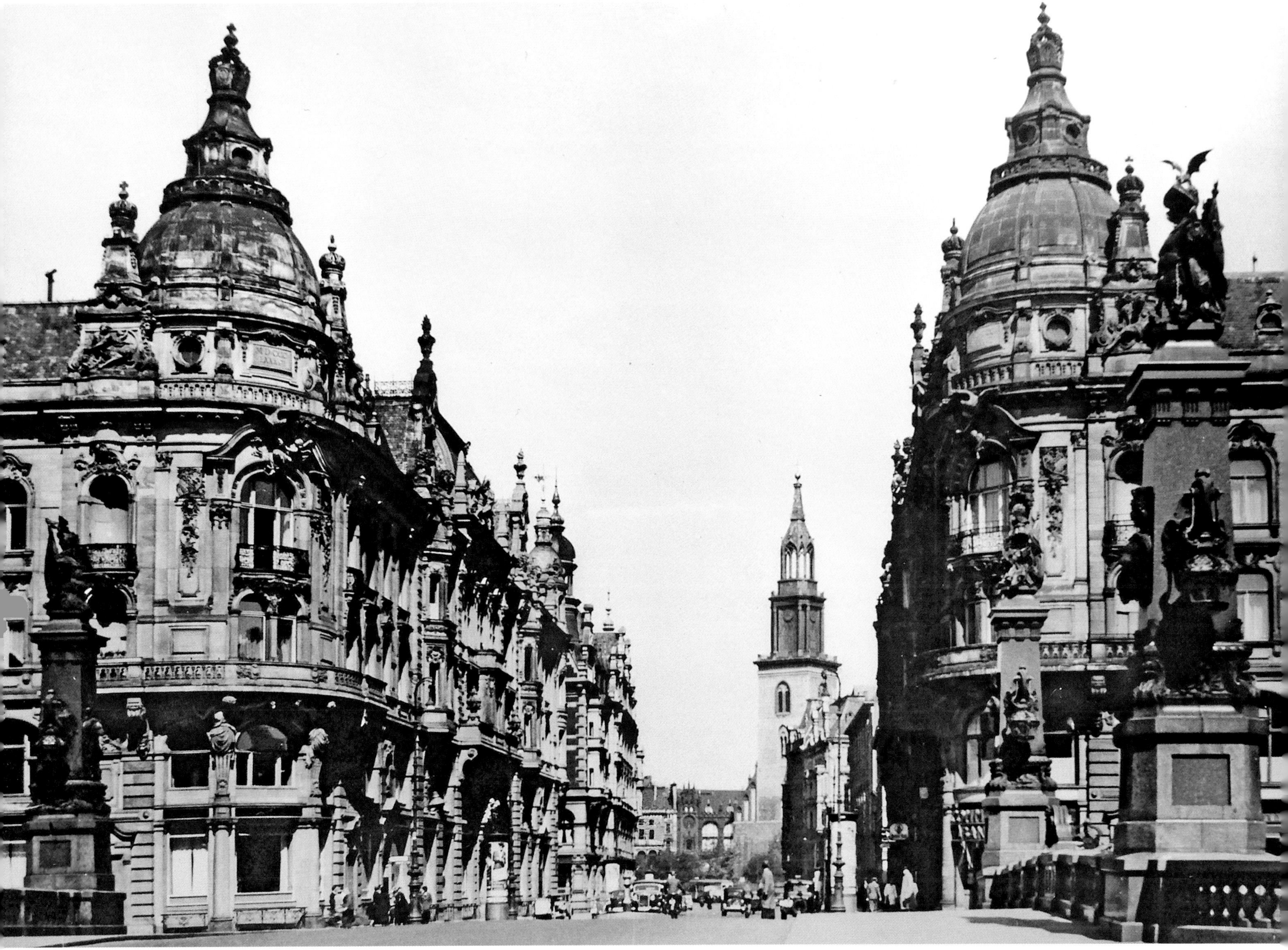

Kaiser-Wilhelm-Straße, um 1933

Spandauer Straße

Wir blicken auf dem Foto von 1930 von der Kaiser-Wilhelm-Straße in die Spandauer Straße. Letztere führte seit dem Hohen Mittelalter vom Molkenmarkt zum Spandauer Tor führte und war in diesem Abschnitt nur 14 Meter breit. Die Eckhäuser im Vordergrund könnten unterschiedlicher nicht sein, und doch gehörten beide zur 1886 angelegten Kaiser-Wilhelm-Straße. Das Eckhaus zur Linken zeigt noch die bauzeitliche Neorenaissance-Fassade, das Eckhaus zur Rechten sah bis 1928 ähnlich aus. Dann wurde die Fassade nach dem Entwurf von Alfons Anker und den Gebrüdern Luckhardt mit waagerechten Fensterbändern umgestaltet. In der Bildmitte erhebt sich der Turm der *Handelshochschule* von 1906, die, wie auch die in den Gebäudekomplex integrierte mittelalterliche *Heilig-Geist-Kapelle*, den Krieg überstanden hat und heute zur Humboldt-Universität gehört. Oberhalb des Lastwagens mündet die Heidereutergasse ein, in der seit 1714 die *Alte Synagoge* der Jüdischen Gemeinde stand. Im Eckhaus an der Spandauer Straße 40 (früher 77) stand die Apotheke *Zum weißen Schwan*, in der Theodor Fontane von 1836 bis 1840 Lehrling war. Im Hintergrund sieht man das Pfarrhaus und eine Achse der Garnisonkirche.

Im Sommer 1938 wurde der Block westlich der Spandauer Straße für einen Neubau der Industrie- und Handelskammer nach Entwurf von Paul Schwebes abgebrochen. Der Krieg verhinderte die Fertiggestellung dieses Kopfbaus der *Ostachse* Albert Speers.

Nach dem Krieg lag die Kreuzung in Trümmern. Die Kaiser-Wilhelm-Straße wurde zur Karl-Liebknecht-Straße, die Spandauer Straße wechselte ihr Gesicht. Durch ihre Aufweitung um das Dreifache und den Bau einer knapp 60 Meter hohen Hochhausscheibe auf der Ostseite ist die räumliche Situation eine vollkommen andere geworden.

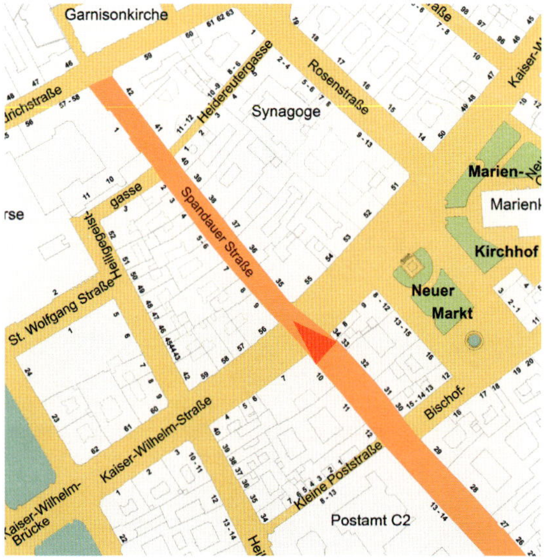

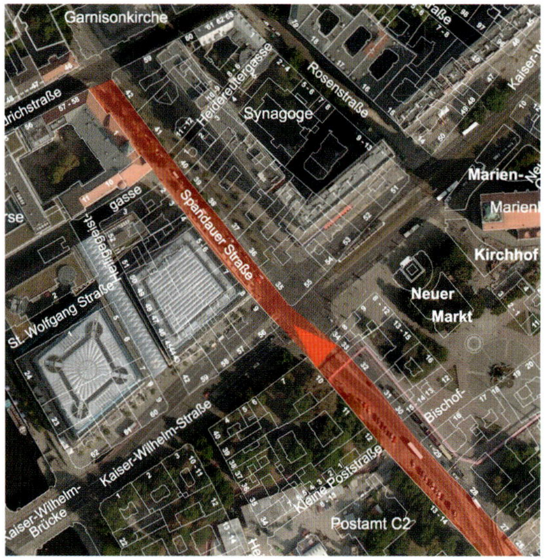

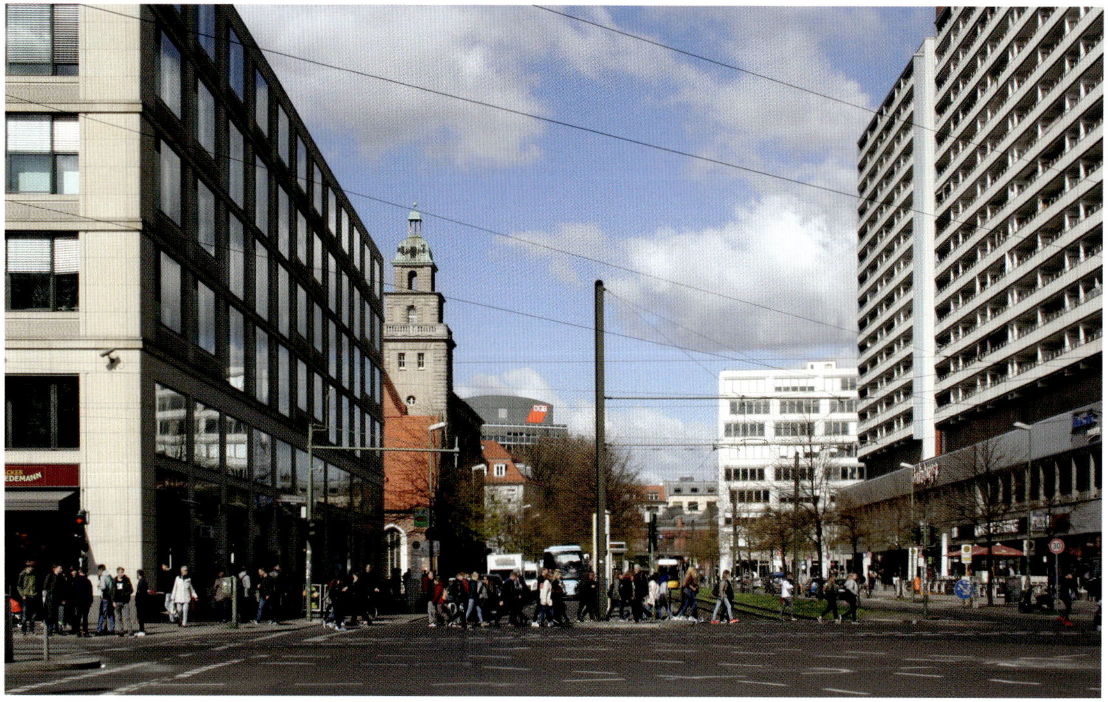

Spandauer Straße, 2017

> Spandauer Straße, um 1930

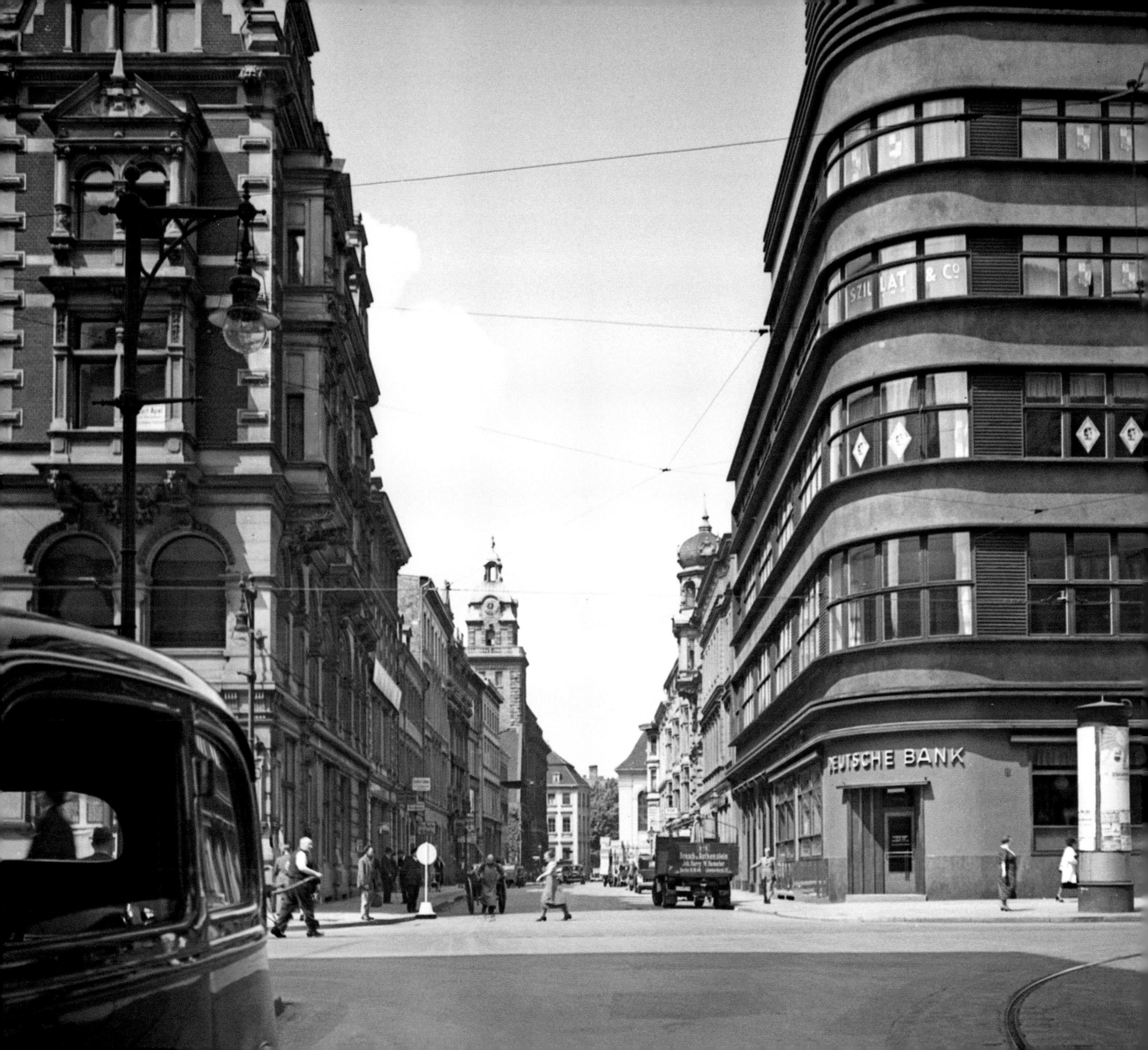
DEUTSCHE BANK

Neuer Markt

Gebäude

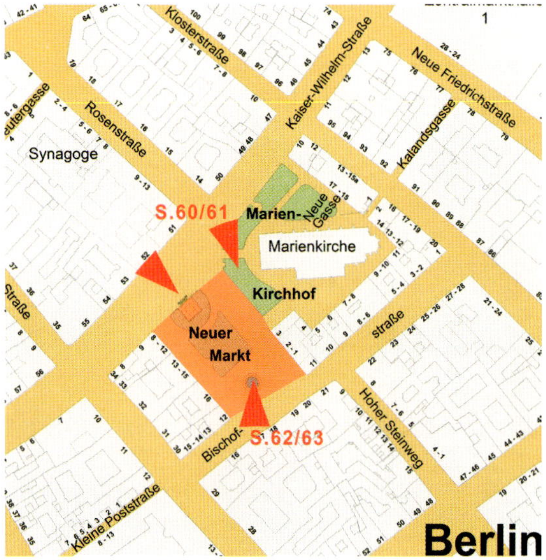

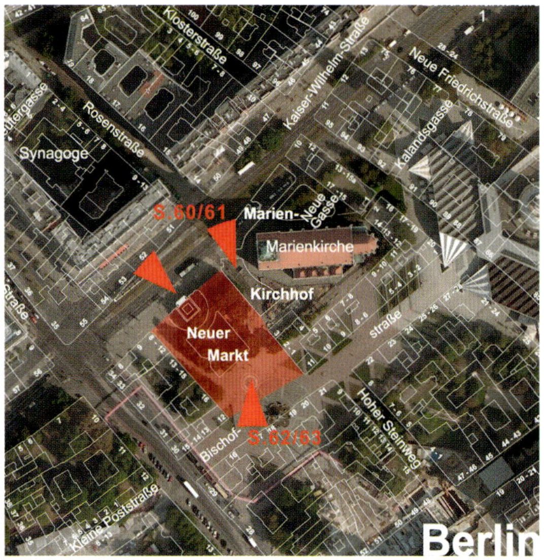

Der Neue Markt zeigt sich uns auf dem historischen Foto als rechteckiger Platz mit meist viergeschossiger nahezu umlaufender Bebauung. Das imposante Luther-Denkmal beherrscht die Bildmitte und der Platz wirkt belebt.

Der im 13. Jahrhundert angelegte Neue Markt nimmt mit seinem Namen Bezug auf den älteren, 300 Meter südlich gelegenen Molkenmarkt. In den Jahren 1510 und 1573 war dieser Ort eines vom Landesherrn angeordneten Hochgerichts über die Berliner Juden, das in beiden Fällen zu deren Beraubung, Ermordung und Vertreibung führte.

Den Marktplatz säumten bis in die Frühe Neuzeit dreistöckige giebelständige Häuser. Diese wurden im 19. Jahrhundert bis auf eine Ausnahme durch vier- und fünfstöckige traufenständige Wohn- und Geschäftshäuser ersetzt. 1886 erfolgte der Durchbruch der Kaiser-Wilhelm-Straße, der heutigen Karl-Liebknecht-Straße. Im Zuge dieses Straßendurchbruchs beseitigte man zugleich auch die Bebauung zwischen dem Neuen Markt und der Marienkirche. An der Ecke zur Kaiser-Wilhelm-Straße 8–10 stand das Hotel *Altstädter Hof*. Dieses war zeitweise ein orthodox-jüdisches Hotel und vor 1933 Ort zahlreicher Veranstaltungen jüdischer Familien, Vereine und Organisationen.

Seit dem Zweiten Weltkrieg ist der Platz aufgrund des kompletten Verlusts der umliegenden Bebauung nur noch Eingeweihten ein Begriff. Die Straßenbahntrasse mit ihren Sperrgittern verhindert die Verbindung der heutigen Platzfläche mit der Bebauung auf der Nordseite der Karl-Liebknecht-Straße.

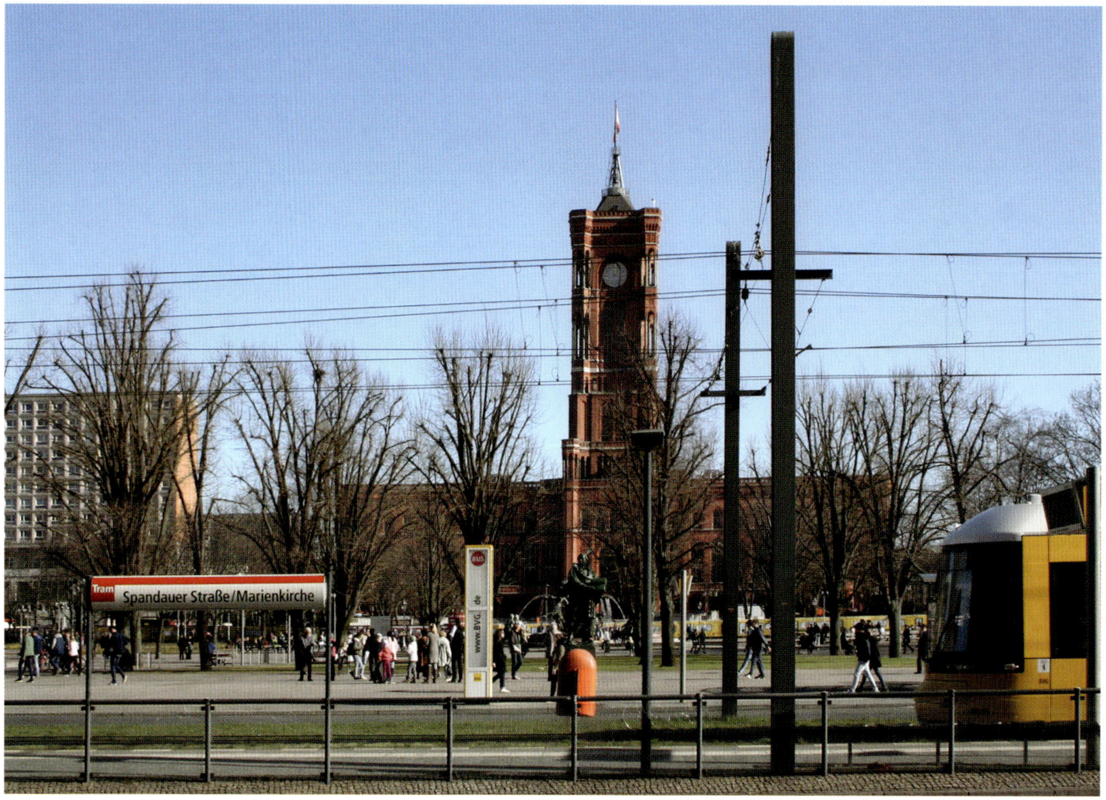

Blick von der Karl-Liebknecht-Straße zum Roten Rathaus, in der Bildmitte die Luther-Statue, 2018

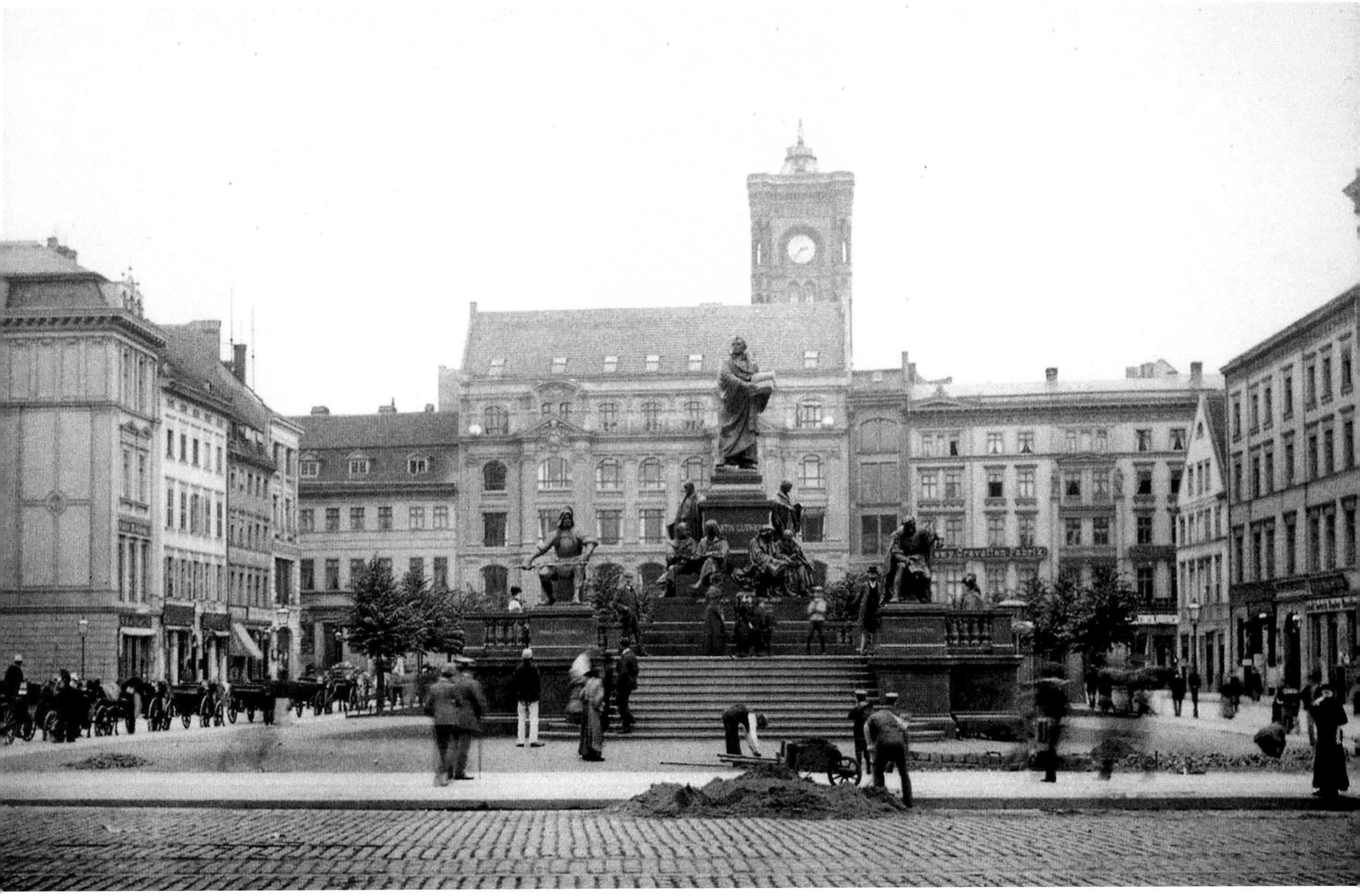

Blick nach Süden auf den Neuen Markt mit Luther-Denkmal, 1910

Neuer Markt

Treppen an der Marienkirche

Auf dem Foto von 1934 geht der Blick über einige Treppenstufen an der Marienkirche zu den Bäumen auf dem Neuen Markt. Rechts ist der Sockel des Lutherdenkmals sichtbar.

Die Treppen im Vordergrund, die vom zweitältesten Marktplatz Berlins, dem Neuen Markt, zur Marienkirche – seit dem Zweiten Weltkrieg die evangelische Bischofkirche Berlins – führten, gehörten zur Platzgestaltung des Marienkirchhofes aus der Zeit um 1895. Nachdem die Häuser nördlich und westlich der Kirche abgebrochen worden waren, vermittelten sie den Höhenunterschied der Kaiser-Wilhelm-Straße zum Marienkirchhof. Aus den vier Treppenstufen sind durch Veränderungen der Höhenlage oberhalb und unterhalb der Stufen in der Nachkriegszeit sieben geworden. Die beiden nach einem Entwurf von Karl Friedrich Schinkel gefertigten Leuchten wurden nach 1933 aufgestellt. Seit 1987 stehen Nachbauten dieser Schinkelleuchte auch auf dem Gendarmenmarkt.

In den 2010er Jahren wurde die Treppenanlage umgebaut und auch das Umfeld der Marienkirche neu gestaltet. Leider vermögen nur Eingeweihte, die Stahlbänder im Pflaster als Grundrisse ehemaliger Häuser des Marienkirchhofs zu interpretieren.

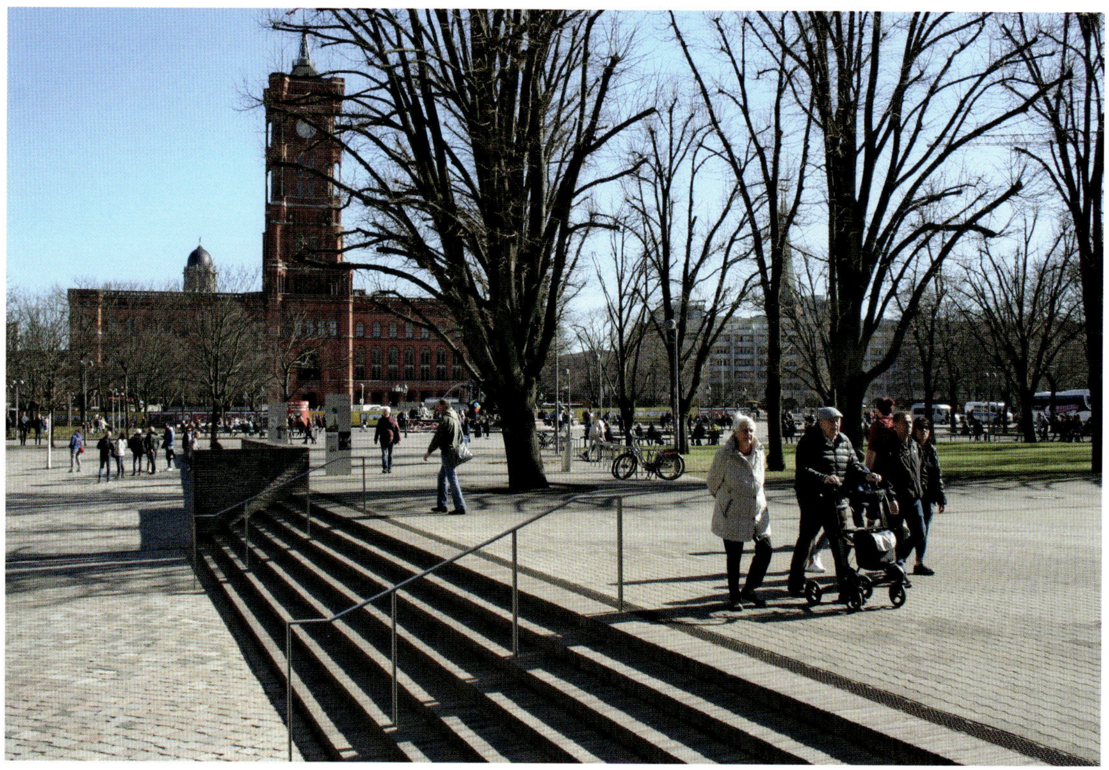

Treppen an der Marienkirche, 2018

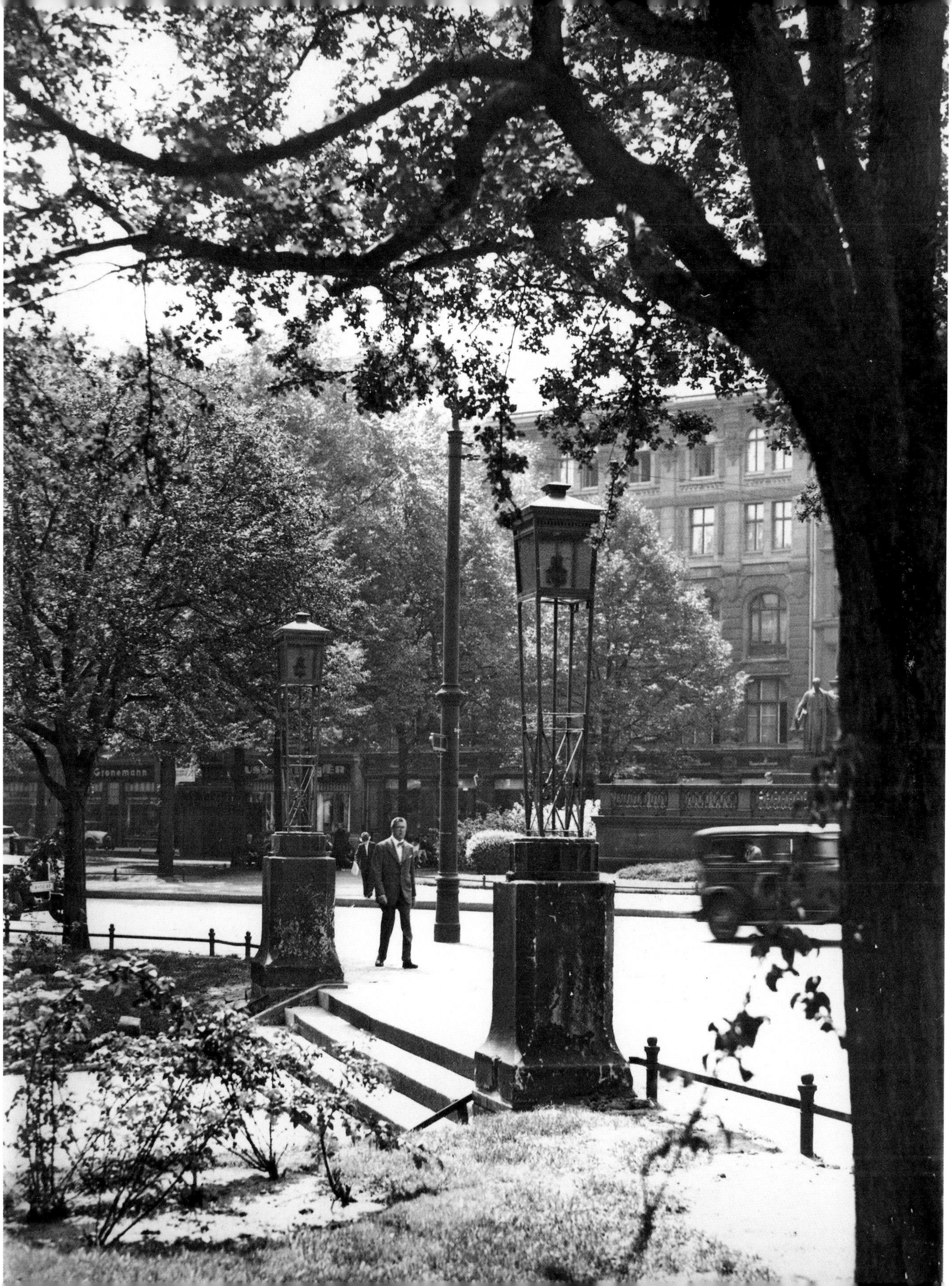

Neuer Markt, um 1934

Neuer Markt

Platzgestaltung

Der Neue Markt erfuhr im Rahmen des Durchbruches der Kaiser-Wilhelm-Straße 1885 eine Erweiterung nach Nordosten. Die Bebauung nördlich und westlich der Marienkirche wurde abgebrochen mit der Absicht, die Kirche in den Stadtraum zu integrieren. Der Neue Markt war, nachdem 1886 der Wochenmarkt in die Zentralmarkthalle verlegt worden war, bis 1895 zu einem Schmuckplatz umgestaltet worden. Im Norden des Platzes wurde das Lutherdenkmal von Paul Otto und Robert Toberentz errichtet und der Marktbrunnen in den südlichen Teil des Platzes verschoben. Um das Lutherdenkmal herum und in der Platzmitte gab es Rasenflächen, und zahlreiche Bäume standen jetzt auf dem vorher baumlosen Platz. Am rechten Bildrand sind zwei Geschäftshäuser zu erkennen, die den Blick vom Neuen Markt auf das Westwerk und den Turm der Kirche rahmten. Das höhere davon, Neuer Markt 1–2, ist das Stammhaus der 1901 gegründeten *Leineweberei Bendix & Söhne*. Als jüdische Firma wurde das Unternehmen um 1941 von den Nationalsozialisten liquidiert. In der Bildmitte sieht man den Turm der Marienkirche, die quer zum Häuserblock steht, da sie wie alle mittelalterlichen Kirchen in Ost-West-Richtung ausgerichtet ist.

Und so steht die Berliner Bischofskirche heute immer noch quer zu ihrem Umfeld, das Anfang der 1970er Jahre neugestaltet wurde. Dabei sind die Brunnenschale und die die Kirche rahmenden Gebäude ebenso verschwunden wie der Neue Markt, der seit den 1970er Jahren auf keiner Karte mehr vermerkt ist. Als einziges Element der ehemaligen Platzgestaltung wurde 2017 das Standbild des Reformators Martin Luther auf seinen alten Platz zurückgestellt – allerdings ohne Sockel.

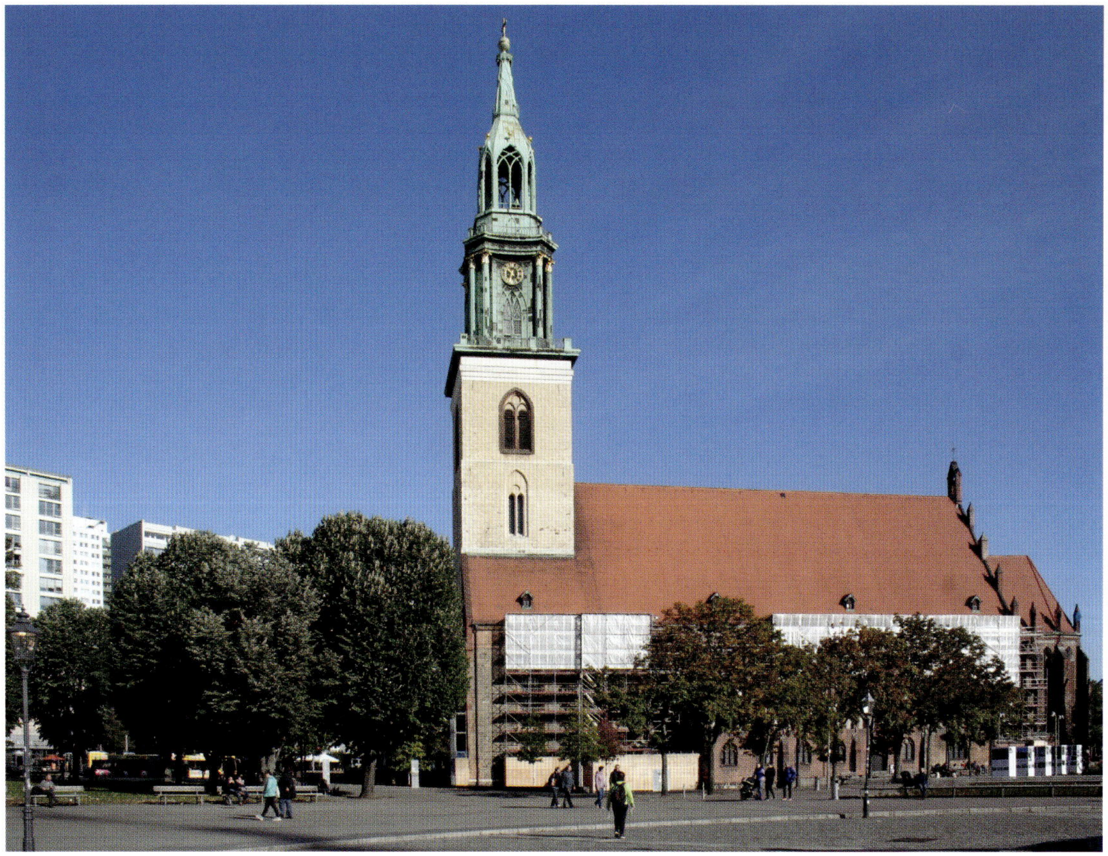

Platz vor dem Rathaus mit Marienkirche, 2017

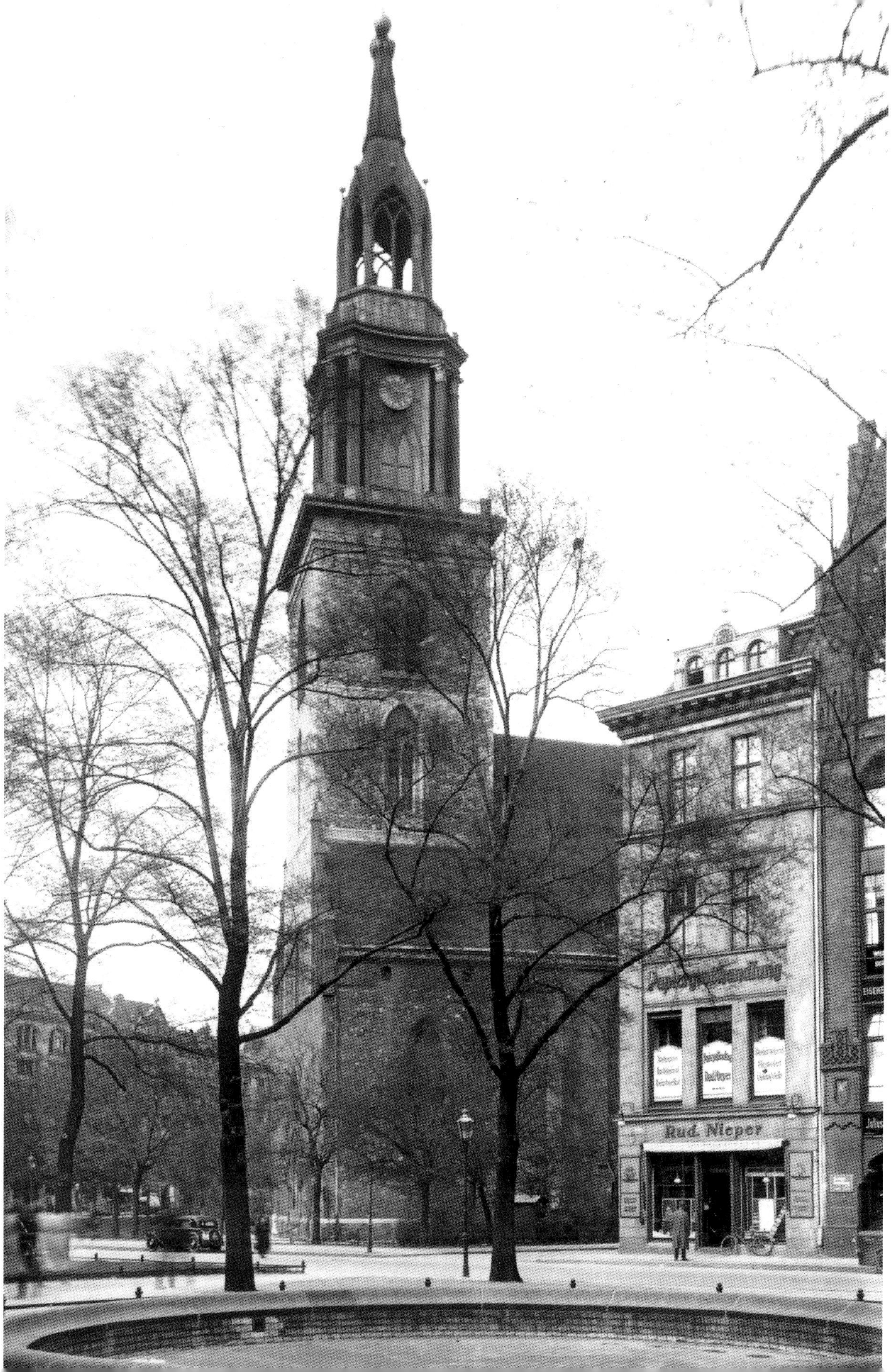

Ostseite des Neuen Marktes mit der Marienkirche, um 1930

Littenstraße
Neue Friedrichstraße

Der bekannte Berliner Tier- und Menschenfotograf Friedrich Seidenstücker lebte nach 1933 sehr zurückgezogen und in prekären Verhältnissen, da sein Arbeitgeber Ullstein von den neuen Machthabern schikaniert und verfolgt wurde. Als die ersten Farbdiafilme auf den Markt kamen, kaufte er sich einige Filme und experimentierte mit ihnen, obwohl ihn jeder Film ungefähr ein Zehntel seiner Monatsmiete kostete.

Um 1938 hat er ein Farbdia der Kaiser-Wilhelm-Straße an der Ecke zur Neuen Friedrichstraße aufgenommen. Man steht als Betrachter vor der Zentralmarkthalle Ia und sieht auf die Südostseite der Kaiser-Wilhelm-Straße. Reizvoll ist die gänzlich unprominente und alltägliche Situation durch die beiden Kaltblüter, die sich einen Hängetrog teilen, und den Rollwagen. Am rechten Rand kann man die Werbetafel »Ost- und Südfrüchte« lesen, im Hintergrund »Obst« sowie –»Schürzenhaus«. Es ist kein einziges weiteres Foto der abgebildeten Häuser bekannt. Heute schweift der Blick vom gleichen Standpunkt aus an der Marienkirche vorbei bis zum Rathaus.

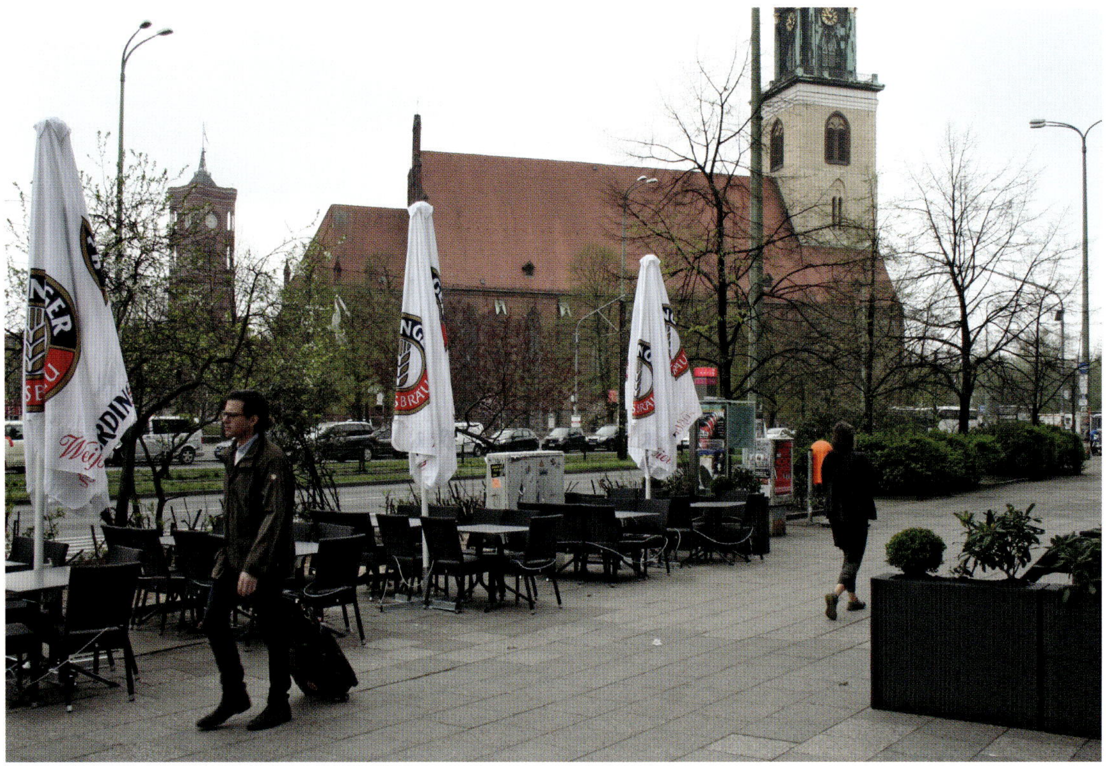

Karl-Liebknecht-Straße, 2017

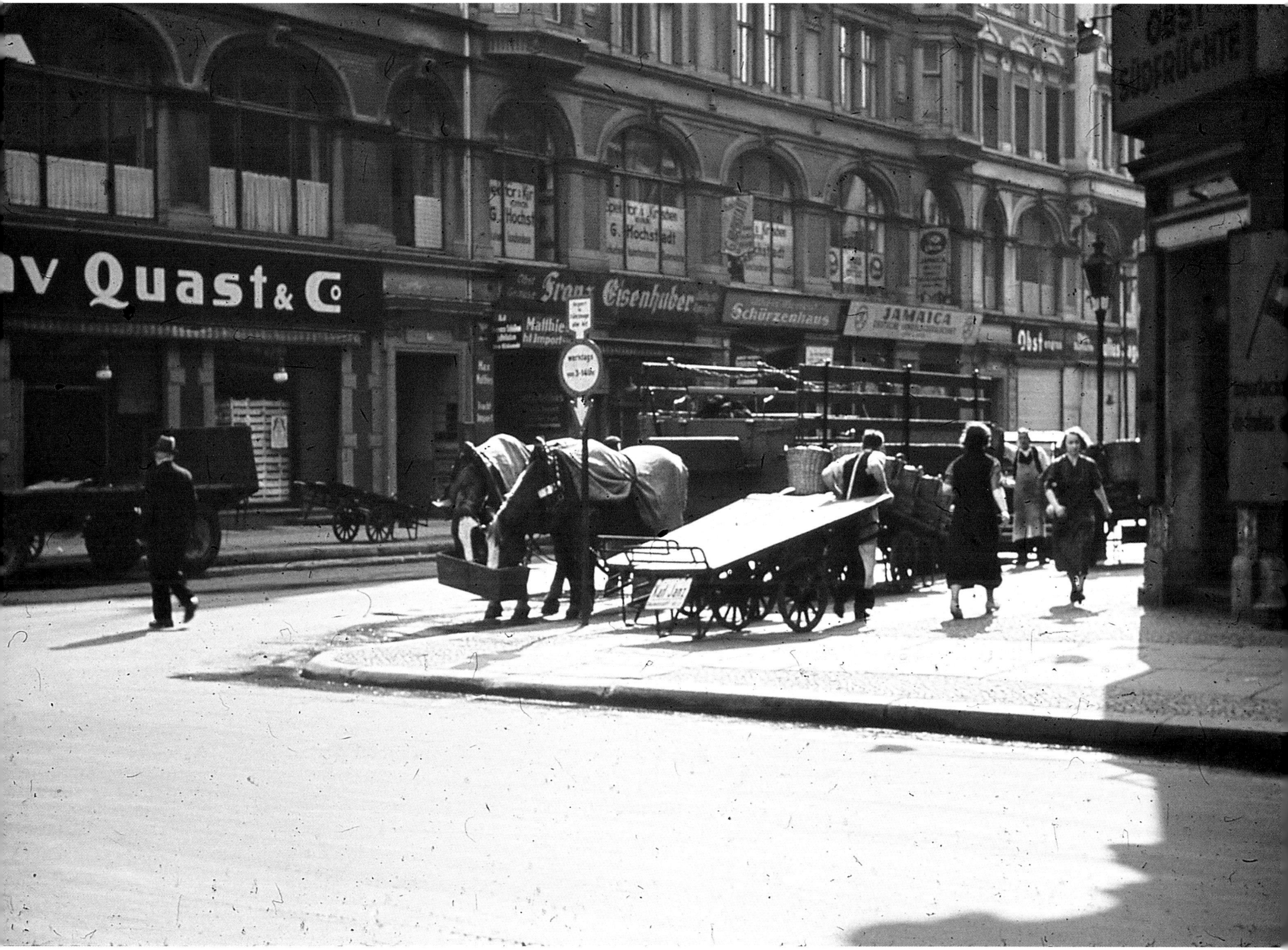

Friedrich Seidenstücker: Kaiser-Wilhelm-Straße / Ecke Neue Friedrichstraße, um 1938

Rochstraße
Littenstraße
Neue Friedrichstraße

Dass die Klosterstraße in die Rochstraße, früher Neue Friedrichstraße, einmündete, kann sich heute kaum jemand mehr vorstellen. Das historische Bild zeigt genau diese Situation.

Die Neue Friedrichstraße – heute in Littenstraße, Rochstraße und Anna-Louisa-Karsch-Straße umbenannt – entstand nach der Abtragung der Festungsanlagen um 1746 und ist nach König Friedrich II. benannt. Am linken Bildrand sieht man das 1895 erbaute Haus Nummer 36 und rechts daneben das 1754 erbaute Haus Nummer 35. Das neunachsige Barockpalais gehörte ab 1824 dem *Geselligen Verein* der *Gesellschaft der Freunde*, dem weltlichen Arm der geheimnisvollen jüdischen Frühbeerdigungs- und späteren Großfinanz-Vereinigung *Gesellschaft der Freunde*. Nachdem die Gesellschaft 1884 das Grundstück an die Stadtgemeinde verkauft hatte, waren hier unter anderem *Haverlands Festsäle*, später *Dräsels Festsäle* sowie die Direktion der Markthallen ansässig. In *Dräsels Festsälen* fand in den späten 1920er Jahren ein Berliner NSDAP-Parteitag statt. 1935 wurde das Gebäude abgebrochen, um Parkplätze für den Markthallenverkehr zu schaffen.

In der Blickachse ist hinter der Einmündung der Rochstraße ein Bogen der Fassade der Zentralmarkthalle Ia zu erkennen. Rechts an der Einmündung der Klosterstraße erhebt sich die Front des Hauses Neue Friedrichstraße 69. Das Gebäude wurde 1887 im Auftrag der Kaiser-Wilhelm-Straßen-Baugesellschaft nach Entwurf von Zaar & Vahl errichtet.

Seit Abräumung der Kriegsruinen und der veränderten Straßenführung liegt dieser Teil des Stadtkerns in einer Art Dornröschenschlaf. Die Einmündung der Lieferstraße in die Rochstraße rechts im Bild ist nahezu identisch mit der ehemaligen Kreuzung mit der Klosterstraße.

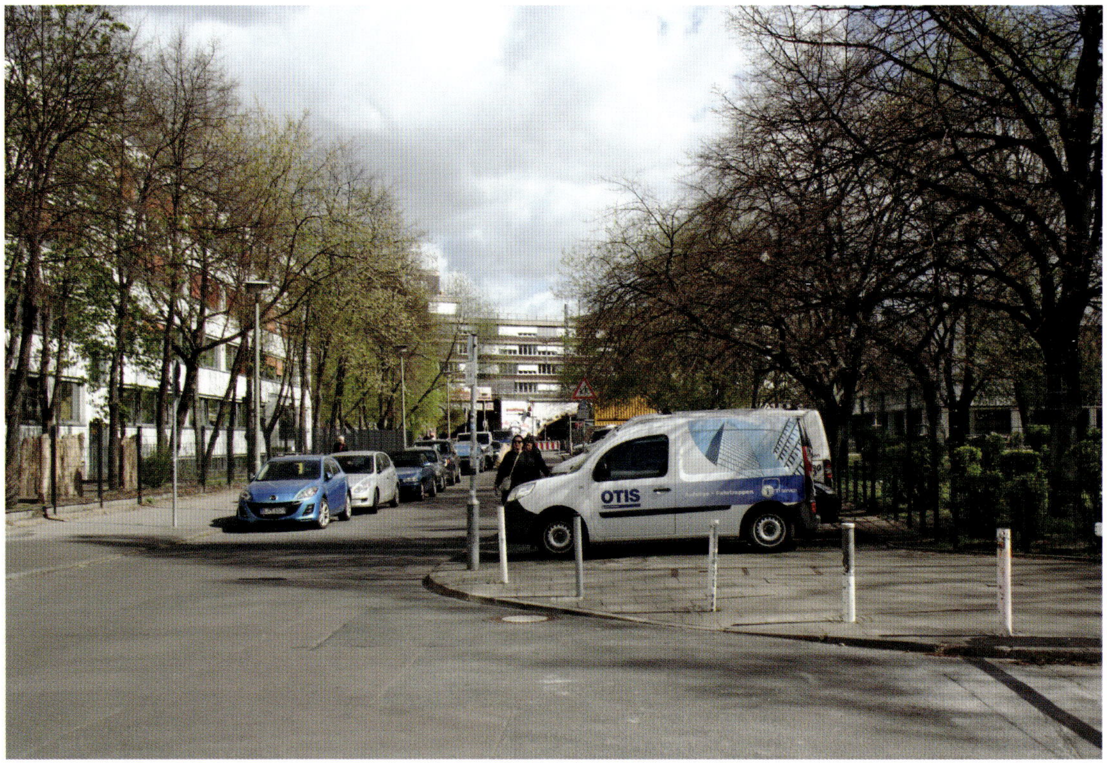

Rochstraße, 2017

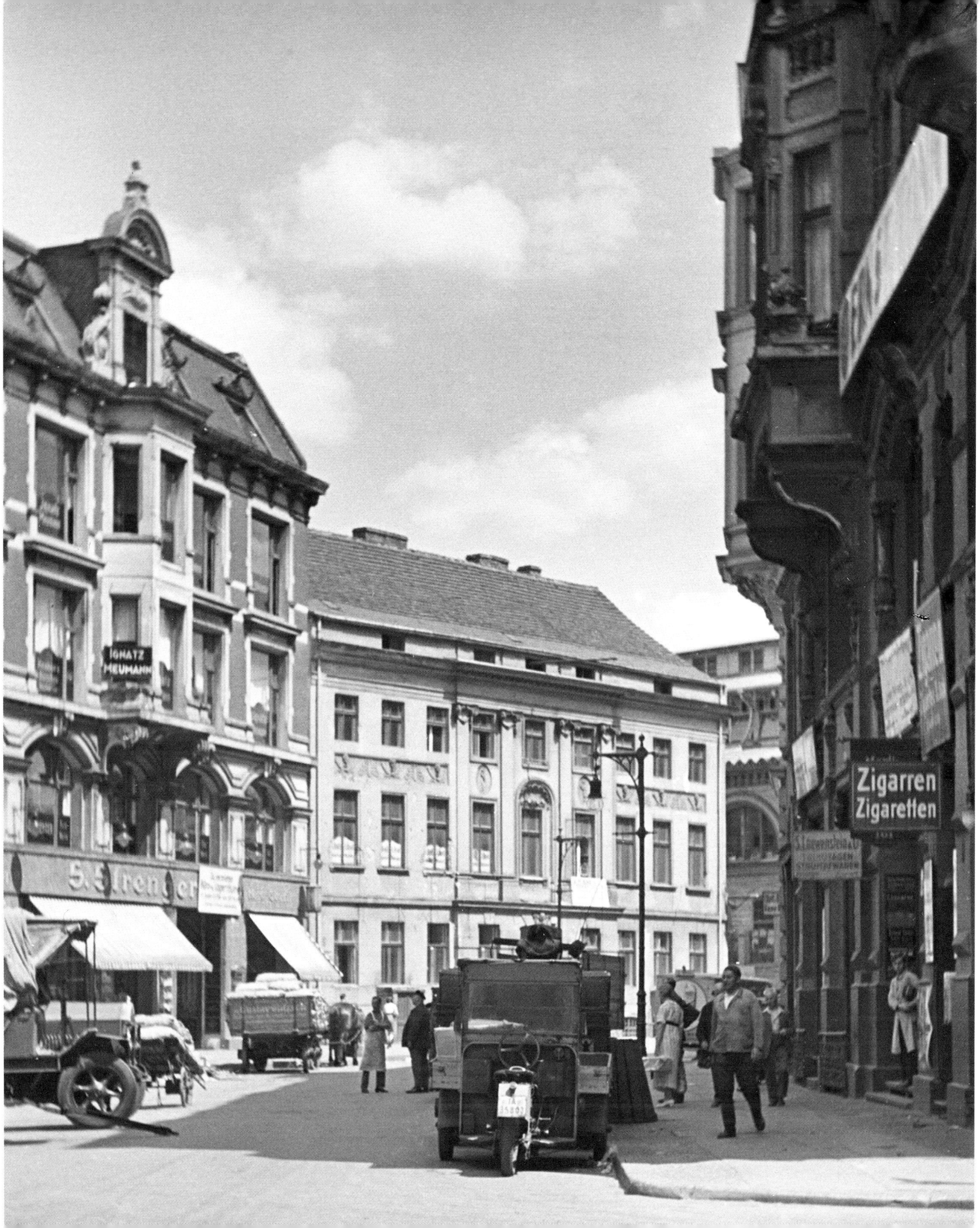

Neue Friedrichstraße /
Ecke Klosterstraße,
um 1930

Littenstraße
Neue Friedrichstraße
Marktverkehr

Großes Gedränge von Fuhrwerken und Lastkraftwagen, die Waren zur Zentralmarkthalle brachten oder von dort abholten, prägten das Bild der Neuen Friedrichstraße und das Umfeld der Zentralmarkthalle seit deren Eröffnung im Jahr 1886. Im Vordergrund rechts sieht man die nach einem Entwurf des Stadtarchitekten Herrmann Blankenstein erbaute *Zentralmarkthalle I.* Diese und vierzehn weitere Markthallen, die bis 1892 fertiggestellt wurden, ersetzten die Wochenmärkte unter freiem Himmel. Die *Zentralmarkthalle I* reichte schon wenige Jahre später nicht mehr aus, und so wurde auf der nördlichen Seite der Kaiser-Wilhelm-Straße die *Zentralmarkthalle Ia* errichtet und 1893 für den Großhandel eröffnet. Die Zentralmarkthallen hatten Gleisanschluss, Kühlräume und waren durch einen unterirdischen Tunnel verbunden. Durch den Andrang an Lieferfahrzeugen war der Durchgangsverkehr in der Neuen Friedrichstraße und Kaiser-Wilhelm-Straße jahrzehntelang an sechs Tagen in der Woche stark eingeschränkt.

Die historische Aufnahme dokumentiert die Übergangszeit zwischen Pferdefuhrwerks- und motorisierten Transporten: Die Rollkutscher wichen im Laufe der 1920er Jahre den Lastkraftwagen. Im Hintergrund das Baudenkmal Neue Friedrichstraße 35 (siehe Seite 66/67).

Auf der aktuellen Aufnahme erinnert allein das *Panoramahaus* am rechten Bildrand, 1904 unmittelbar an die Brandwand der *Zentralmarkthalle I* erbaut, an die frühere Topographie.

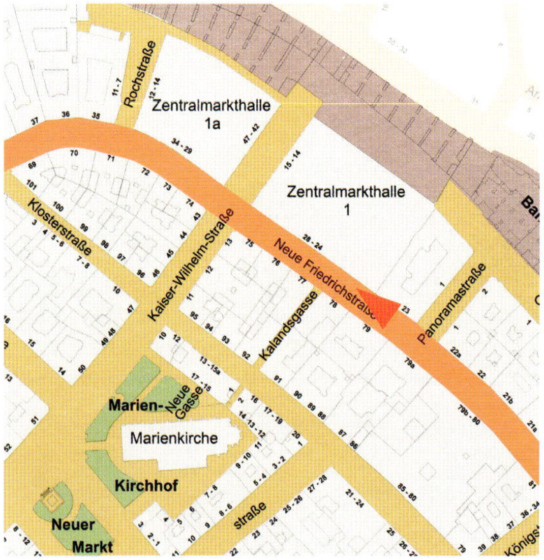

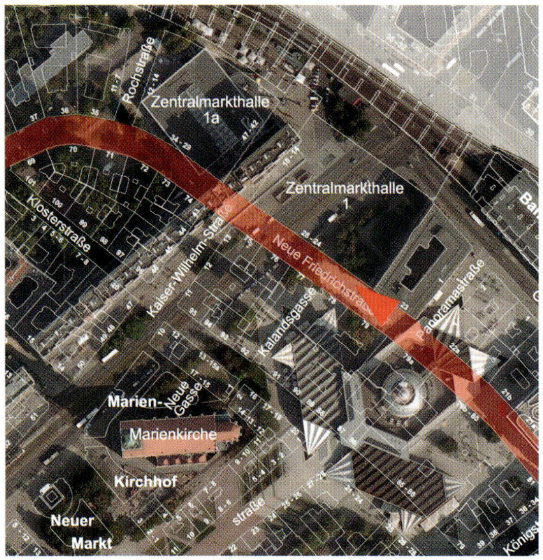

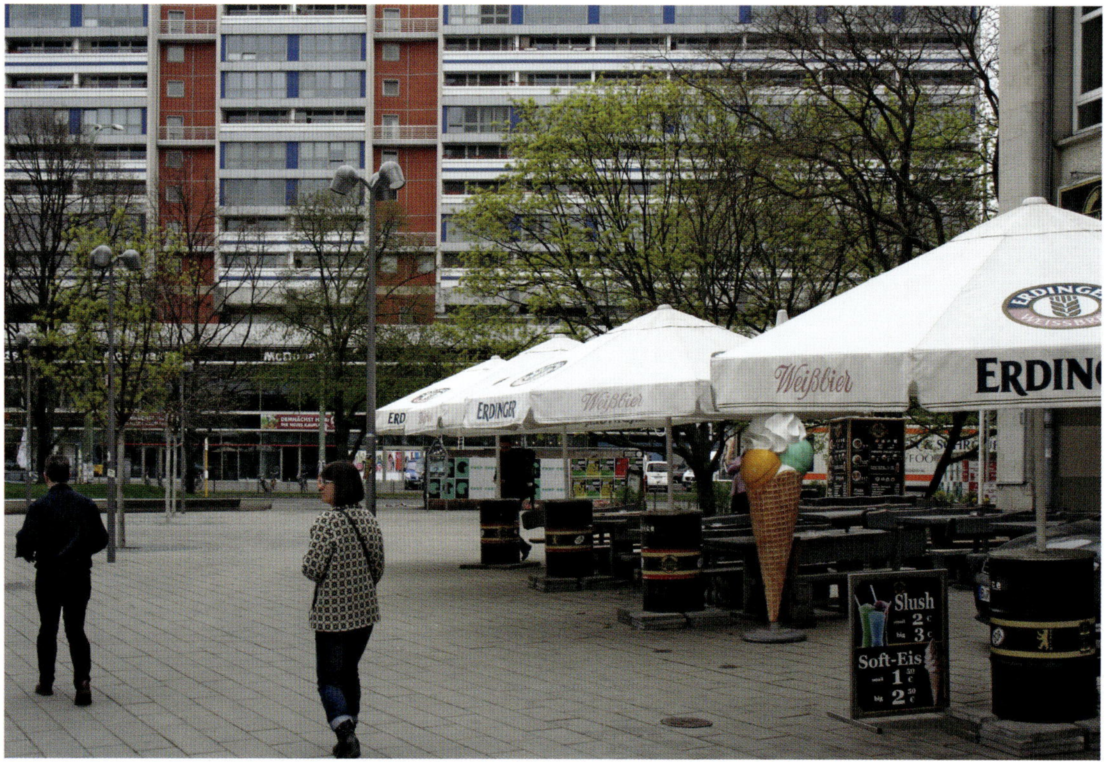

Am Panoramahaus, Blick zur Karl-Liebknecht-Straße, 2017

> Neue Friedrichstraße mit den beiden Markthallen, um 1925

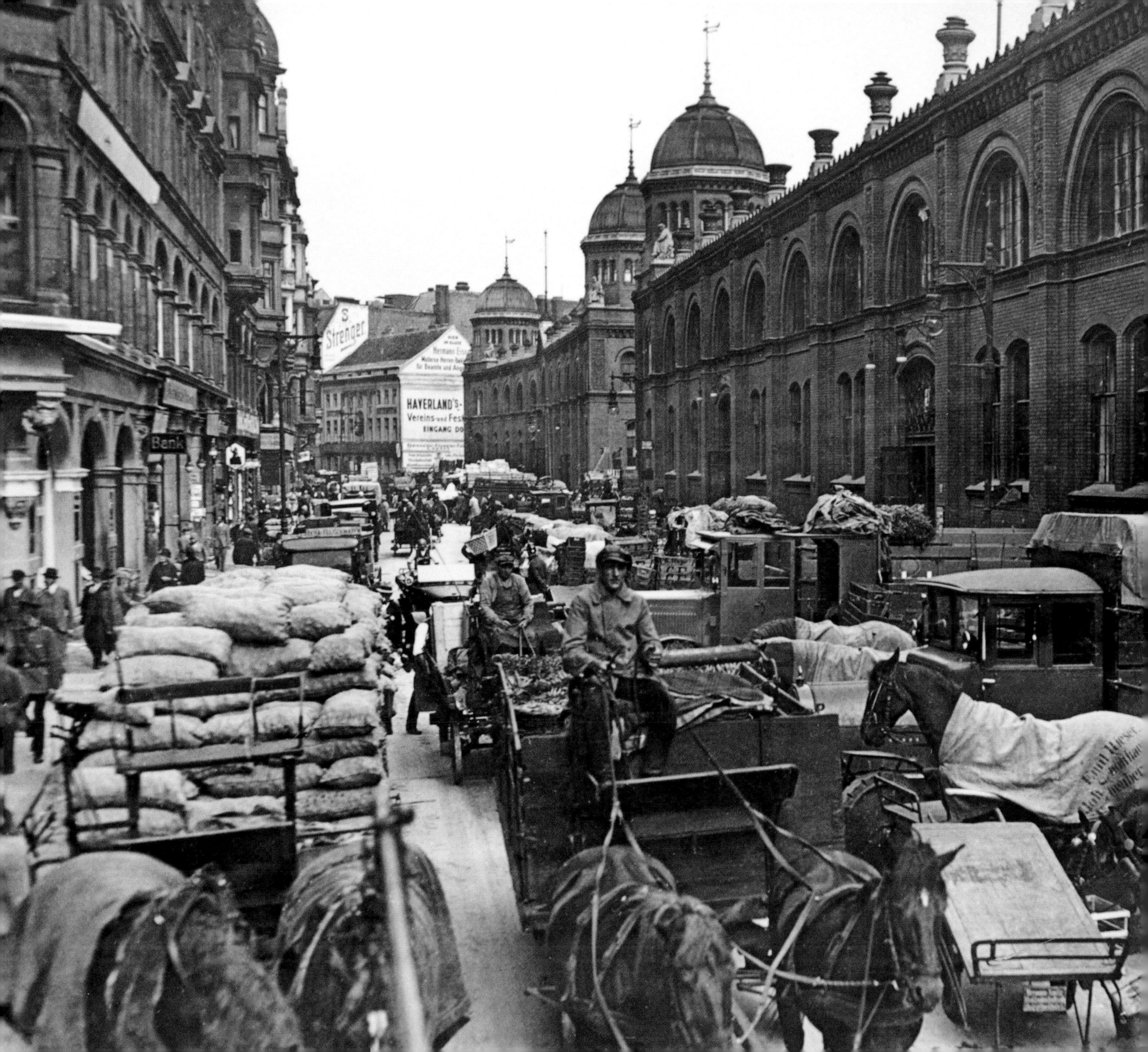
Strenger
HAVERLAND'S
Bank

Littenstraße
Neue Friedrichstraße
Südöstlicher Abschnitt

Während der Norden der Neuen Friedrichstraße um 1925 bereits von gründerzeitlichen Geschäftshäusern gesäumt war, blieb der südöstliche Teil der Straße bis zum Zweiten Weltkrieg von der Barockzeit geprägt.

Die Häuserzeile auf der linken Seite stand mit dem Rücken direkt an der mittelalterlichen Stadtmauer, die auch von den Häusern an der dahinter parallel verlaufenden Waisenstraße eingebaut war. Im Hintergrund ist ein helles dreigeschossiges Haus zu sehen, das am Durchgang zur Waisenstraße stand.

In der Ferne sieht man einen von zwei Türmen des *Landgerichts* an der Grunerstraße. Er gehört zu dem großen Gerichtskomplex, der von 1896 bis 1904 in mehreren Abschnitten nach Plänen und unter der Leitung von Otto Schmalz errichtet worden war.

Die westliche Bebauung der 1951 in Littenstraße umbenannten Neuen Friedrichstraße war in diesem Abschnitt im Zweiten Weltkrieg fast vollständig zerstört worden. Bei den Abräumarbeiten legte man die mittelalterliche Stadtmauer frei. Nur an der Einmündung der Littenstraße in die Stralauer Straße steht noch eine Häusergruppe, mit zum Teil erst nach 1990 errichteten Gebäuden, die sich an die alte Stadtmauer schmiegt. Der auf dem historischen Bild sichtbare Teil des Gerichtsgebäudes wurde 1968 für den Durchbruch der achtspurigen Grunerstraße und den Autotunnel Alexanderplatz gesprengt.

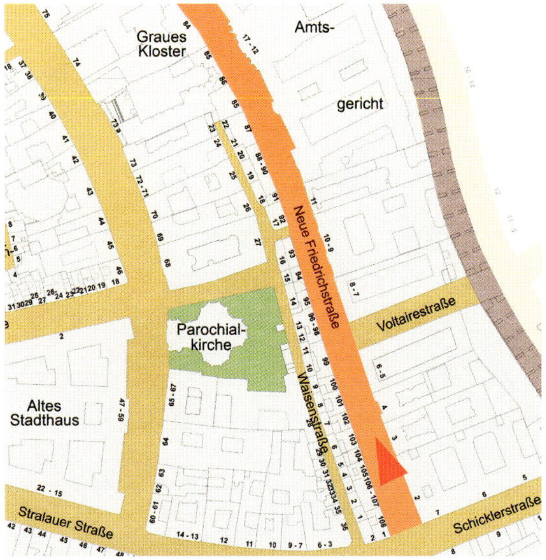

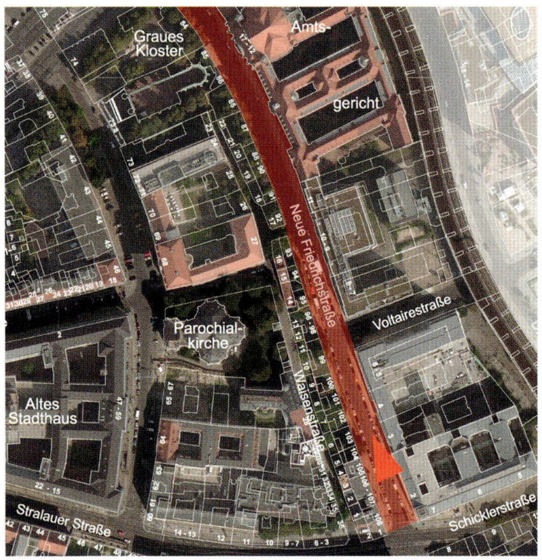

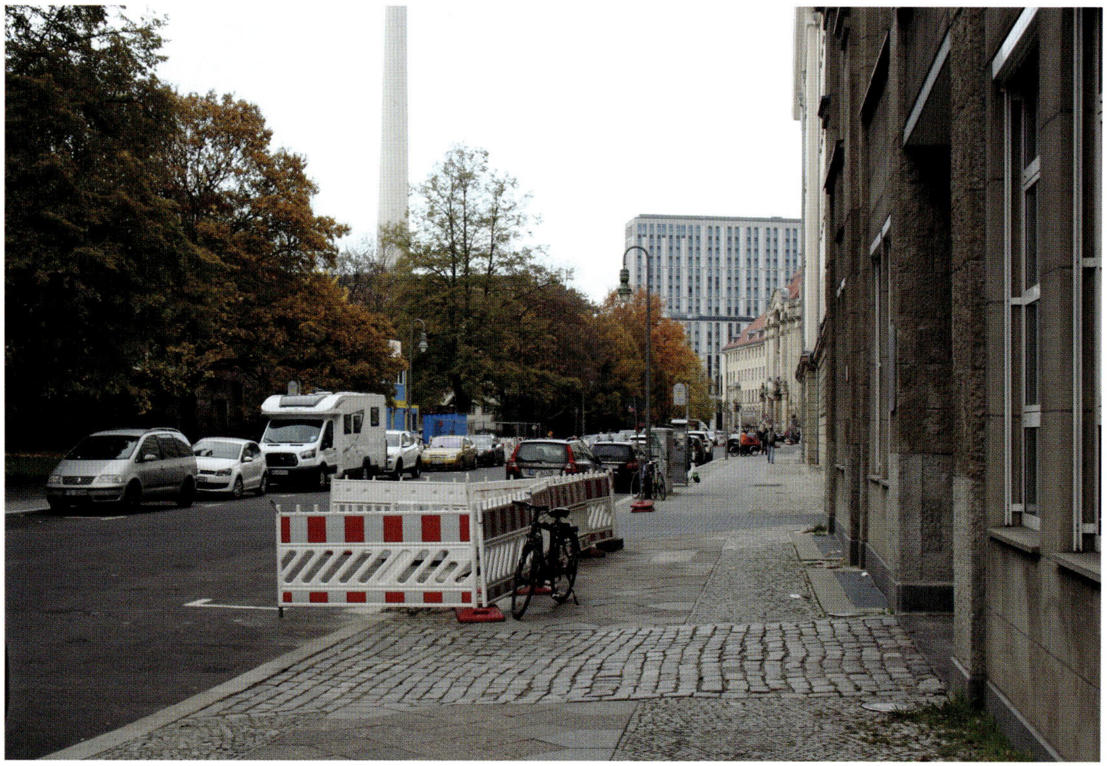

Littenstraße, 2019

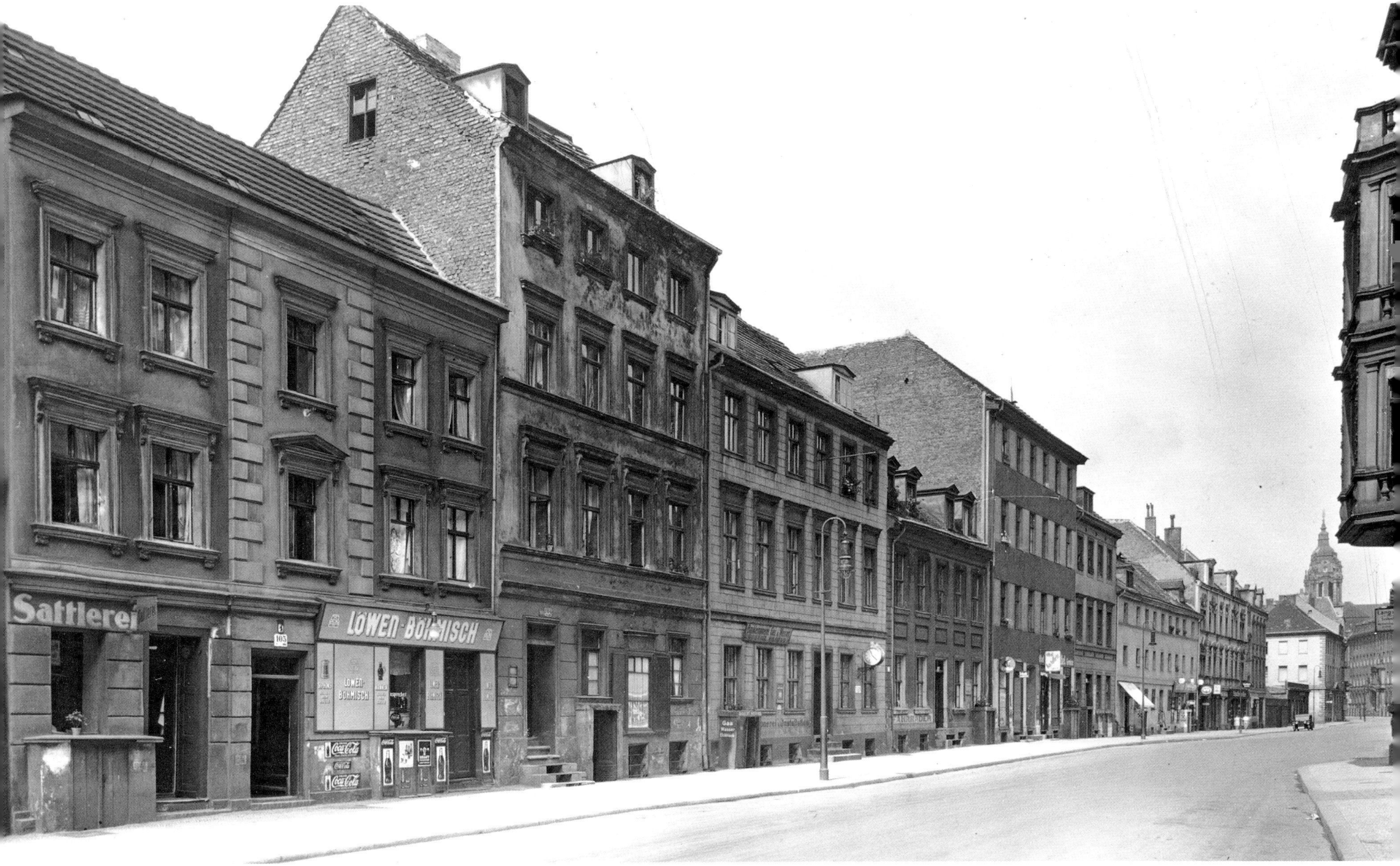

Südwestliche Seite der Neuen Friedrichstraße, um 1925

Waisenstraße

Die Waisenstraße war auch in ihrem nördlichen Teil eine enge Altstadtstraße. Der Blick geht auf den Chor der *Franziskanerklosterkirche*, der den Abschluss der Straße bildete.

Die Waisenstraße hieß vor 1862 *Hinter der Stralauer Mauer*, da sie parallel zur mittelalterlichen Stadtmauer nahe am Stralauer Tor verlief. Nach dem Bau der barocken Festung war die Mauer funktionslos und wurde auf beiden Seiten zuerst mit Kasernen, dann mit einfachen Wohnhäusern bebaut. Da die mittelalterliche Stadtmauer einen Bogen um den Chor der Klosterkirche machte, war die Waisenstraße südlich der Kirche eine Sackgasse, in die man Tiere, die zum Schlachten in die Stadt gebracht wurden, leicht einpferchen konnte. Daher rührt der Name *Bullenwinkel* für den Teil der Gasse, den das historische Foto zeigt. Die einfachen Wohnhäuser harmonierten mit der schlichten Architektur der Choriner Bauhütte, der der Bau der Klosterkirche um 1300 zugeschrieben wird.

Durch die Zerstörungen des Zweiten Weltkriegs ging die Bebauung der Waisenstraße überwiegend verloren. Die Klosterkirche wurde als Ruine konserviert und eine kleine Häusergruppe als Lokal *Zur letzten Instanz* wiederaufgebaut.

Auf dem aktuellen Foto sieht man einen Bauzaun. Er gehört zum Vorhaben *EmMI-LuebesKind-Haus* eines Stifterpaares, die hier ein Haus für jugendliche *Dropouts*, junge Menschen ohne familiäre Anbindung, errichten wollen. Der Neubau wird den Blick aus der Waisenstraße auf den Chor der Klosterkirche erneut rahmen und damit reizvoller machen.

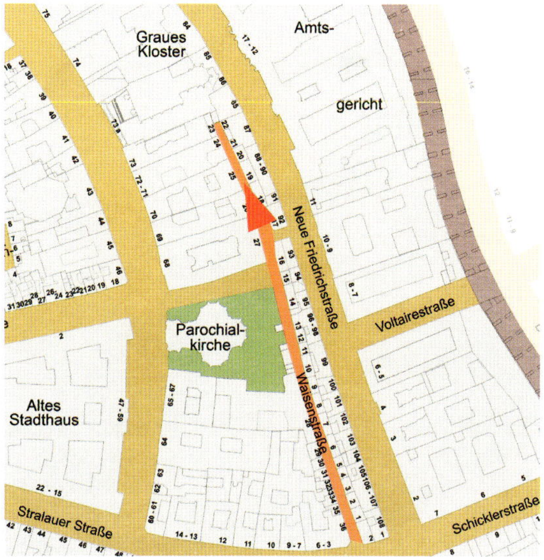

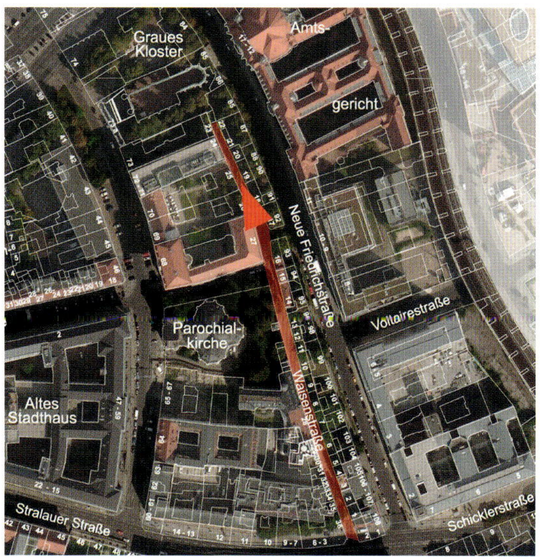

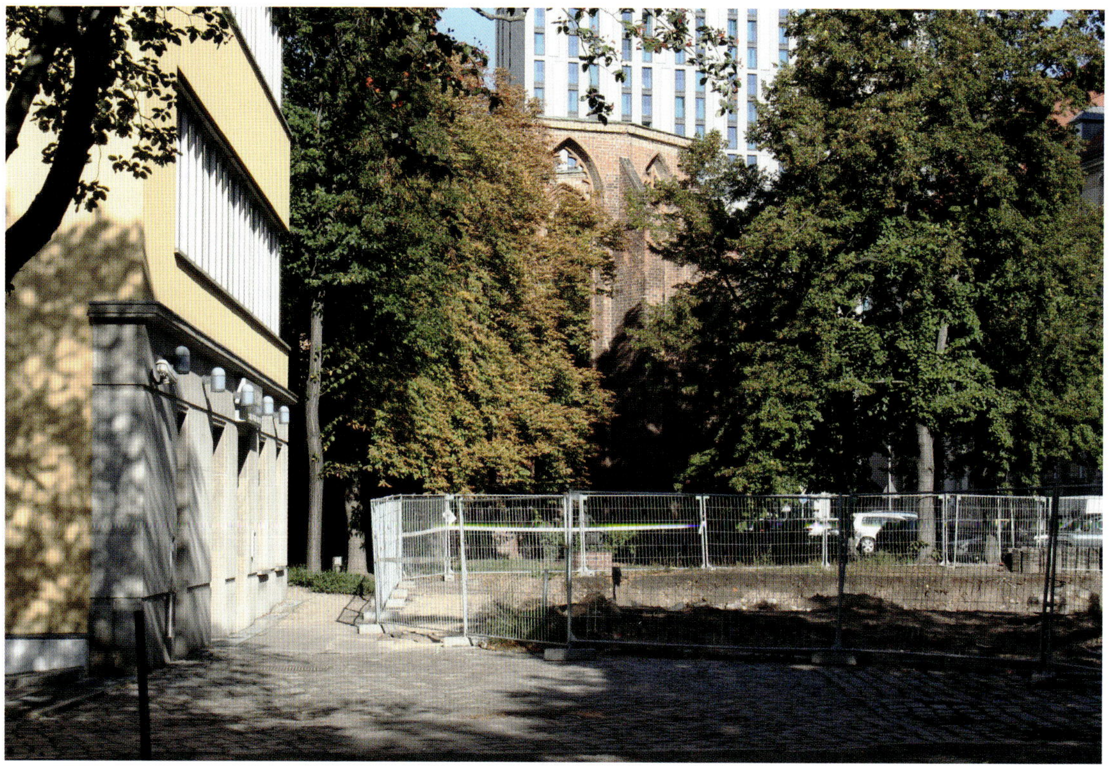

Blick zum Chor der Klosterkirche durch die Waisenstraße, 2019

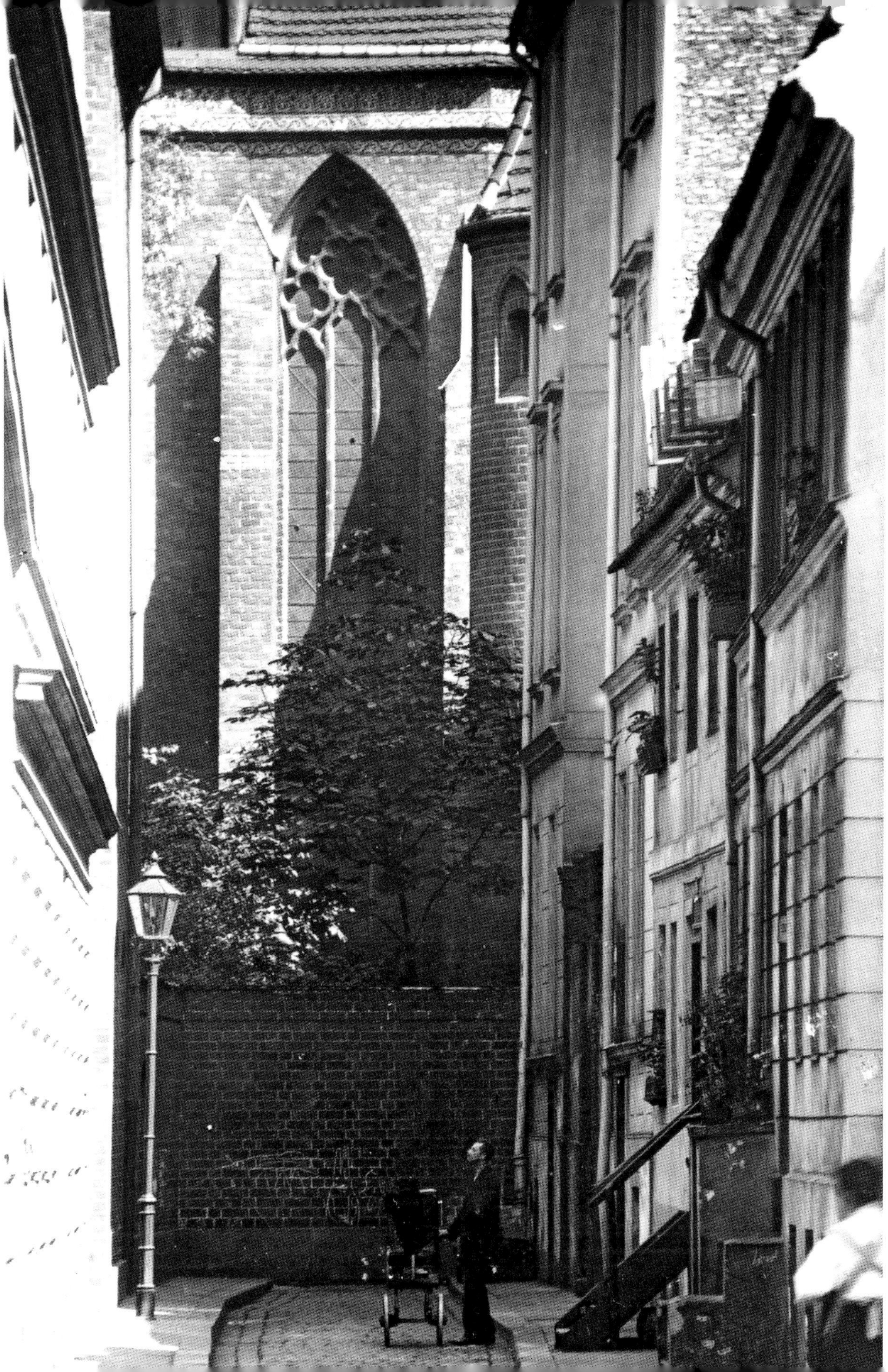

Blick zum Chor der Klosterkirche durch die Waisenstraße, um 1930

Klosterstraße

Südlicher Teil

Das historische Foto zeigt uns eine für die Berliner Altstadt ungewöhnlich breite Straße mit repräsentativen Gebäuden. Die Klosterstraße, benannt nach dem Franziskanerkloster der Grauen Brüder, war stets eine der vornehmsten Straßen der Stadt. Im Mittelalter stand in der Klosterstraße das *Hohe Haus*, der markgräfliche Sitz in Berlin. Später bauten Adlige hier ihre Stadthäuser, wie beispielsweise das *Palais Kreutz* am rechten Bildrand, das seit der Schinkelzeit das *Königliche Gewerbe-Institut,* den Vorläufer der *Technischen Universität,* beherbergte. Am rechten Bildrand erkennt man die 1880 fertiggestellte *Königliche Kunstschule* von Martin Gropius. Die anschließenden niedrigen Gebäude gehörten zum Komplex des *Berlinischen Gymnasiums Zum Grauen Kloster*. Die *Parochialkirche* im Hintergrund war die Kirche der Hofbeamten, die als Reformierte einer anderen Konfession als die lutherische Stadtgesellschaft angehörten.

Der südliche Teil der Klosterstraße, der hier zu sehen ist, wurde als einzige Straße des Stadtkerns vor 1880 beidseitig mit Bäumen bepflanzt.

Der Zweite Weltkrieg riss große Lücken in die Bebauung der Klosterstraße. Die Ruinen der Klosterkirche, des Refektoriums und des Kapitelsaals wurden nach dem Krieg zunächst konserviert. Refektorium und Kapitelsaal fielen jedoch 1968 der Verbreiterung der Grunerstraße zum Opfer. Drei der abgebildeten Bauten haben Krieg- und Nachkriegszeit überstanden: die *Parochialkirche* mit dem 2016 wiedererrichteten Turmaufsatz mit Glockenspiel, links daneben das *Palais Podewils* und das *Senkinghaus*. Dieses ist 1912 errichtet und nach schwerer Beschädigung im Zweiten Weltkrieg ab 1951 stark vereinfacht wiederaufgebaut worden. Es ist erkennbar an der orangefarbenen Wärmedämmhülle am Haus in der Mitte des aktuellen Bildes.

Seit 1969 verläuft die Klosterstraße nur noch zwischen Stralauer Straße und Grunerstraße.

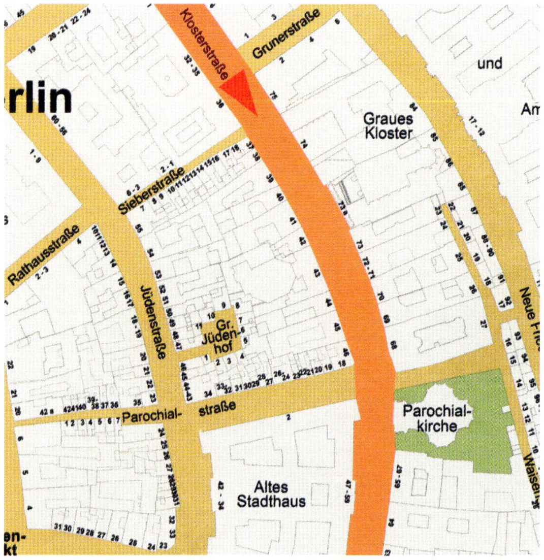

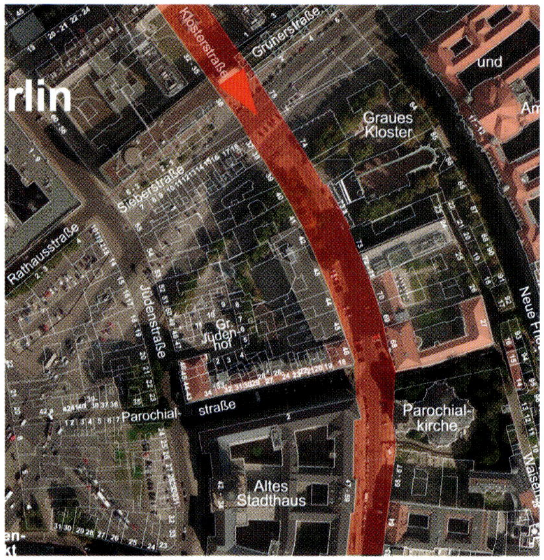

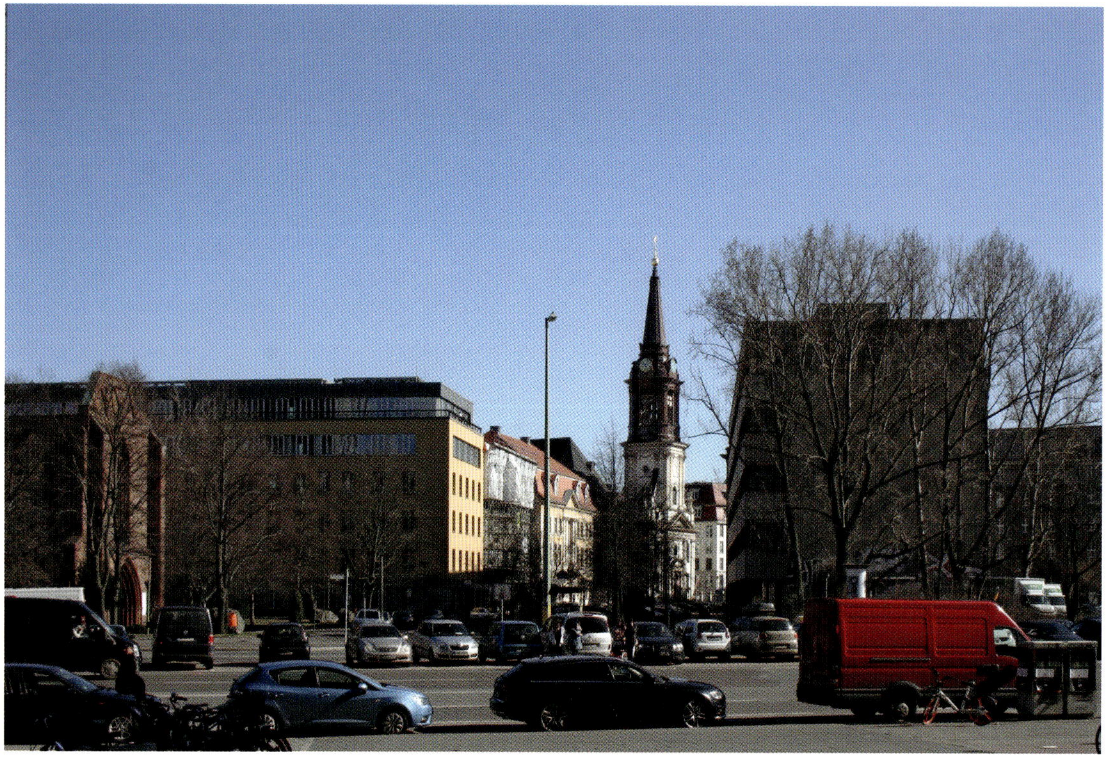

Blick über die Grunerstraße in die südliche Klosterstraße, 2017

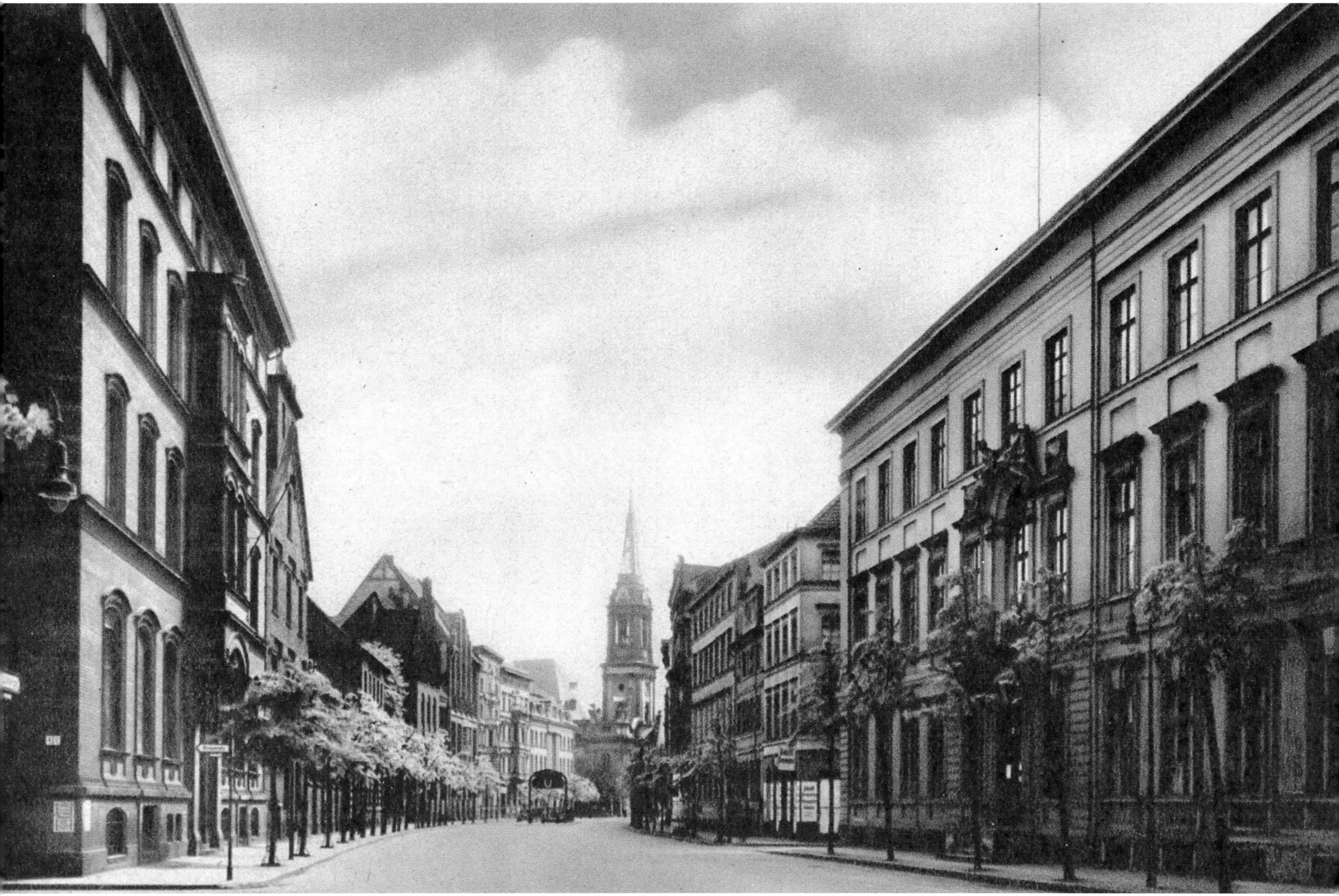

Südliche Klosterstraße, um 1930

Klosterstraße

Nördlicher Teil

Die Klosterstraße ist in ihrem breiten südlichen Verlauf bekannt für vornehme Bauten wie Klosterkirche, Palais Podewils, Parochialkirche und Altes Stadthaus. Der nördliche Teil der Klosterstraße hingegen, in den wir hier um 1920 schauen, war schmaler und geprägt von Wohn- und Geschäftshäusern. Die Klosterstraße war eine der Tangentialstraßen Alt-Berlins und verlief parallel zur nordöstlichen Stadtmauer und mündete in die Neue Friedrichstraße (heute Rochstraße).

Rechts geht die Kalandsgasse ab. Hier stand früher der *Kalandshof*, der als Stadtgefängnis diente. An seiner Stelle und auch nördlich der Gasse wurden in den 1890er Jahren prächtige Geschäftshäuser errichtet. Das nördlich anschließende Haus Klosterstraße 93 ist zum Zeitpunkt der Aufnahme bereits entstuckt – »entschandelt«, wie man dies in den 1920er und 1930er Jahren zu nennen pflegte. Gegenüber der Kalandsgasse mündet in der linken Häuserzeile die zum Marienkirchhof führende *Neue Gasse* ein, die kürzeste aller Altstadtgassen. Die weiter hinten querende breite Kaiser-Wilhelm-Straße ist optisch stark verschmälert. Die Eckhäuser zur Kaiser-Wilhelm-Straße waren fünfstöckig und reich geschmückt.

Die stadträumliche Situation ist seit den frühen 1970er Jahren gänzlich verändert. Die Klosterstraße endet heute an der Grunerstraße.

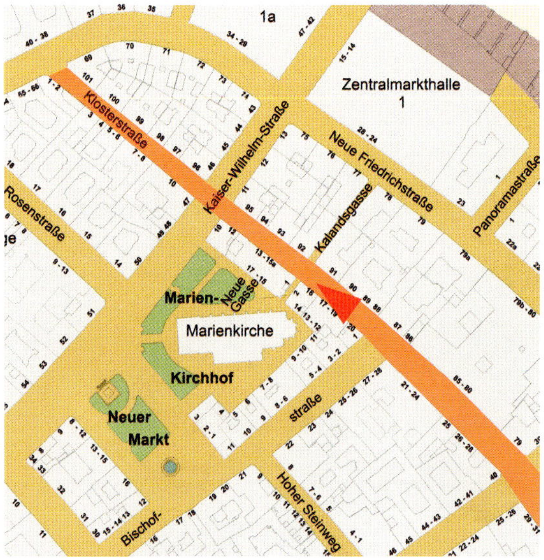

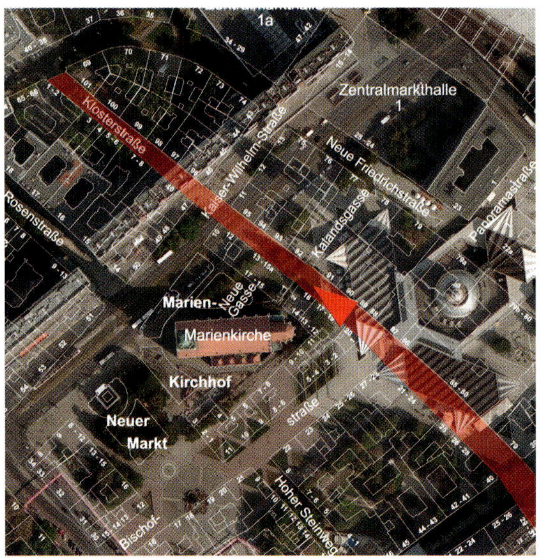

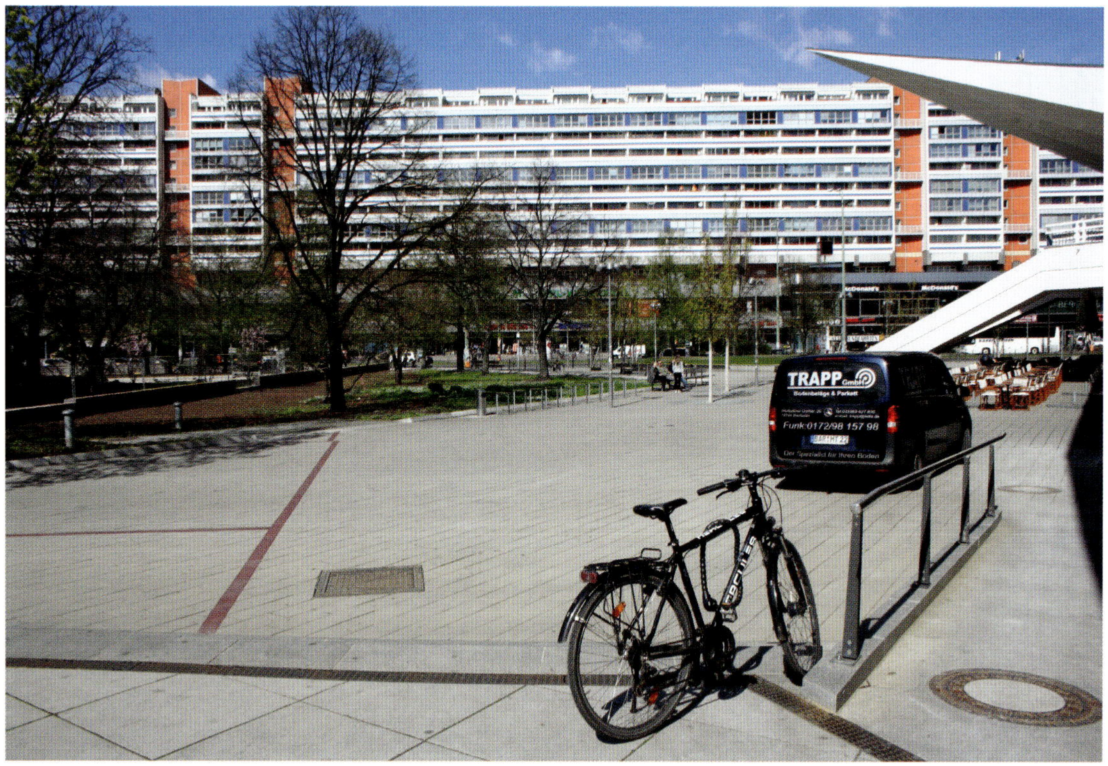

Blick vom Fuß des Fernsehturms zur Karl-Liebknecht-Straße, 2017

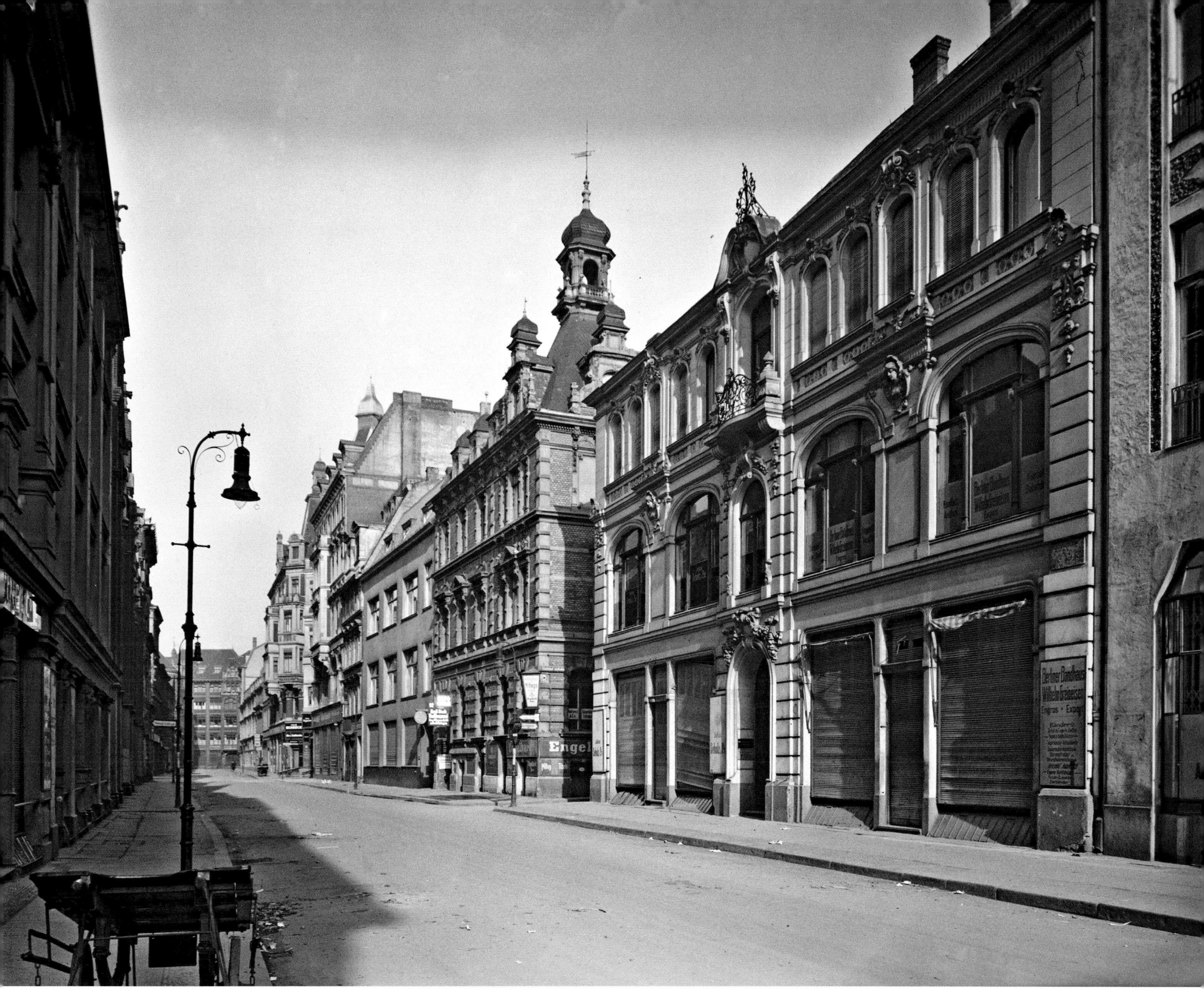

Nördliche Klosterstraße, um 1920

Rolandufer

Von der Jannowitzbrücke blickend sehen wir am linken Rand des Fotos von 1926 das Brandenburger Ufer, das heute Märkisches Ufer heißt. Hier gab es zahlreiche Anlegestellen für Ausflugsdampfer. In der Bildmitte ist die Waisenbrücke zu erkennen, darüber das 1911 nach Plänen von Ludwig Hoffmann gebaute Verwaltungsgebäude der GASAG. Vor dem Häuserblock *An der Stralauer Brücke* in der Bildmitte sieht man die Pochhammersche Badeanstalt und weitere Ausflugsschiffsanleger.

Die Pochhammersche Badeanstalt war ursprünglich im ehemaligen Festungsgraben kurz vor der Königsbrücke und seit den 1820er Jahren an der Waisenbrücke ansässig. Die hier dokumentierte Badeanstalt wurde 1892 errichtet und 1927 geschlossen.

Die Straße *An der Stralauer Brücke* wurde im Jahr 1931 dem *Rolandufer,* der neuen Uferstraße von der Waisenbrücke zum Mühlendamm, zugeschlagen. Der Name geht auf die 1905 vor dem Märkischen Museum am gegenüberliegenden Spreeufer aufgestellte Kopie des Brandenburger Rolands zurück.

In der aktuellen Silhouette fehlen der Dachreiter der GASAG und fast die gesamte Bebauung der Straße *An der Stralauer Brücke*, insbesondere das Eckhaus Nummer 7 mit seinem Türmchen. Dafür ist der 1969 erbaute Fernsehturm fast in Gänze zu sehen. Auch die 1960 abgebrochene Waisenbrücke fehlt – besonders dem Stadtmuseum im Märkischen Museum, aber auch den Fußgängern und Radfahrern, für die die vielbefahrene Jannowitzbrücke keine attraktive Alternative darstellt. Ein Neubau der Waisenbrücke ist beabsichtigt, die Realisierung jedoch unbestimmt.

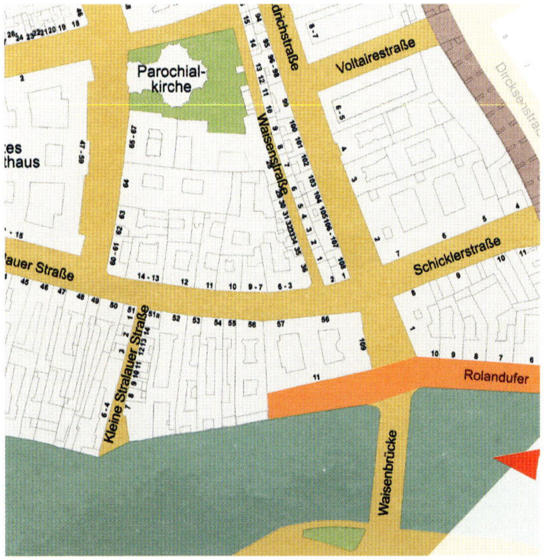

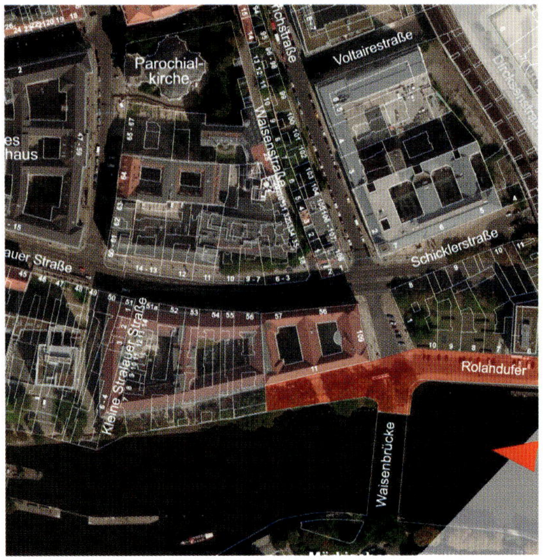

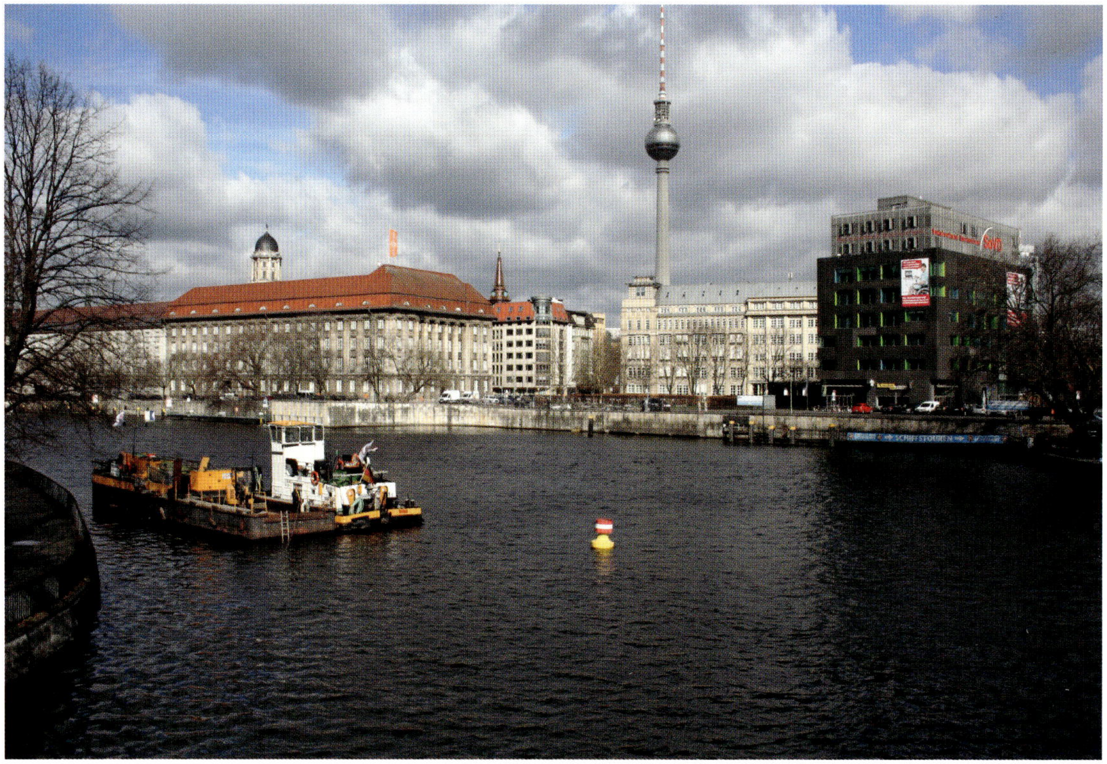

Blick von der Jannowitzbrücke auf das Rolandufer, 2018

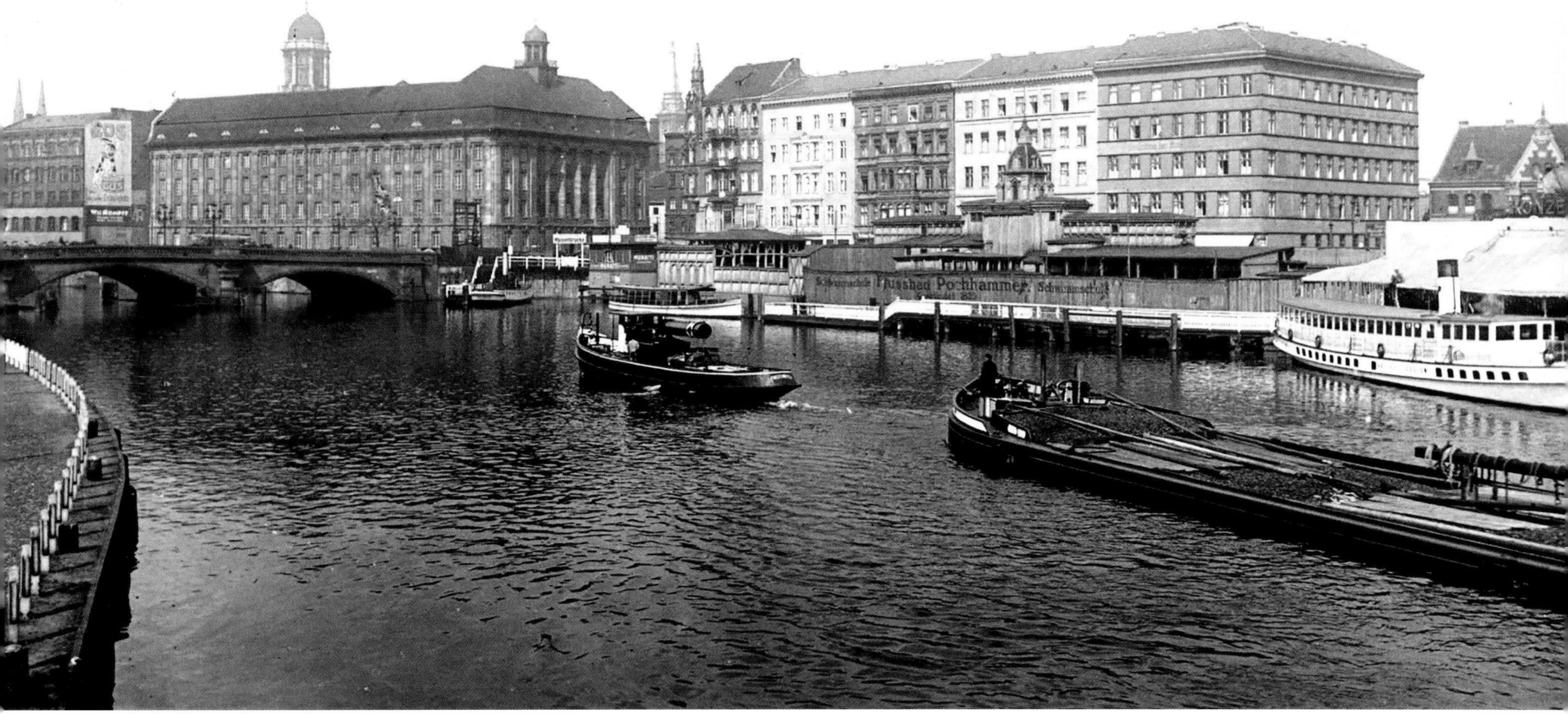

Blick von der Jannowitzbrücke auf die Waisenbrücke und das Rolandufer, um 1926

Waisenbrücke

Die Aufnahme von 1942 stammt von einem Fotoamateur. Sie zeigt den reizvollen Blick vom Märkischen Ufer 52–54 über die Spree hinweg auf die 1910 fertiggestellte GASAG-Zentrale von Ludwig Hoffmann und das westliche Rolandufer. Im Hintergrund mündet die Neue Friedrichstraße (heute Littenstraße) in das Rolandufer (vor 1931 *An der Stralauer Brücke*). Die Verbindung von Märkischem Ufer und Rolandufer stellte die Waisenbrücke dar. Ursprünglich war sie eine Klappbrücke an der historischen Stelle des sogenannten Oberbaums, der alten Zollgrenze im Oberlauf des Flusses. Die 1894 errichtete steinerne Waisenbrücke war im Zweiten Weltkrieg lediglich beschädigt worden. Im Frühjahr 1961 brach man sie ab – zur Erleichterung der Schifffahrt im Oberlauf der Schleuse, wie es hieß.

Der heutige Blick geht über einen erstaunlich ähnlich aussehenden Zaun im Vordergrund auf einen massiv veränderten Hintergrund: Die Waisenbrücke fehlt, und anstelle des Dachreiters der GASAG erkennt man den Schaft des Fernsehturms. In der Flucht der Littenstraße versperrt das Hotel *MotelOne* an der Grunerstraße den Blick. Das rechts anschließende *Schicklerhaus* ist in den Blick gerückt, weil am westlichen Rolandufer keine Häuser mehr stehen.

Die GASAG-Zentrale beherbergte zur DDR-Zeit den *VEB Energiewirtschaft*, gegenwärtig ist hier eine private Berufsschule für Designer untergebracht. Für die Belebung der Gegend, insbesondere des Märkischen Museums und des von ihm ausgerufenen Kreativquartiers Köllnischer Park, ist der Neubau einer Waisenbrücke für Fußgänger und Radfahrer unverzichtbar. Der Senat plant einen Neubau der Waisenbrücke allerdings erst für die Jahre um 2030.

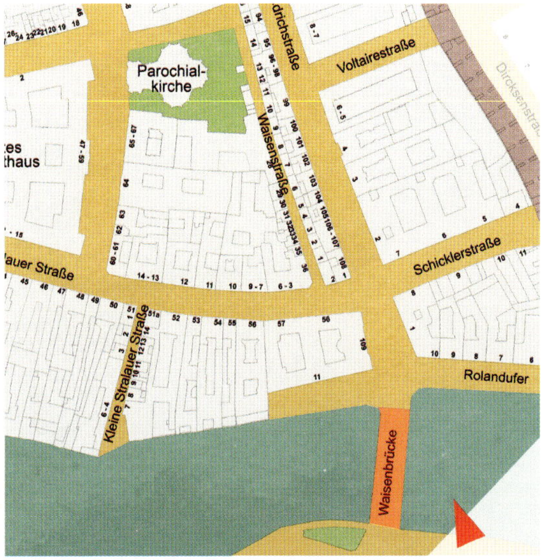

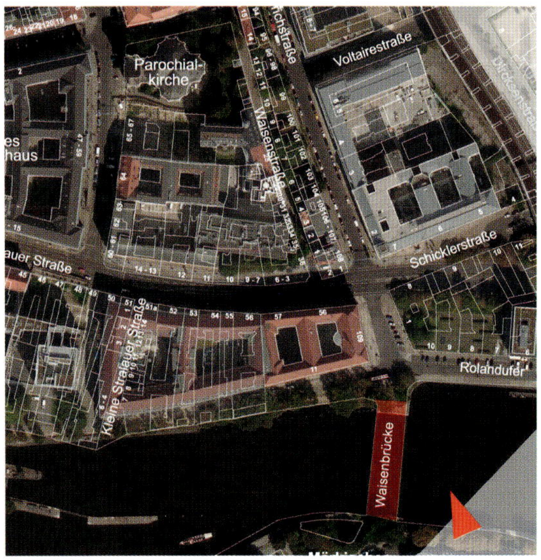

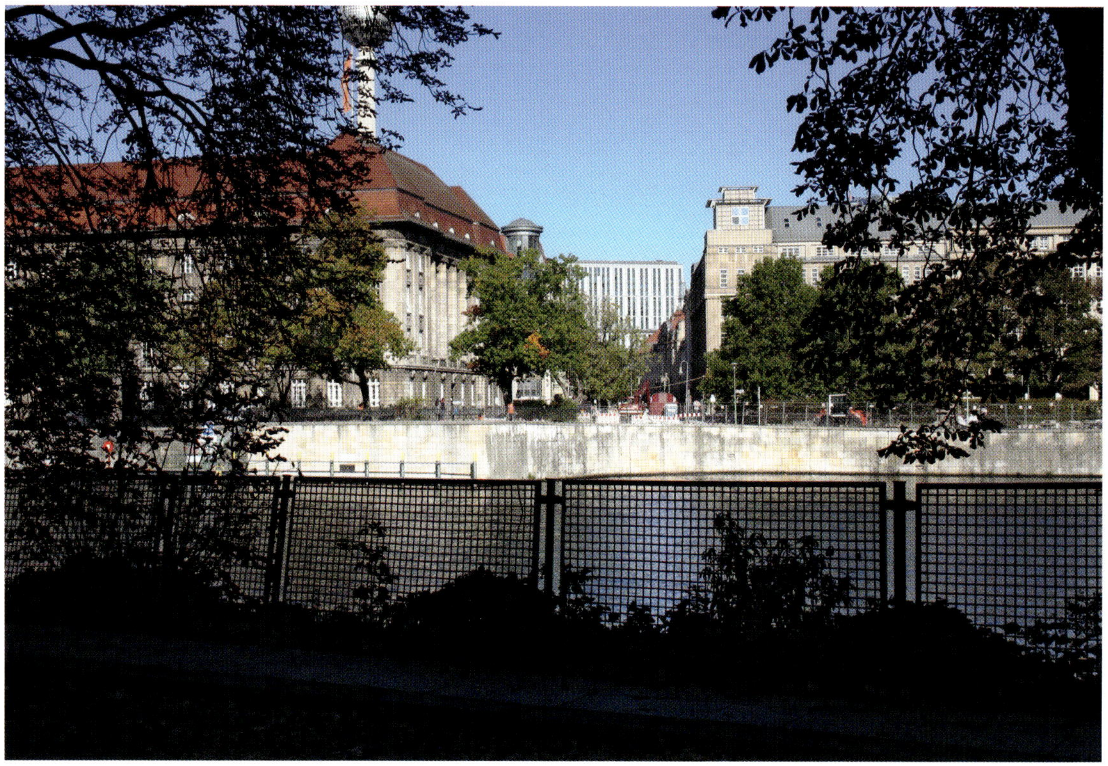

Blick vom Märkischen Ufer in die Littenstraße jenseits der Spree, 2019

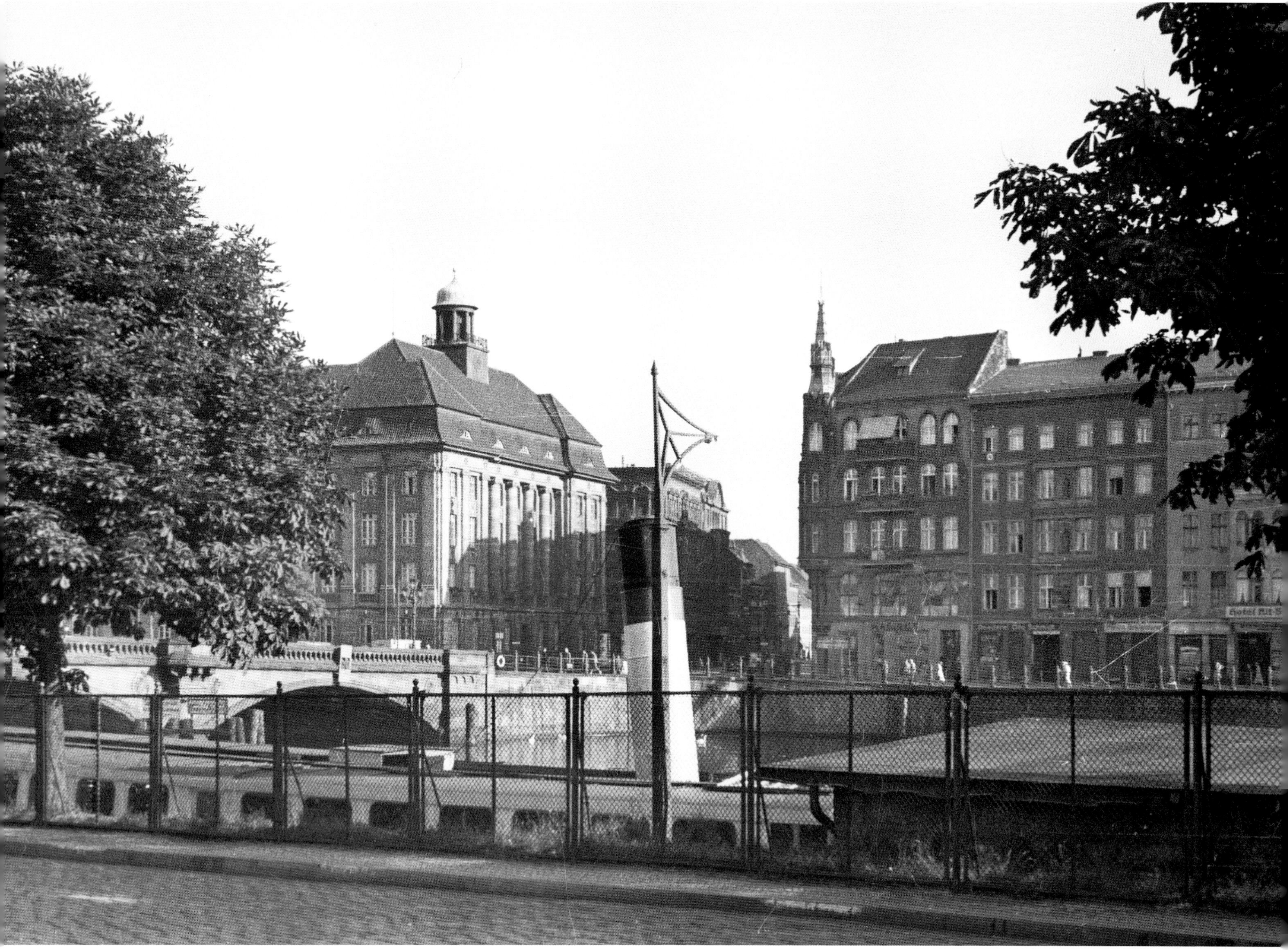

Blick vom Märkischen Ufer auf die Waisenbrücke und das Rolandufer, 1942

Liebknechtbrücke
Kaiser-Wilhelm-Brücke

Vom Dom aus fällt der Blick auf die Kaiser-Wilhelm-Brücke und die dahinterliegende grachtenartige Bebauung an der Burgstraße. Im Hintergrund erkennt man den Turm auf dem Dach des *Kaufhauses Alte Post* an der heutigen Rathausbrücke (siehe Seite 44/45).

Die Kaiser-Wilhelm-Brücke trat im November 1889 an die Stelle der *Kavalierbrücke*, eines 1832 errichteten hölzernen Fußgängerstegs. Sie war eine auf Kosten der Stadt erbaute und aufwändig gestaltete Brücke zwischen dem Lustgarten und der neu geschaffenen Kaiser-Wilhelm-Straße. Um dem repräsentativen Standort zwischen Dom und Schloss Rechnung zu tragen, wurden Granit als Baustoff gewählt und vier monumentale Obelisken errichtet, die auch als Leuchtenträger dienten und von bronzenen Figuren bekrönt waren. In der Balustrade der Geländer wurde je Seite ein prächtiger Schlussstein in der Brückenmitte vorgesehen. 1941 sollte die Brücke für die geplante Spreequerung der Ost-Achse Albert Speers auf 45 Meter verbreitert werden. Kurz vor der Eroberung Berlins durch die Rote Armee sprengten deutsche Soldaten den Mittelteil der Brücke.

Seit 1947 heißt sie *Liebknechtbrücke* nach dem Reichstagsabgeordneten und Mitbegründer der KPD, Karl Liebknecht. 1949/50 wurde sie in vereinfachter Form wiederhergestellt. Bei der Generalüberholung im Jahre 1975 baute man eine Fußgängerunterführung in das östliche Brückengewölbe ein.

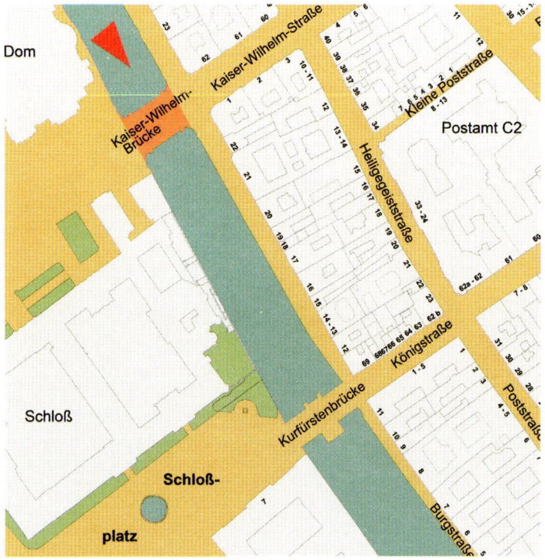

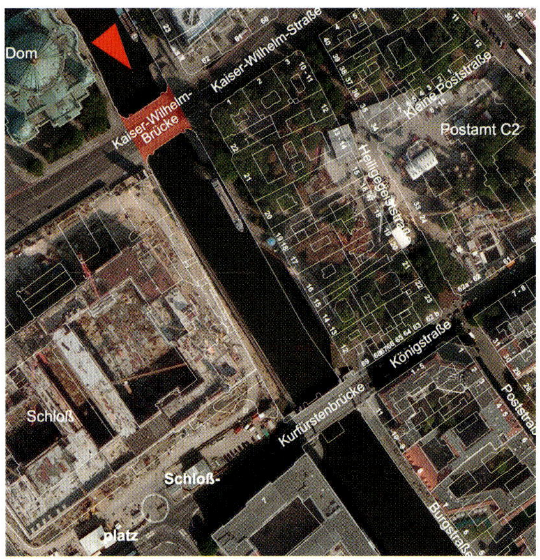

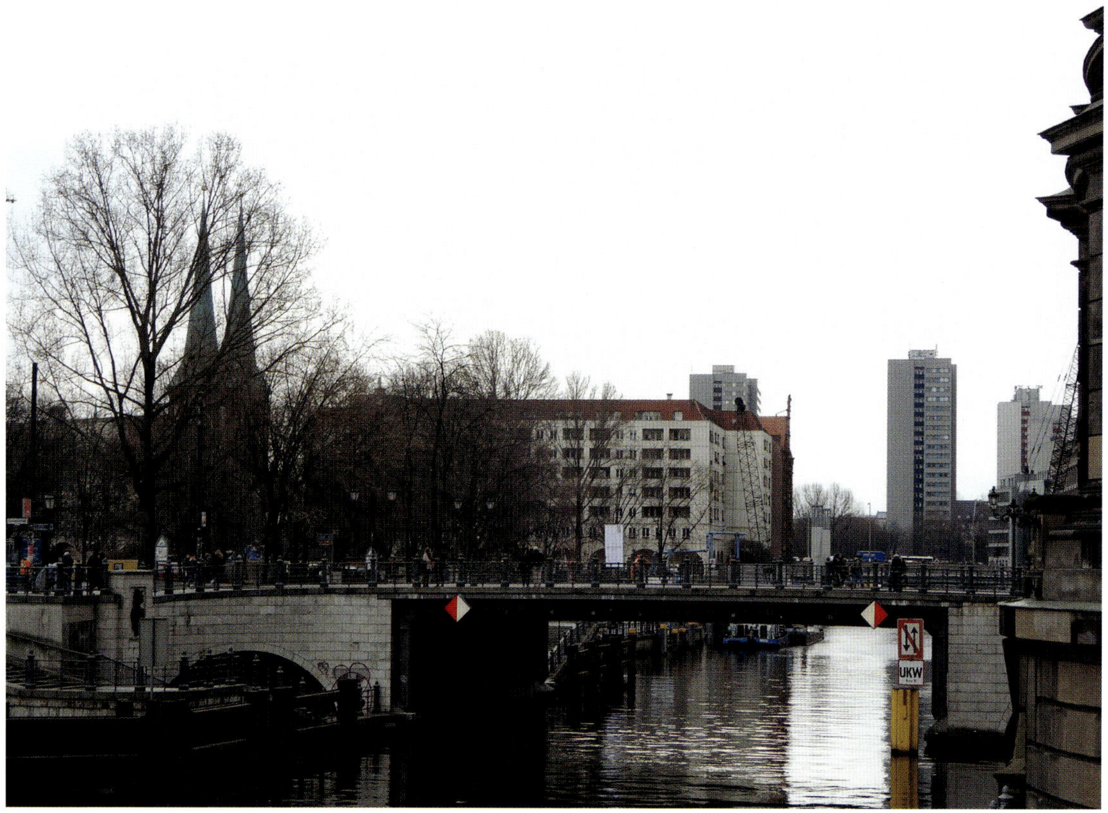

Liebknechtbrücke, 2017

> Kaiser-Wilhelm-Brücke und Burgstraße, um 1928

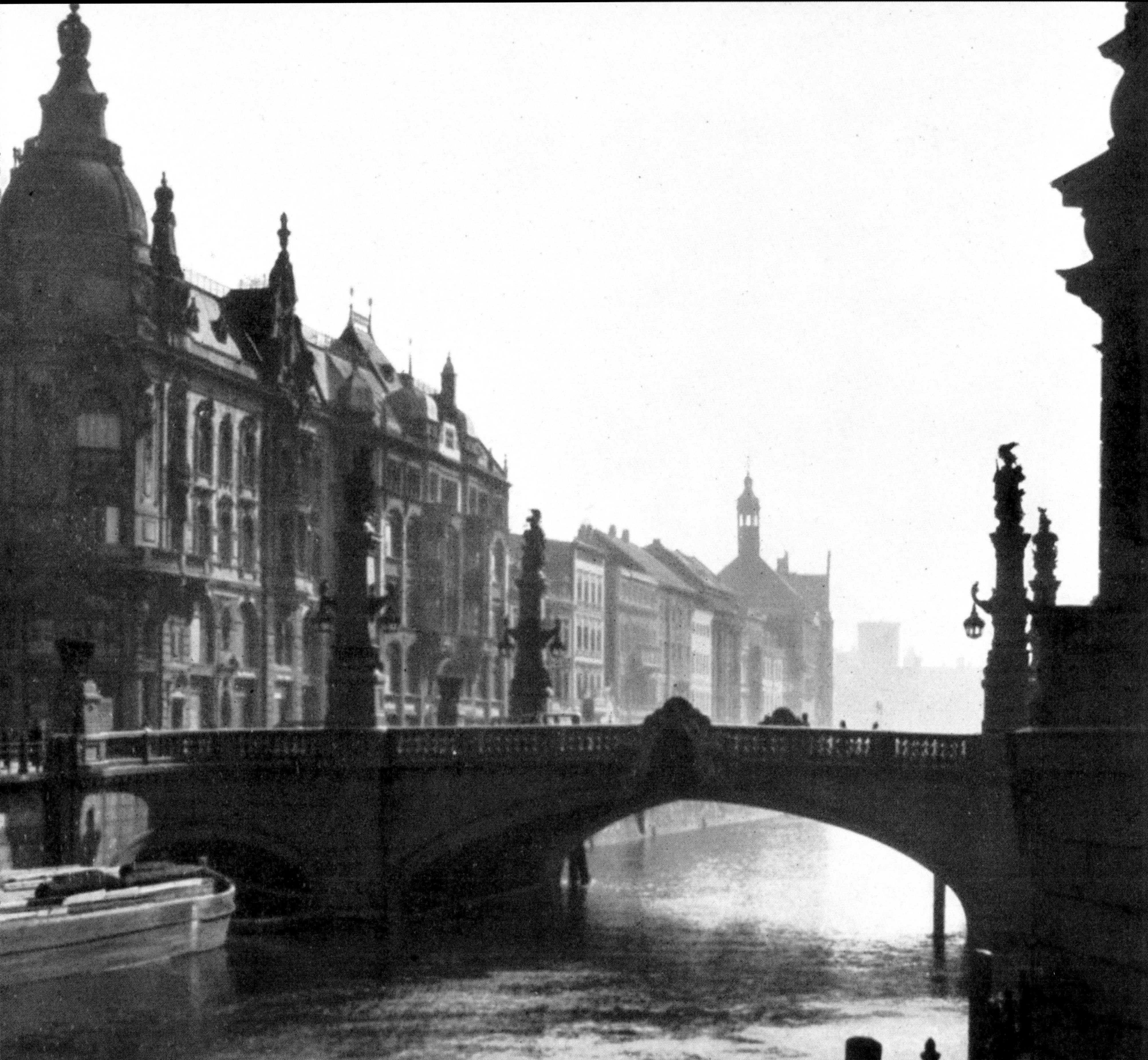

Rathausbrücke

Kurfürstenbrücke, Lange Brücke

Die winterliche Szene an der Spree zeigt, wie stark die Spree 1925 für den Warenverkehr genutzt wurde. Man sieht etliche Schleppkähne, die vermutlich auf die Passage durch die Mühlendammschleuse warten. Links im Bild sieht man die Uferbebauung der Burgstraße. Hier reihten sich für Berliner Verhältnisse prächtige Häuser aneinander. Zu großer Bekanntheit brachte es das Hotel *König von Portugal*, das helle Haus in der Mitte der Häuserzeile.

Die gegen Ende des 17. Jahrhunderts angelegte Burgstraße wurde wegen des gegenüberliegenden Königlichen Schlosses, der ehemaligen *Zwingburg Cölln*, im 18. Jahrhundert so benannt.

Die Bebauung der Burgstraße ging im Zweiten Weltkrieg verloren. In den 1970er Jahren wurden vom Spreeufer bis zur Spandauer Straße der *Park an der Spree,* das heutige *Marx-Engels-Forum,* angelegt und der Uferweg tiefer gelegt. Die Spree dient heute hauptsächlich dem Ausflugsverkehr. Auf dem aktuellen Foto sieht man rechts Arbeitsschiffe, die an der Ufermauer vor dem *Humboldtforum* arbeiten.

In der Mitte des historischen Bildes sieht man die seit 1951 sogenannte Rathausbrücke, die davor *Kurfürstenbrücke* und vor 1896 jahrhundertelang *Lange Brücke* hieß. Von 1703 bis 1943 schmückte sie das von Andreas Schlüter geschaffene Reiterstandbild des Großen Kurfürsten. Es war 1943 wegen der drohenden Luftangriffe abgebaut worden und steht heute vor dem Schloss Charlottenburg. Die Brücke wurde 1945 von der Wehrmacht gesprengt. Die anschließend errichtete provisorische Brücke diente ihrem Zweck bis 2009. Nach drei Jahren Bauzeit wurde 2012 der von Walter A. Noebel entworfene Brückenneubau eingeweiht.

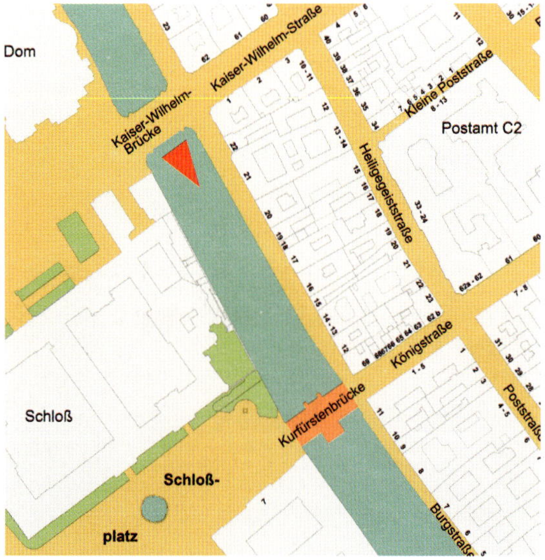

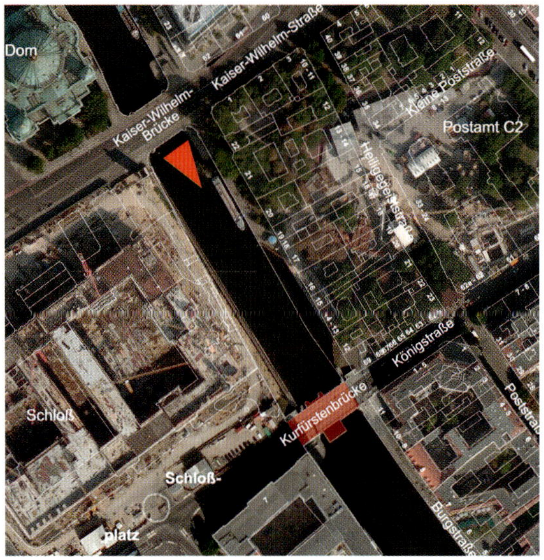

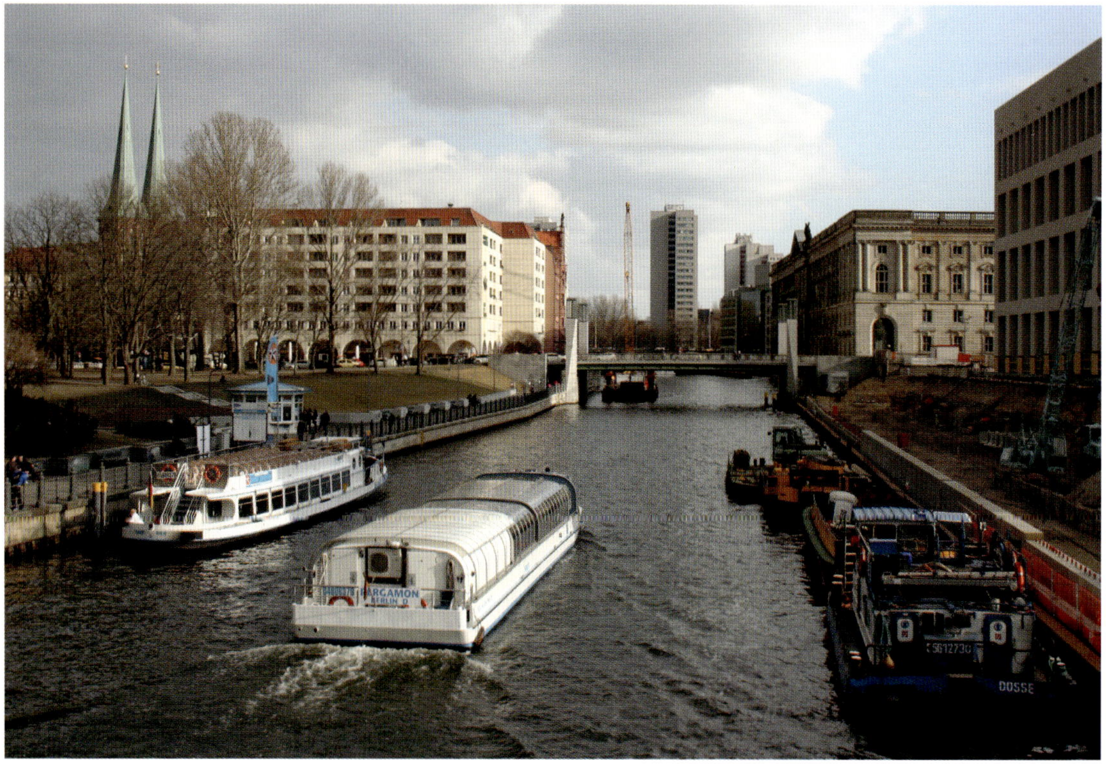

Blick über die Spree zur Rathausbrücke, 2018

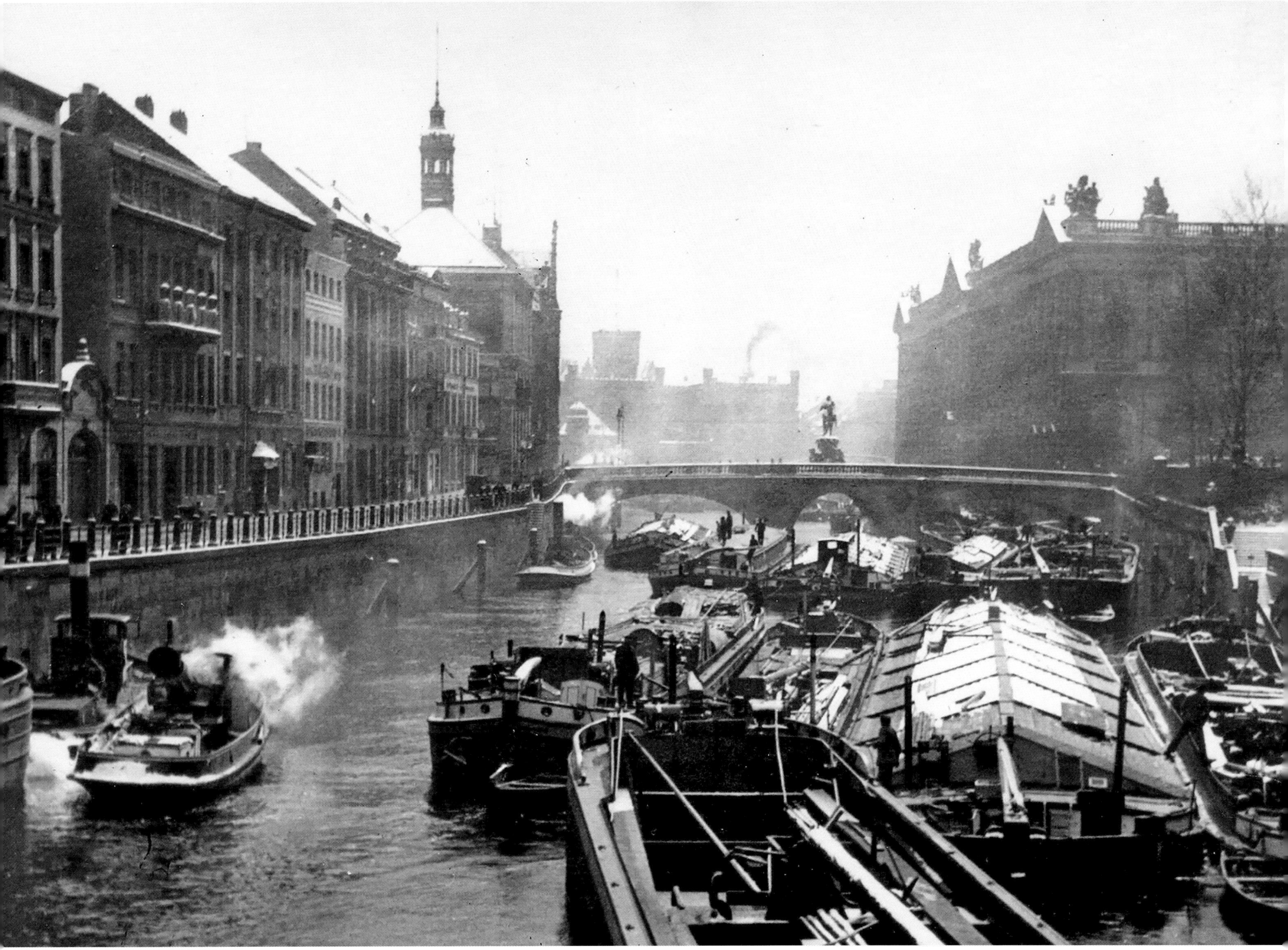

Die Spree zwischen Burgstraße und Schloss, um 1925

Köllnischer Fischmarkt

Rathäuser und Kaufhäuser

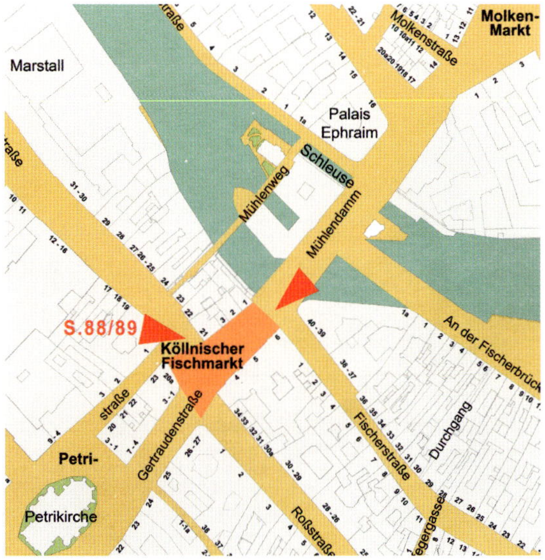

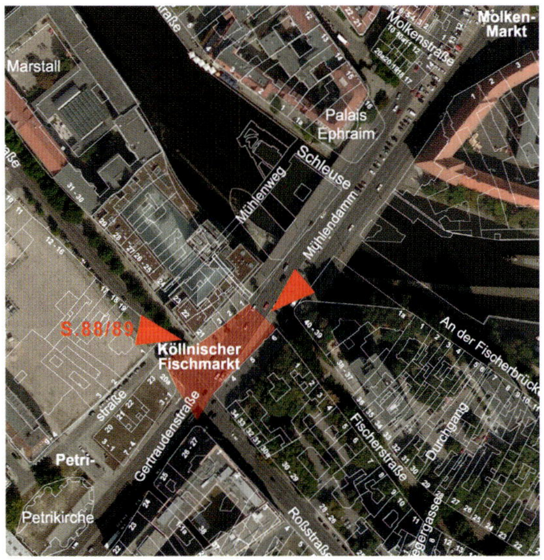

In der Mitte des historischen Fotos sehen wir eines der Kaufhausgebäude von *Rudolph Hertzog*. In den Häusern rechts gibt es zahlreiche Geschäfte. Straßenbahnen und Busse queren den Köllnischen Fischmarkt, der uns das Bild eines geschäftigen Stadtplatzes vermittelt. Seit 1882 hier die erste Pferdestraßenbahn fuhr, war der Köllnische Fischmarkt immer ein mit öffentlichen Verkehrsmitteln gut erschlossener Platz. Alle Straßenbahnen und Omnibusse, die vom Molkenmarkt zum Spittelmarkt fuhren, zeitweise bis zu 23 Linien, hatten hier eine Haltestelle.

Der Köllnische Fischmarkt war einer der beiden ältesten Marktplätze Berlins. An der Stelle des Kaufhauses *Rudolph Hertzog* stand seit dem Mittelalter das *Köllnische Rathaus*, zuletzt der von Martin Grünberg 1710 errichtete Bau. Räume des Rathauses wurden zeitweise vom *Köllnischen Gymnasium* und vom *Märkischen Provinzialmuseum* genutzt. 1899 wurde es abgebrochen. Bei den Häusern rechts im Bild handelt es sich um die barocken Bürgerhäuser Köllnischer Fischmarkt 2 und 3 sowie das Eckhaus Breite Straße 21. Die Ursprünge der drei Häuser reichten bis ins Mittelalter zurück.

Heute lässt die überbreite Straßenführung weder einen Platz erkennen noch gibt es an diesem historischen Ort auch nur die geringste Aufenthaltsqualität. Das Haus der deutschen Wirtschaft am rechten Bildrand ist im Erdgeschoss geschlossen und abweisend. Das neu errichtete Hotel *capri* soll mit seinem Mittelrisalit an das alte *Köllnische Rathaus* erinnern. Dieses stand jedoch einige Meter weiter südlich, wie archäologischen Grabungen am Petriplatz in den letzten Jahren zeigten.

Eine Wiederanbindung an das Straßenbahnnetz ist zwar geplant, lässt aber seit zwanzig Jahren auf sich warten.

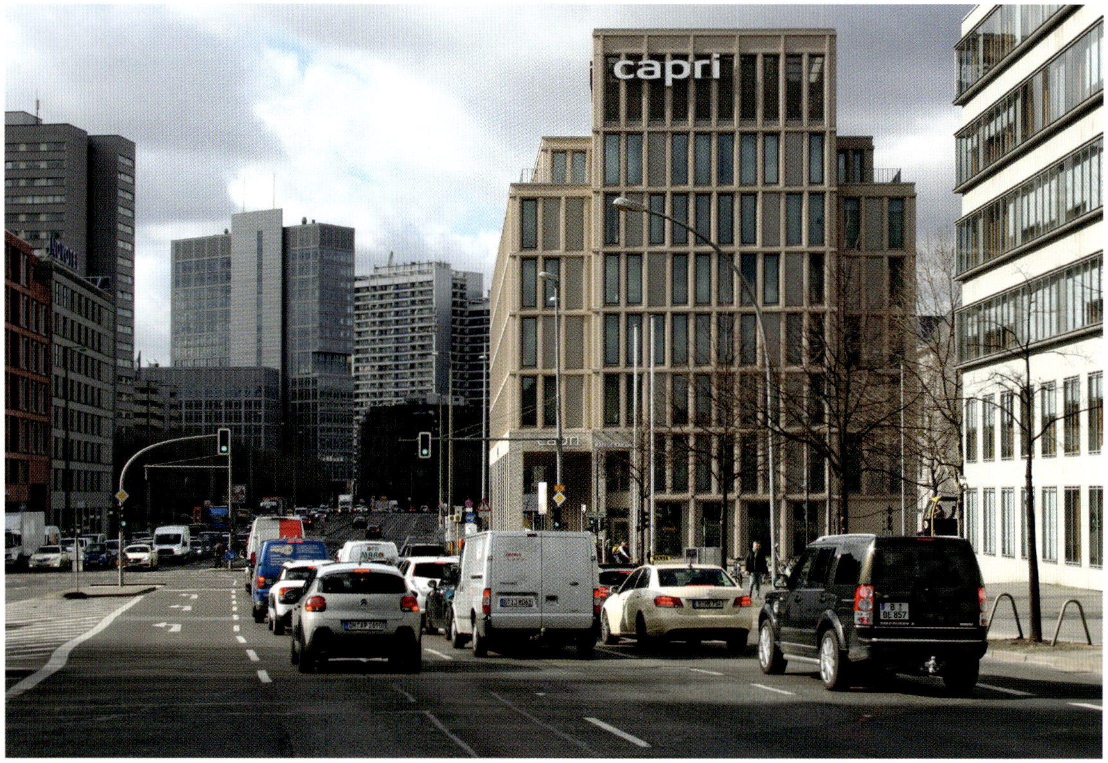

Blick vom Mühlendamm zur Gertraudenstraße, 2018

> Köllnischer Fischmarkt, um 1930

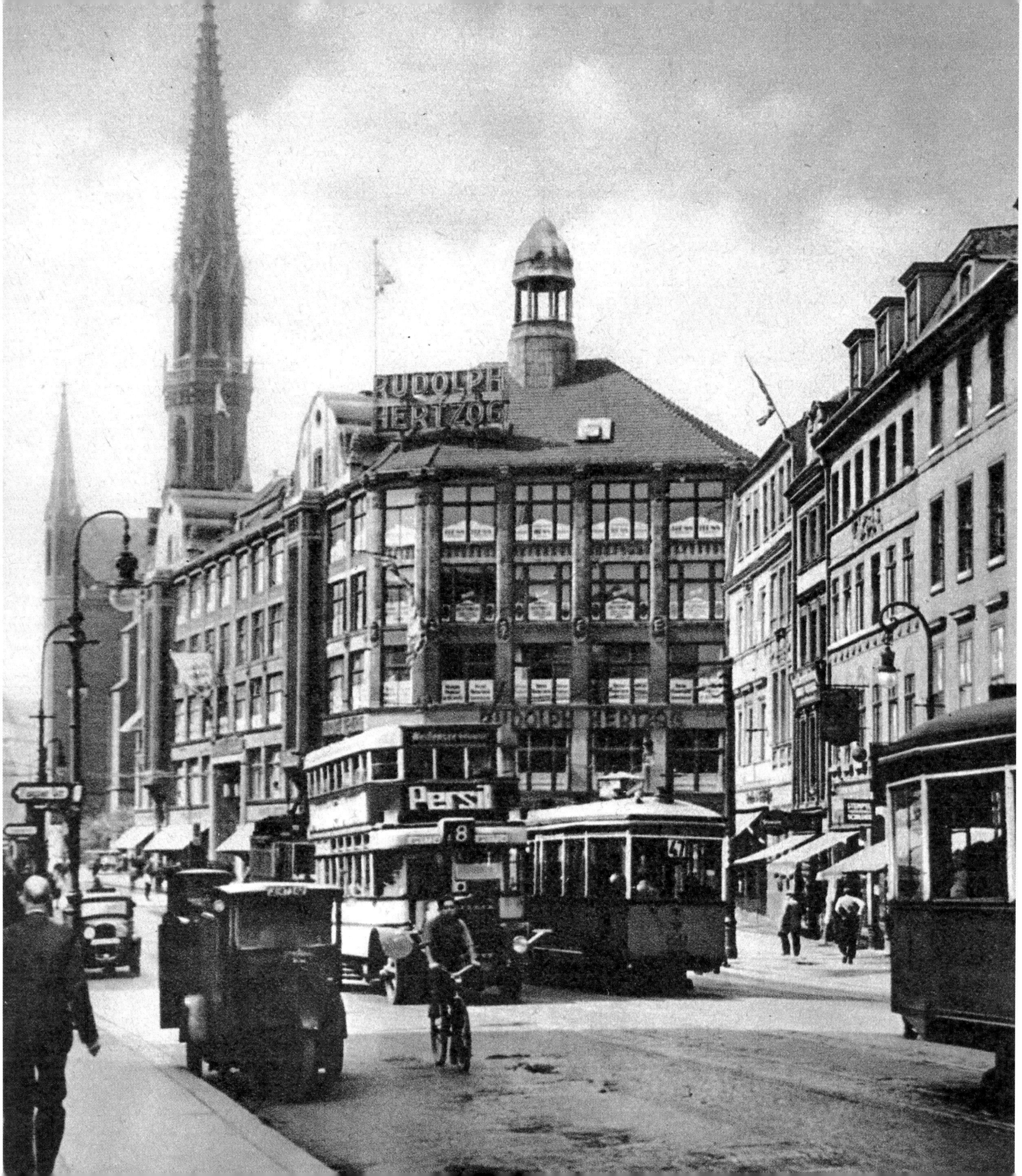
RUDOLPH HERTZOG
RUDOLPH HERTZOG
Persil
8

Köllnischer Fischmarkt

Palais Derfflinger

Am Köllnischen Fischmarkt 4 stand das heute in Vergessenheit geratene *Palais Derfflinger*. Der Generalfeldmarschall Georg von Derfflinger beauftragte Johann Arnold Nering mit der Errichtung seines Palais unter Verwendung von Teilen des mittelalterlichen Vorgängerbaus. Das ursprünglich dreistöckige Palais war geprägt durch einen dreiachsigen Mittelrisalit, der sich in der Flucht der Breiten Straße vis à vis zum Portal II des Schlosses befand. Über dem Mittelrisalit entwarf Nehring eine hohe Attika mit vier Figuren – die erste mit Plastiken geschmückte Attika Berlins.

1867 wurde das Palais um eine Etage aufgestockt. Ab 1893 war die fünf Jahre zuvor gegründete Herrenmodehandlung *Bernward Leineweber* im Haus ansässig. Ab 1909 wurde das Palais Derfflinger zusammen mit den dazu erworbenen Grundstücken Köllnischer Fischmarkt 5 und 6 zum Stammhaus Leineweber. Um 1930 wurden die Fassaden aller drei Häuser vereinfacht und vereinheitlicht, sodass die gesamte Front zum Köllnischen Fischmarkt wie ein breit gelagerter Bau aussah. Gegen Kriegsende wurde das *Palais Derfflinger* zerstört.

Die Grundmauern des Palais liegen heute unter der südlichen Fahrbahn der achtspurigen Straße quer durch Alt-Kölln, an der Einmündung der Straße Fischerinsel in den Mühlendamm. Von 2015 bis 2017 wurde auf dem rückwärtigen Bereich des Grundstücks eine archäologische Grabung zur Vorbereitung eines Wohnungsneubaus durchgeführt, die die Fläche des eigentlichen Palais jedoch nicht tangierte.

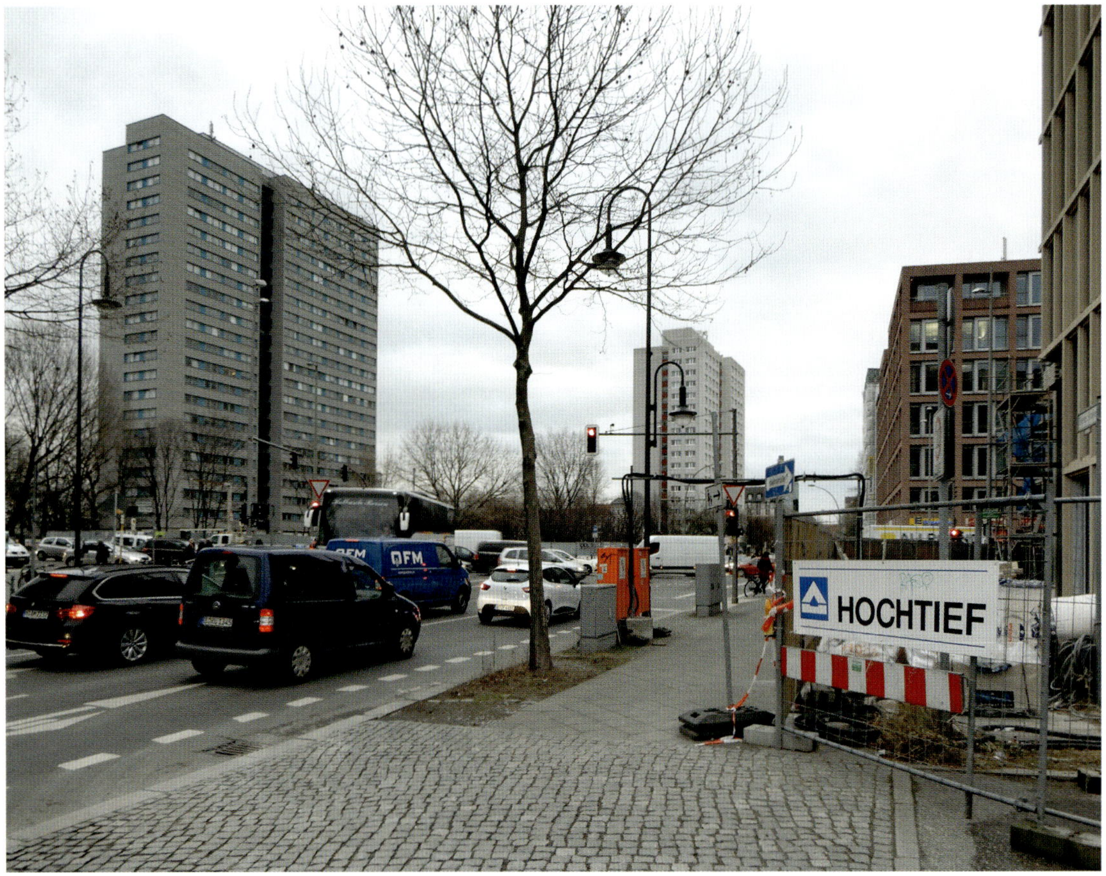

Breite Straße, Ecke Gertraudenstraße von der Scharrenstraße aus gesehen, 2018

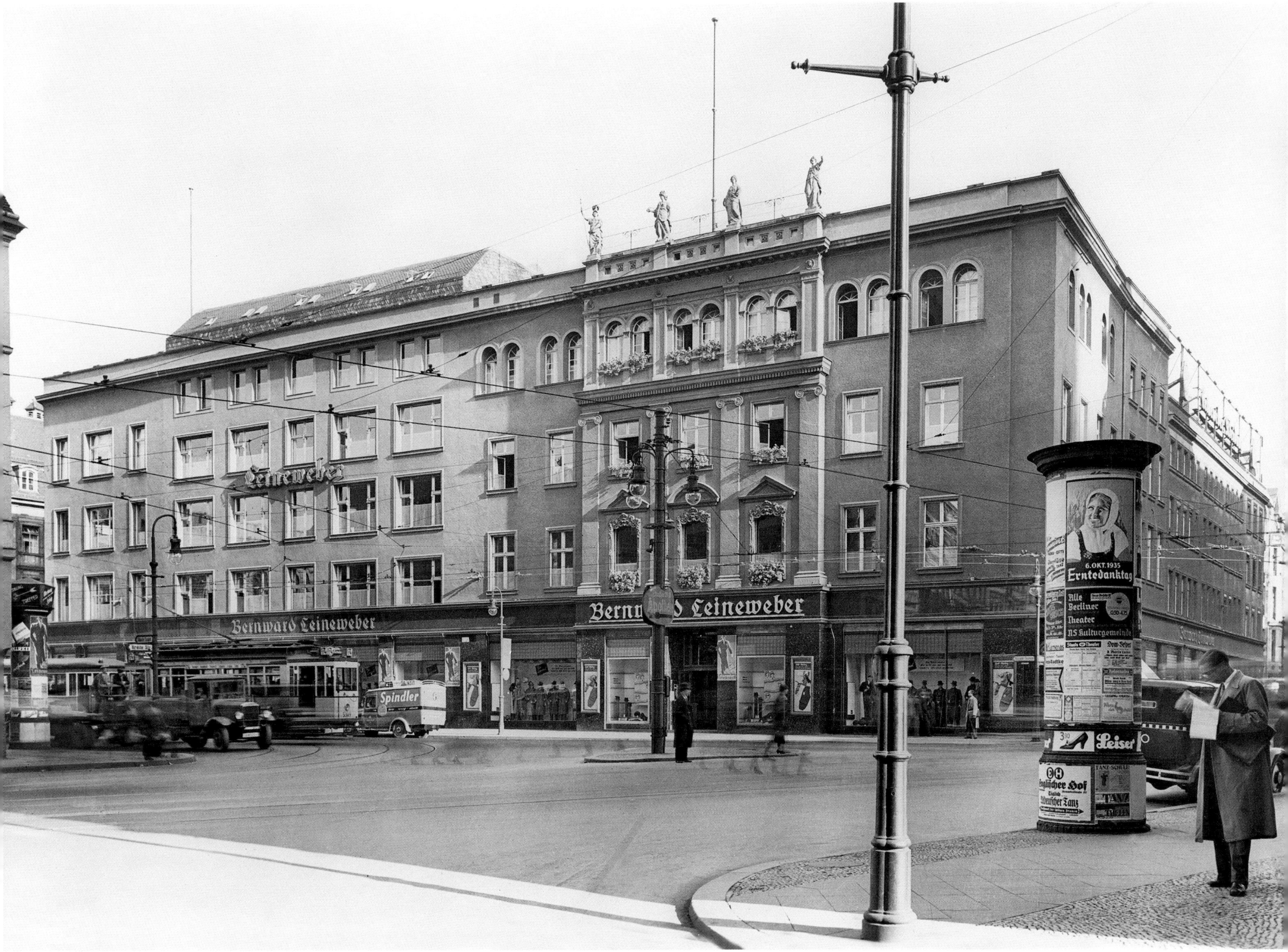

Köllnischer Fischmarkt von der Scharrenstraße aus gesehen, nach 1930

Scharrenstraße

Die Scharrenstraße war ursprünglich eine schmale Straße parallel zur Gertraudenstraße. 1667 wurden die als Scharren bezeichneten Brotverkaufsstände aus der Breiten Straße hierher verlegt. Deshalb hieß ein Teil der Straße *Hinter den Brodscharren*. Ab 1730 setzte sich der Name Scharrenstraße durch. Neben dem *Köllnischen Rathaus* gab es eine Reihe von schmalen Parzellen, die mit drei- bis viergeschossigen Wohnhäusern bebaut waren – ein Haustyp, wie er in vielen Nebenstraßen und Gassen im Stadtkern anzutreffen war. Die Fassaden dieses Haustyps waren, so wie die in der Scharrenstraße auch, meist mit Gesimsen horizontal gegliedert, es gab schmale Hauseingänge über Stufen zu erreichen, und der Keller wurde oft für einen Laden genutzt: nicht selten Kohle-, Milch- oder Lebensmittelhandlungen. Die Dächer waren häufig Mansarddächer mit schmalen Gauben.

Die Vorkriegsbebauung der Scharrenstraße ist bis auf die Wohnhäuser Nummer 16a, Nummer 17 und den Erweiterungsbau von *Rudolph Hertzog* an der Ecke zur Brüderstraße im Krieg zerstört worden. Einige Wohnhäuser auf der Nordseite, die den Krieg überstanden hatten, wurden in den 1960er Jahren für einen Appartementhausneubau abgebrochen. Mit dem Hotel-Neubau am ehemaligen Standort des *Köllnischen Rathauses* ist auch die östliche Scharrenstraße städtebaulich wieder erlebbar.

Die Proportion der Bebauung ist durch die hohe Grundstücksauslastung entsprechend verändert. Die Grundmauern der auf dem historischen Foto abgebildeten Häuser Scharrenstraße 21 und 22 kann man heute im Foyer des Hotels *capri* durch eine Glasplatte im Fußboden betrachten.

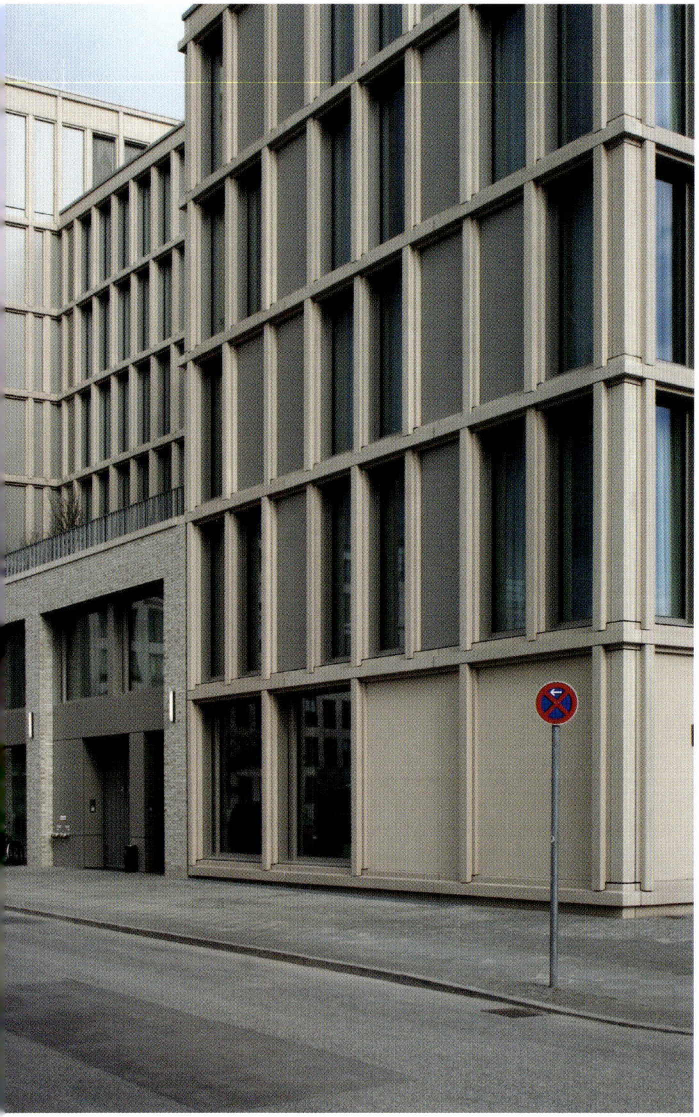

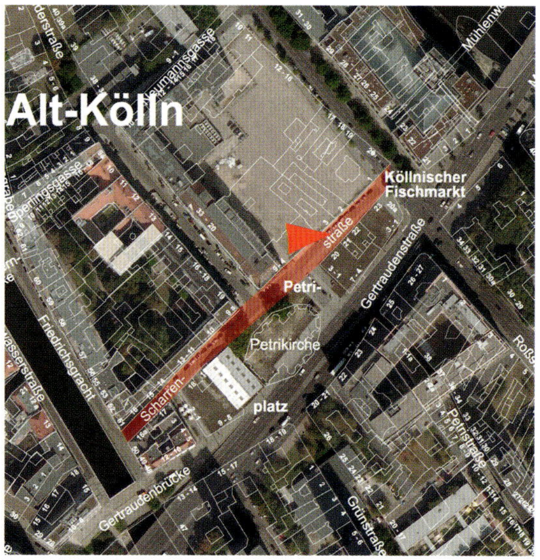

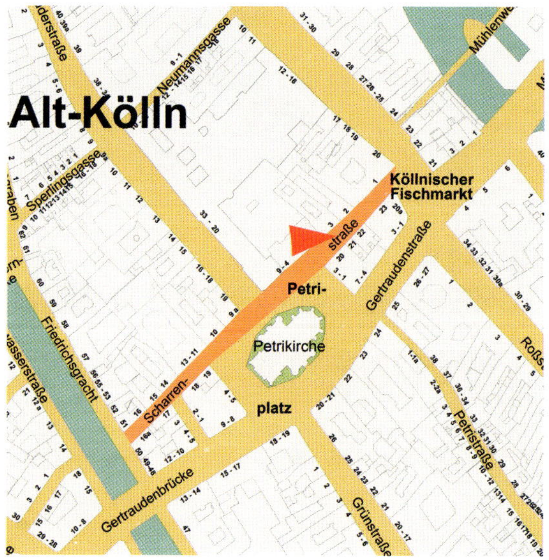

Scharrenstraße, Südseite, 2018

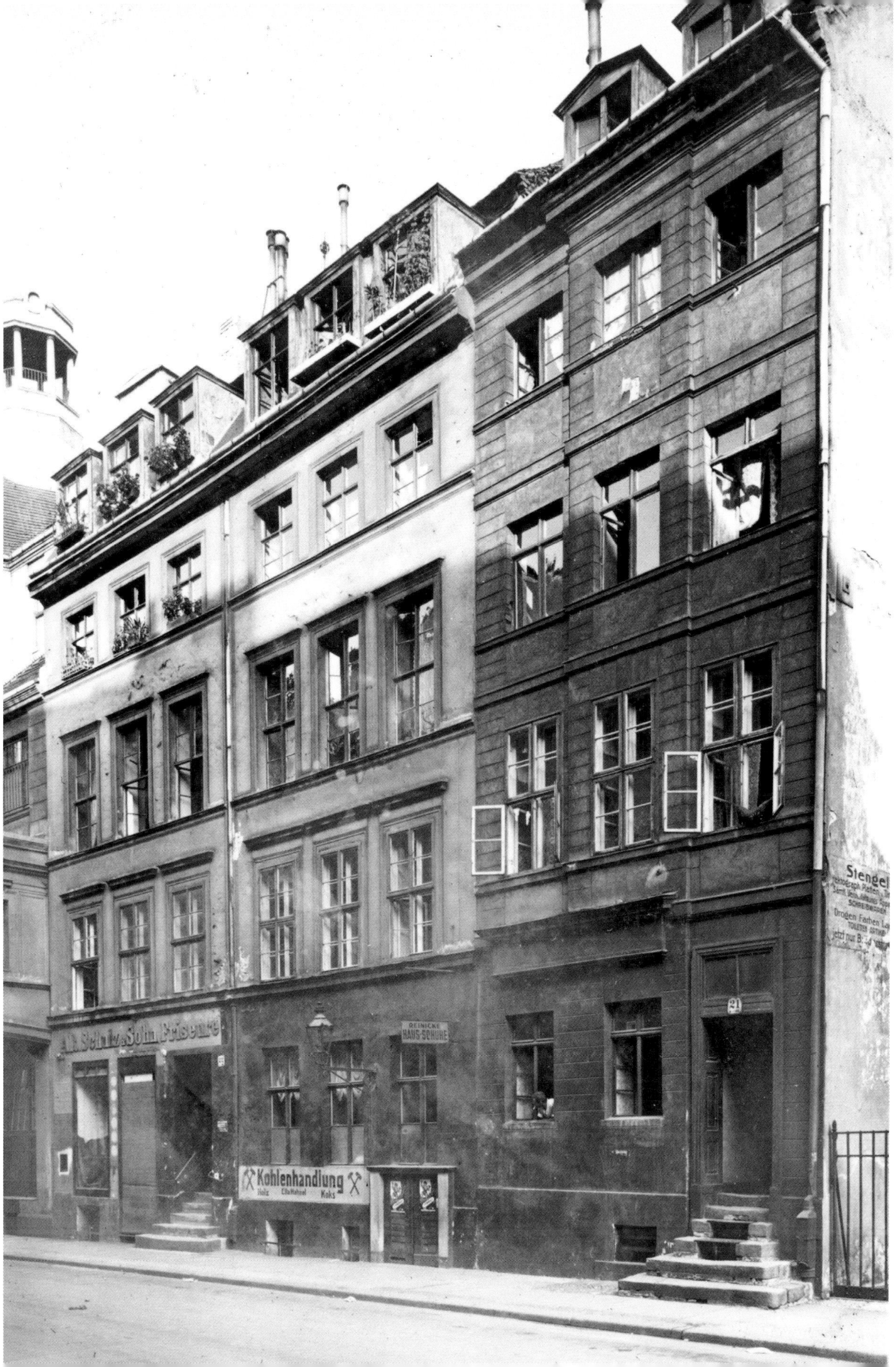

Scharrenstraße, Südseite, um 1920

Breite Straße

Die Breite Straße, die im Mittelalter *Große Straße* hieß, führt ihren Namen seit dem 17. Jahrhundert. Sie war die breiteste und vornehmste Straße Alt-Köllns. Das *Ribbeckhaus*, Breite Straße 35, ist das einzige erhaltene Berliner Wohnhaus aus der Renaissancezeit. Nach der Errichtung des Schlüter'schen Schlossbaus 1713, dessen Portal II man am Ende der Straße sieht, erwarb der Landesherr mehrere Grundstücke zur Stiftung von Burglehn und Freihäusern für Hofbeamte und Bedienstete. Das zweite Haus von links ist das bekannte Freihaus Breite Straße 3, das um 1730 erbaut wurde. Am rechten Bildrand, hinter den Straßenbäumen, ist der von Michael Matthias Smids entworfene *Alte Marstall* von 1670 zu erkennen. Ab Mitte des 18. Jahrhunderts bis etwa 1900 fand in der Breiten Straße der Weihnachtsmarkt statt.

Der Zweite Weltkrieg riss zwar große Lücken in die Bebauung der Breiten Straße, aber erst aufgrund der Verbreiterung der Straße um 27 Meter im Jahre 1967 wurden zahlreiche Häuser abgebrochen: das Freihaus Nummer 3, das Redaktionsgebäude der Vossische Zeitung Nummer 8/9, das Bürgerhaus Nummer 10, das Ermelerhaus Nummer 11 und die Schloßklause Nummer 28.

Von 2007 bis 2009 wurde die Straße wieder auf ihre historische Breite zurückgebaut, jedoch ohne Berücksichtigung des ursprünglich geschwungenen Straßenverlaufs. Die Westseite der Straße soll in den kommenden Jahren mit Wohnhäusern neu bebaut werden, in deren Untergeschossen die erhaltenen Grundmauern der Häuser Nummer 10–12 zu besichtigen sein werden – auch die Keller des *Ermelerhauses*. Im Hintergrund des aktuellen Fotos sieht man die 2019 fertiggestellte Rekonstruktion der Schlossfassade, des zukünftigen *Humboldtforums*.

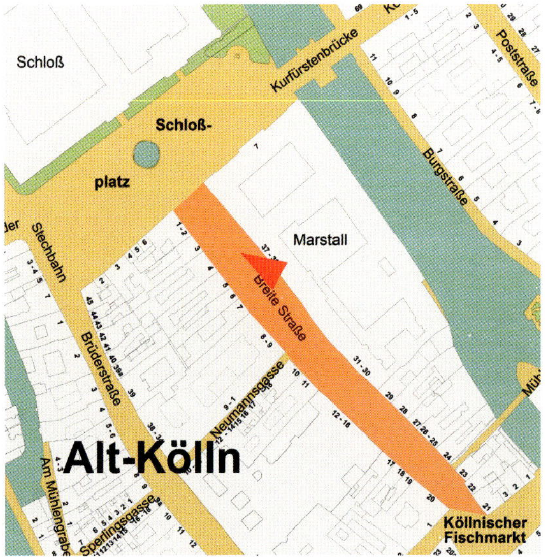

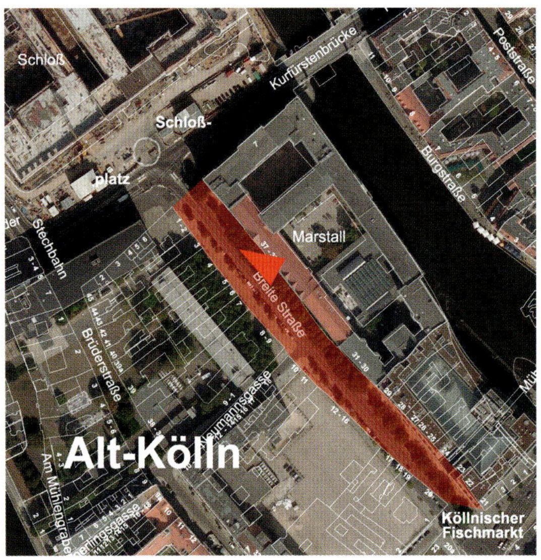

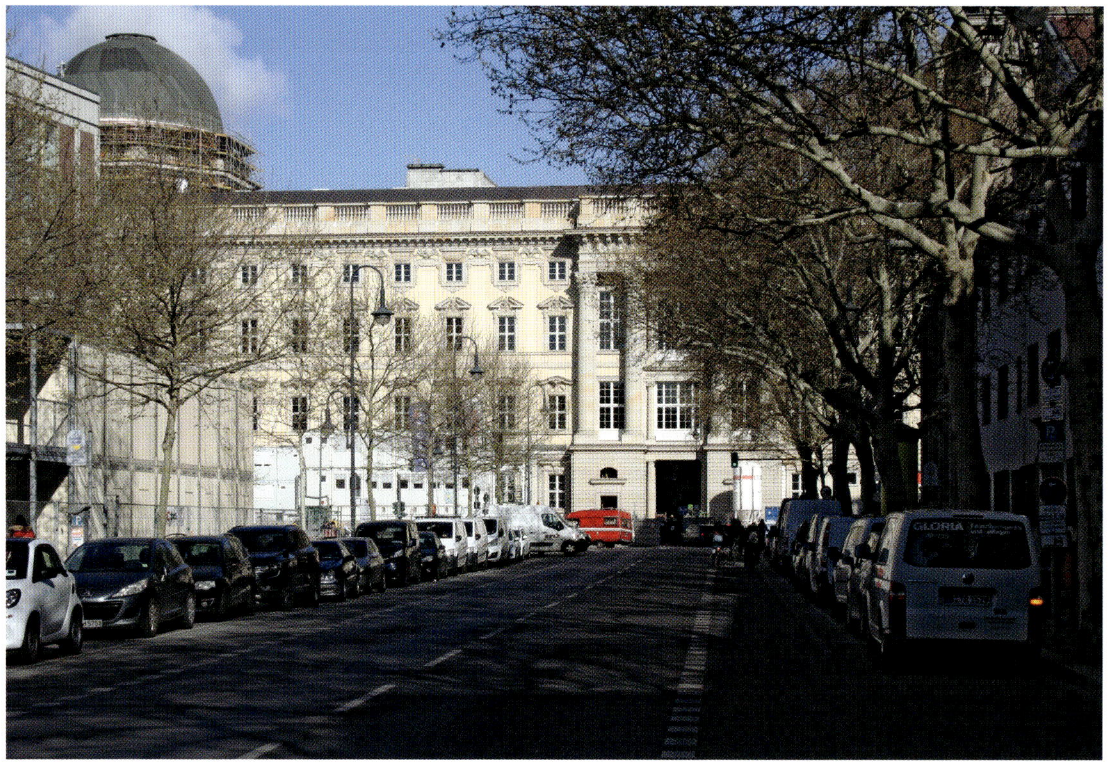

Breite Straße, 2018

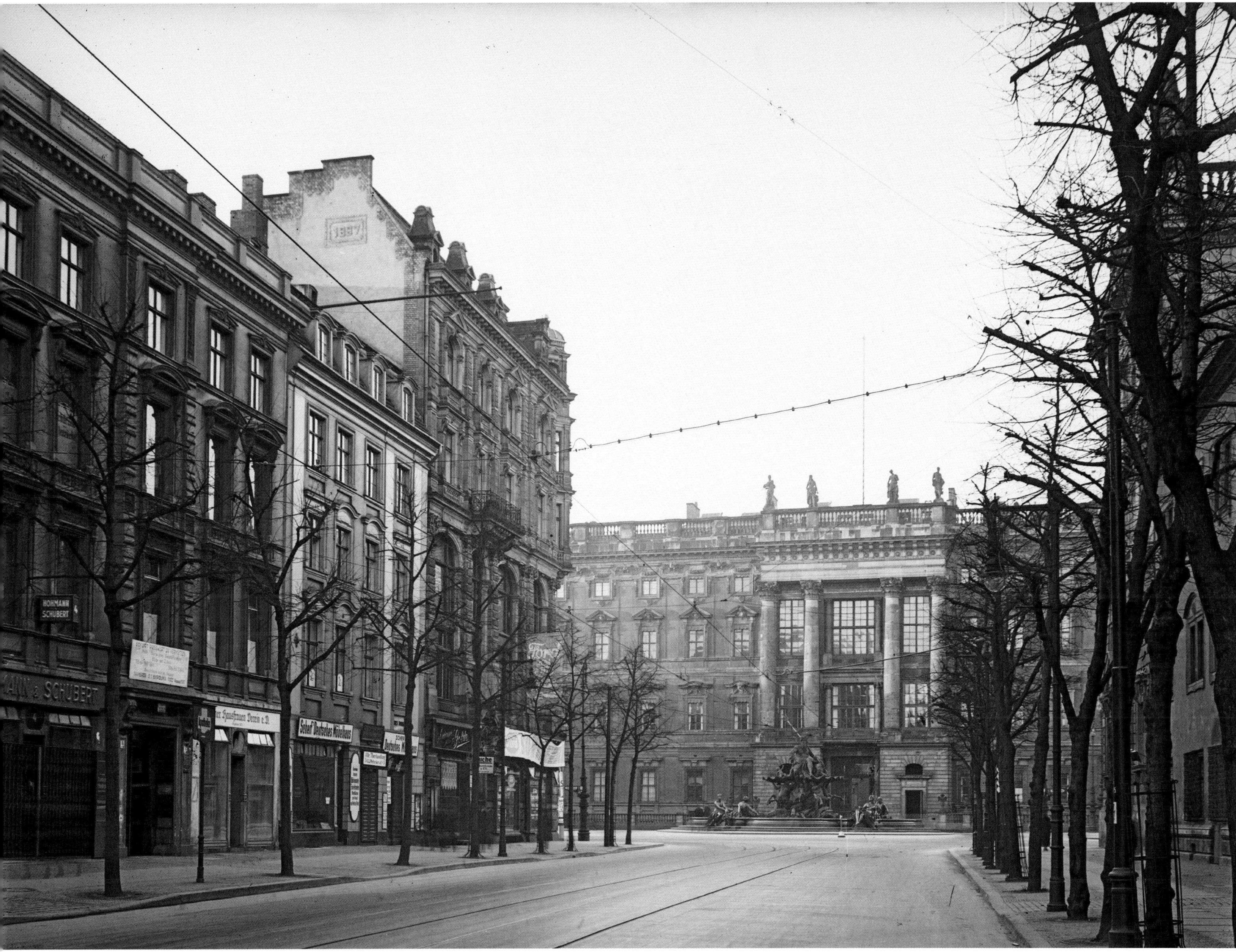

Breite Straße, um 1930

Gertraudenstraße

Die Gertraudenstraße war eine wichtige Straßenverbindung in Alt-Kölln zwischen dem Köllnischen Fischmarkt und dem Gertraudentor, vor dem sich das *Gertraudenstift*, später auch *Gertraudenhospital* befand – Namensgeber für Tor und Straße. Nach einem Brand im Jahr 1730, dem zahlreiche Häuser an der *Petrikirche* zum Opfer fielen, erwarb der Architekt Philipp Gerlach ein großes Baugrundstück und bebaute es mit einem dreigeschossigen Stadtpalais. Es hatte eine Fassade mit neun Fensterachsen, einen schmalen Mittelrisalit sowie ein Mansarddach. Die ursprünglich in der Mittelachse liegende Durchfahrt des Hauses führte zu einem Garten, der sich bis zur Friedrichgracht erstreckte. Dort schloss eine fünf Meter hohe Mauer, in die ein kleines Gartenhaus integriert war, den Garten ab.

1735 erwarb David Splitgerber, damals einer der reichsten Kaufleute Berlins, das Palais. Er hatte 1712 zusammen mit Gottfried Adolph Daum ein Handelshaus gegründet, das sich unter seiner Leitung und der seines Partners und Nachfolgers Johann Jacob Schickler zu einem der größten Wirtschaftsunternehmen Preußens entwickelte. Das Palais erhielt 1913 und um 1930 je einen dreiachsigen seitlichen Anbau.

Das *Palais Splitgerber* wurde im Zweiten Weltkrieg stark beschädigt. Die Ruine wurde erst in den 1960er Jahren abgebrochen. Heute liegen die Kellermauern des Palais unter der Rampe der Neuen Gertraudenbrücke.

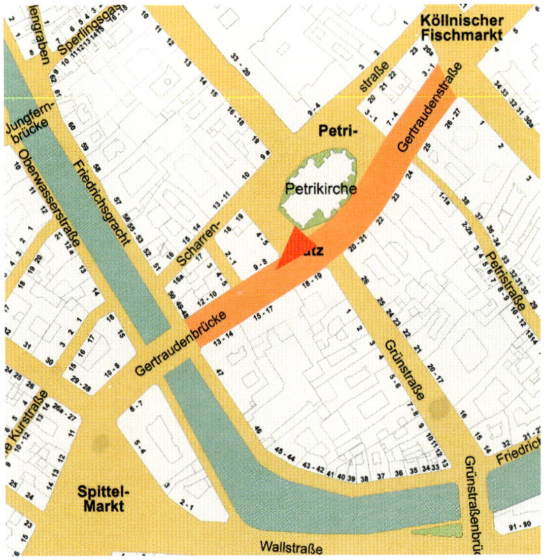

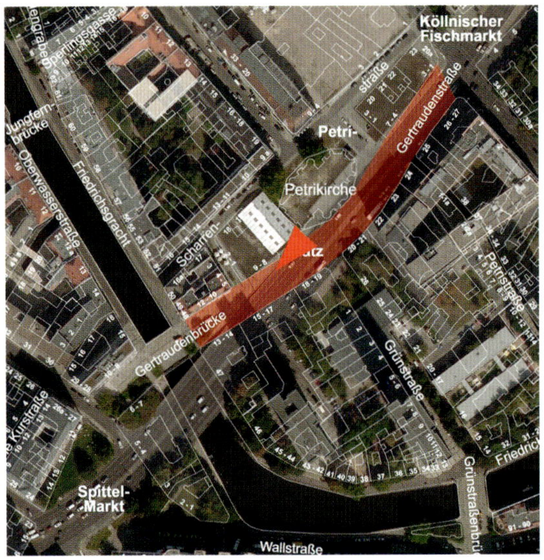

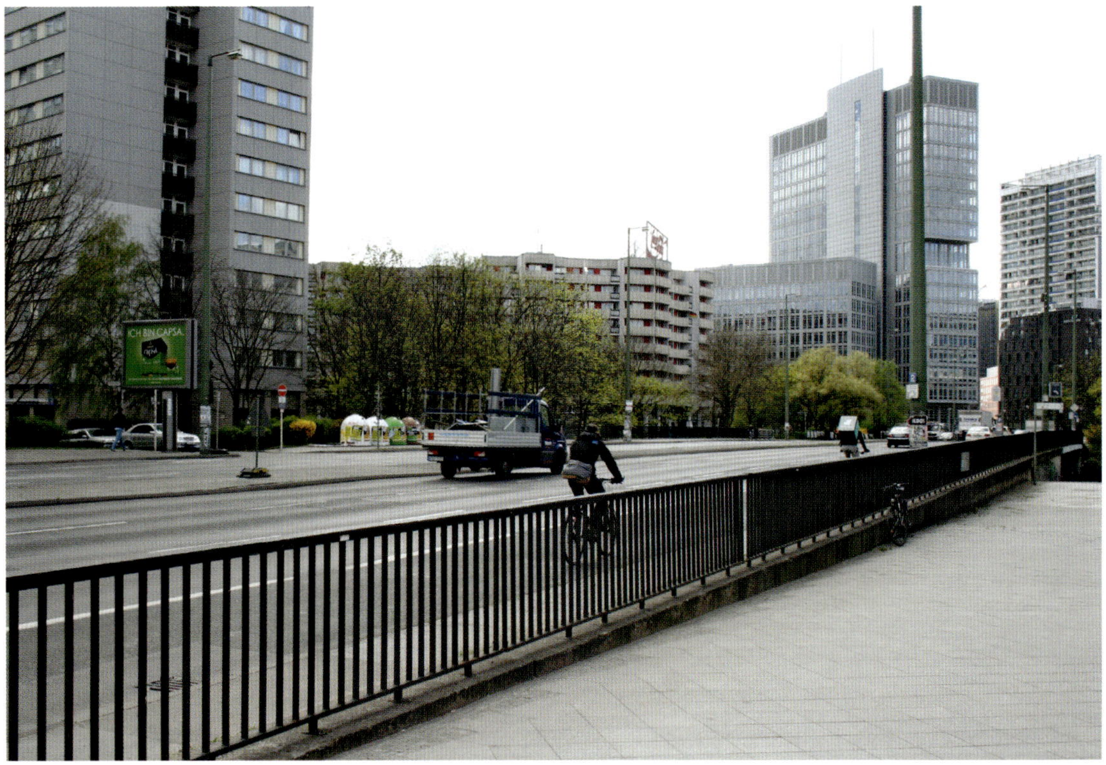

Neue Gertraudenbrücke, 2018

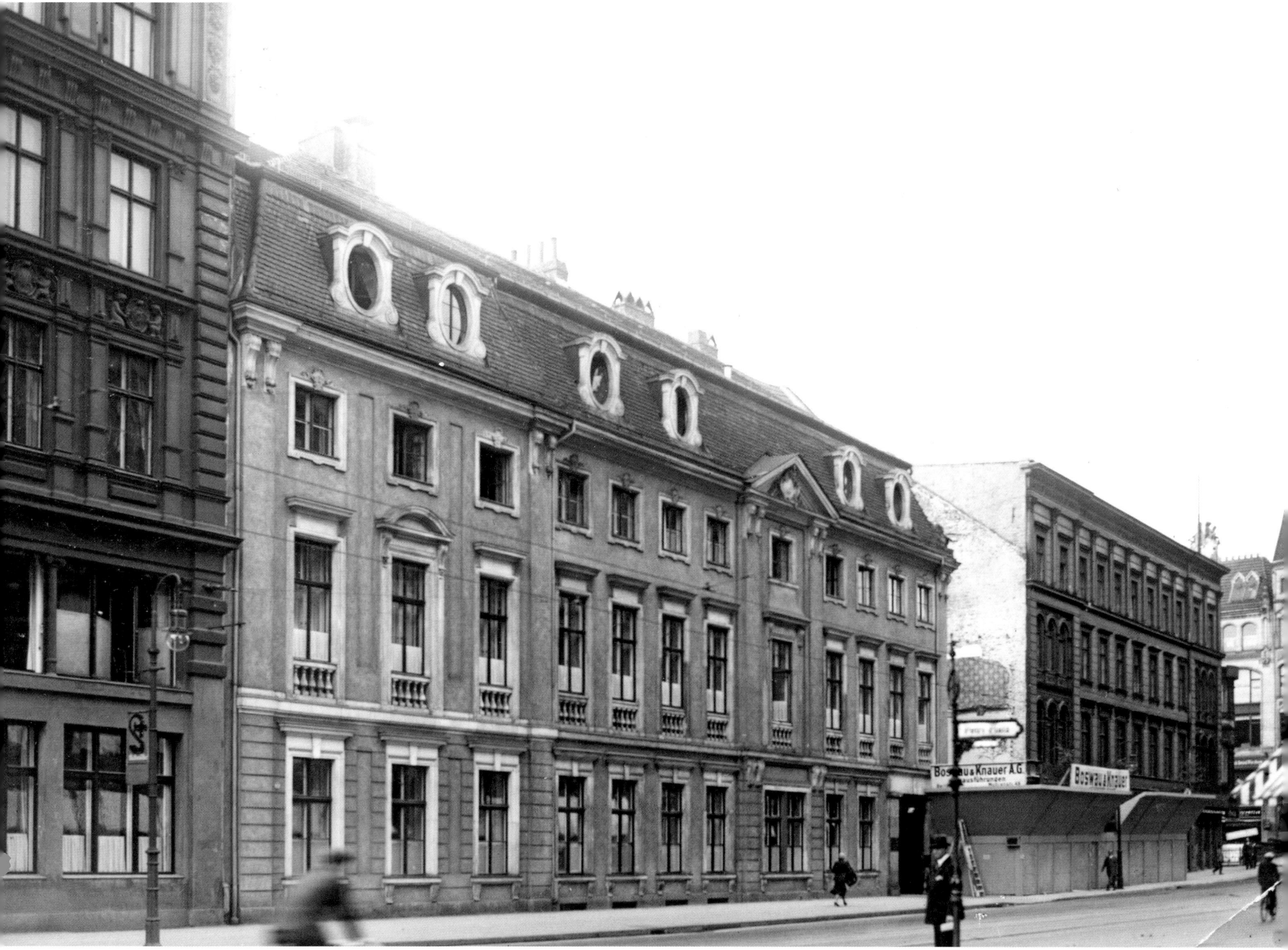

Gertraudenstraße, um 1930

Spittelmarkt

Verkehr

Um 1930 war der Spittelmarkt ein stark belebter Stadtplatz. Durch seine mit dem Alexanderplatz vergleichbare Lage am Rand der Altstadt hatte er ein ebenso hohes Verkehrsaufkommen zu bewältigen.

Entstanden war er um 1750 an Stelle der Bastion IV der ehemaligen Festungsanlagen und ist benannt nach dem dort seit dem 14. Jahrhundert existierenden Gertraudenhospital. Der Name Spittelmarkt geht auf Spital zurück. Bereits im 19. Jahrhundert war der Platz ein zentraler Verkehrsknotenpunkt Berlins. In den 1920er Jahren kreuzten bis zu 21 Straßenbahn- und zwei Buslinien den Spittelmarkt. Die Straßenbahn der Linie 16, rechts im Bild, fuhr von Rummelsburg im Osten der Stadt über den Spittelmarkt nach Steglitz im Südwesten. Die links herannahende Linie 65 kam von Moabit im Nordwesten und fuhr zum Zentralviehhof im Nordosten.

Links an der Einmündung der Leipziger Straße stand ein Geschäftshaus mit hohem Dachaufbau. Hier hatte Jandorf sein erstes Kaufhaus eingerichtet. Weiter rechts, an der nächsten Einmündung in die Niederwallstraße, steht ein lediglich zweigeschossiges Gebäude. Auf seiner Dachterrasse konnten die Gäste des Hauses *Mokka* dem Getriebe der Stadt enthoben den Blick über den Platz genießen.

Kein einziges Gebäude am Spittelmarkt hat die Zerstörungen des Zweiten Weltkrieges überstanden. Lediglich die Bordsteine der Gehwege und die Verkehrsinseln der ehemaligen Straßenbahnhaltestellen sowie die hohen Kandelaber waren noch bis 1977 zu sehen. Mit dem Bau der achtspurigen Neuen Gertraudenbrücke verschwanden die letzten Erinnerungen an den einst sehr belebten Platz.

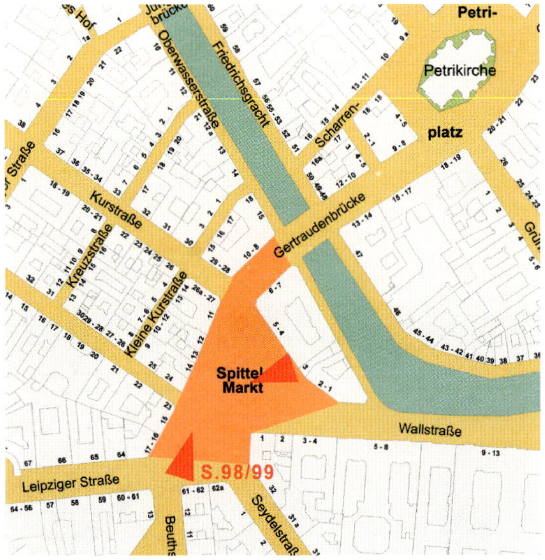

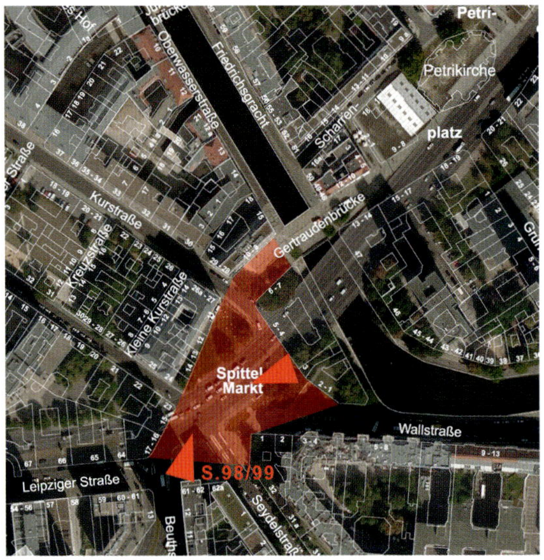

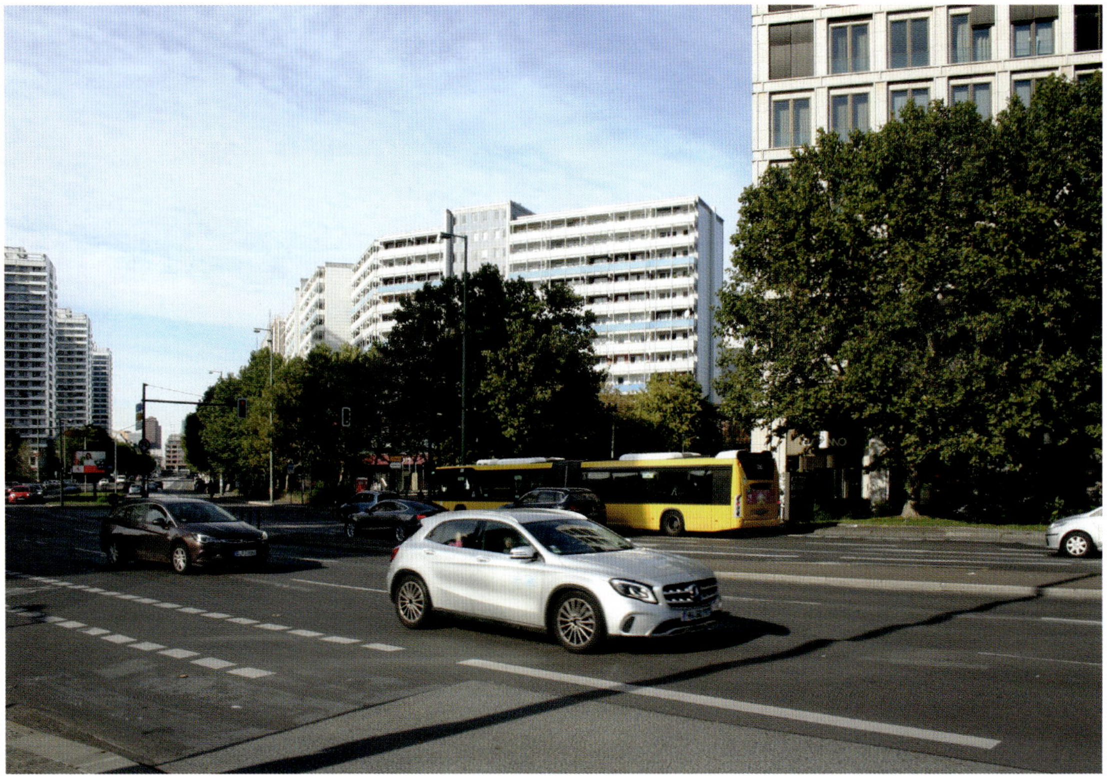

Spittelmarkt, 2019

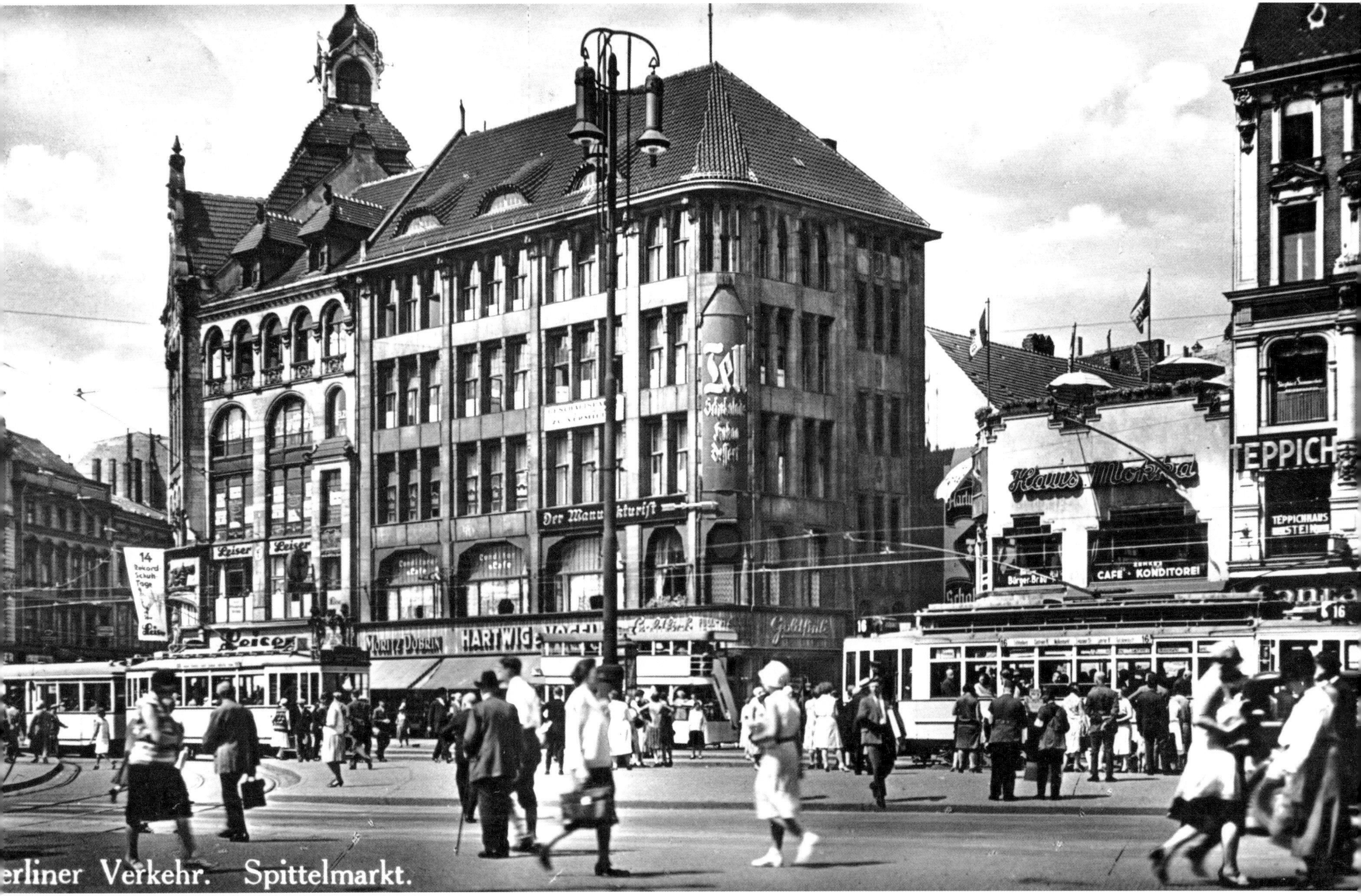

Spittelmarkt, um 1930

Spittelmarkt

Kaufhäuser und Geschäfte

Bis 1945 war der Spittelmarkt geprägt von zahlreichen Läden sowie Geschäfts- und Kaufhäusern. Das Haus in der Bildmitte mit den hohen Giebeln ist das Geschäftshaus Spittelmarkt 8–10. Hier richtete die einst größte Kaffeerösterei Deutschlands, die Firma *A. Zuntz sel. Wwe.* mit Sitz in Bonn, 1898 ihre erste Berliner Kaffeestube ein. Das erfolgreiche Unternehmen wurde in den 1930er Jahren »arisiert«. Rechts im Bild sieht man das *Kaufhaus Spittelmarkt* (Nummern 4–7), das in den 1930er Jahren eine Filiale des Herrenausstatters *Leineweber* beherbergte. Davor war um 1891 ein Schmuckplatz angelegt worden, für den der Wäschereiunternehmer *Carl Spindler* den später nach ihm benannten Brunnen stiftete. 1929 musste der Spindlerbrunnen dem zunehmenden Verkehr weichen und wurde nach Köpenick versetzt. An der Einmündung zur Leipziger Straße hatte *A. Jandorf* 1892 sein erstes Kaufhaus eingerichtet, lange bevor er 1907 am Tauentzien das Kaufhaus des Westens – kurz *KaDeWe* – eröffnete.

Keines der Geschäfts- und Kaufhäuser am Spittelmarkt hat den Krieg überstanden. Anstelle des *Kaufhauses Spittelmarkt* verläuft heute die achtspurige Neue Gertraudenbrücke. Anstelle der *Zuntzschen Kaffeestube* wurde 2005 ein neues Bürohaus errichtet.

Der Spindlerbrunnen allerdings kehrte 1980 zurück und steht heute in einer Grünanlage hinter dem 2005 errichteten Geschäftshaus Spittelmarkt 11–13. Zusammen mit dem benachbarten Bürogebäude an der Gertraudenbrücke nimmt es die einstige nördliche Bauflucht des Spittelmarktes wieder auf.

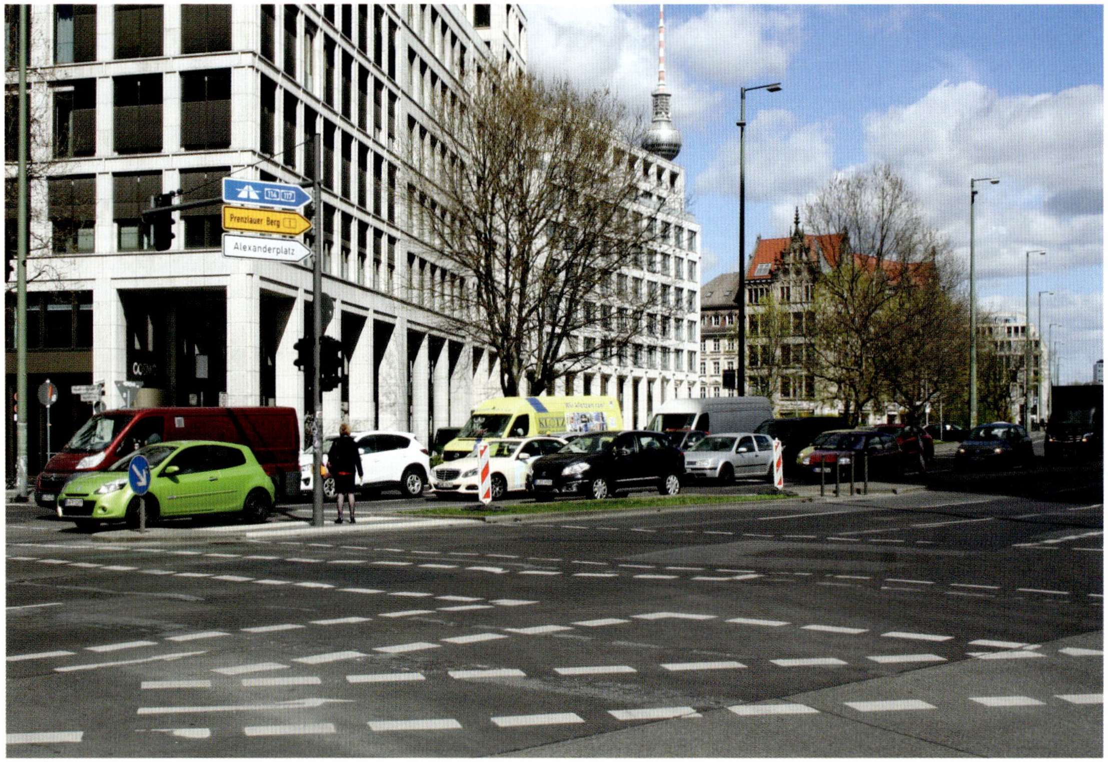

Westseite des Spittelmarktes mit Einmündung der Leipziger Straße, 2019

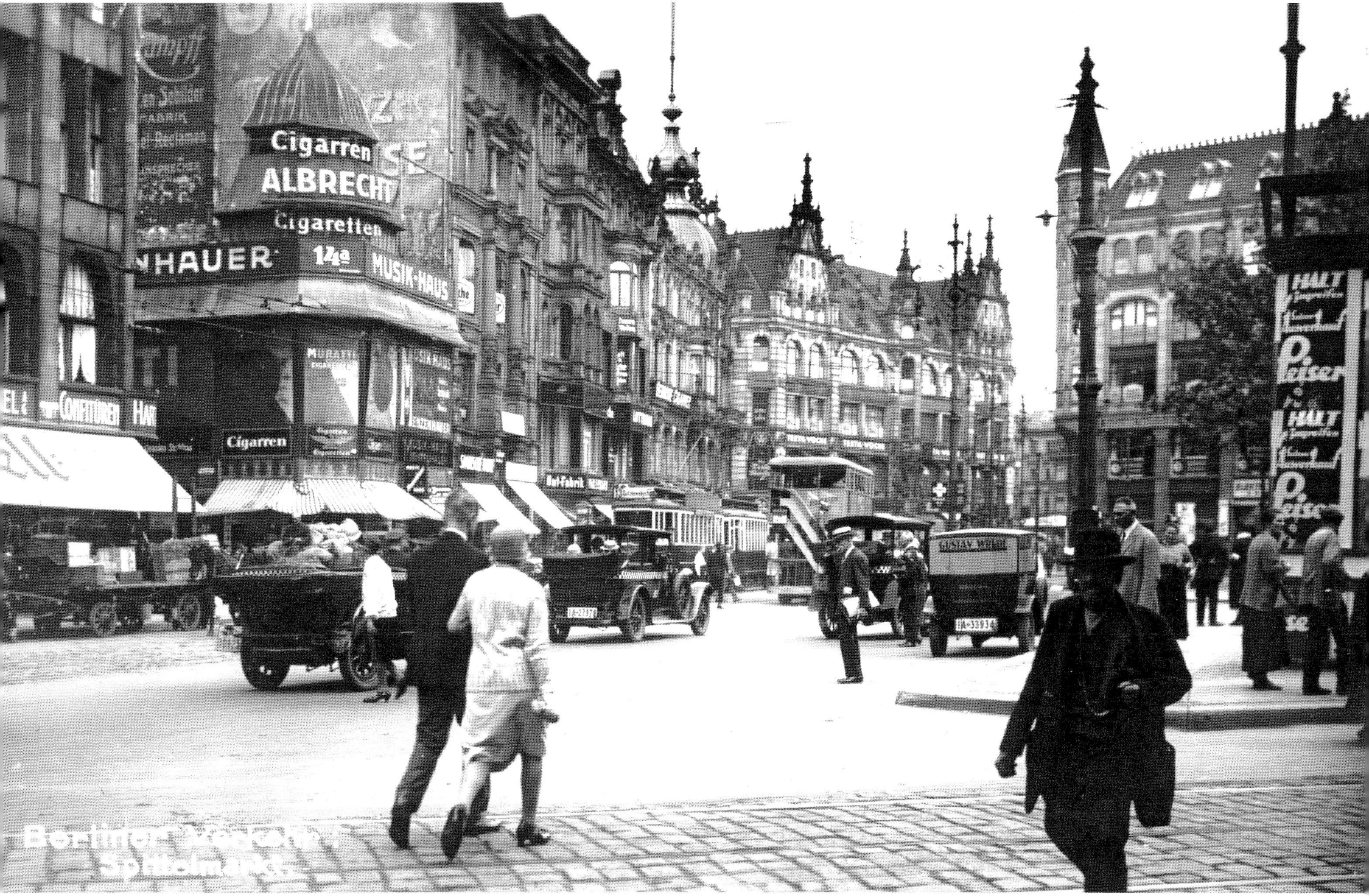

Westseite des Spittelmarktes, 1932

Neumannsgasse

Die Neumannsgasse verbindet die Brüderstraße mit der Breiten Straße und wurde Anfang des 18. Jahrhunderts nach Peter Neumann benannt, dem das Haus Breite Straße 9 an der Ecke zur Neumannsgasse gehörte. Später war das Haus, hier links im Bild, Sitz der *Vossischen Zeitung*. Als es um 1862 Bestrebungen des Magistrats gab, möglichst alle Gassen in Straßen umzubenennen, erschien in der *Vossischen Zeitung* ein Artikel, der die Geschichtsvergessenheit des Magistrats geißelte. Die Neumannsgasse jedenfalls behielt ihren Namen. Obwohl sie kurz und schmal ist, gibt es einige Denkwürdigkeiten: Im Eckhaus von Neumannsgasse und Brüderstraße wohnte Andreas Schlüter, der Architekt des Berliner Schlosses. Im Revolutionsjahr 1848 wurde an der Ecke zur Brüderstraße eine Barrikade gegen die Königlichen Truppen errichtet und hinter den Häusern der Nummer 12 bis 14, die zum Grundstück des *Ermelerhauses* Breite Straße 11 gehörten, lagen die ehemaligen Produktionsgebäude für die Tabakfabrik Ermeler.

In der Mitte des Fotos von 1920 sieht man im Hintergrund die Breite Straße und ein dreigeschossiges Gebäude, das zum Marstallkomplex gehörte. Hier war von 1803 bis 1813 die *Ritterakademie*, eine Bildungseinrichtung für junge Adlige, untergebracht. Seit 1921 residierte hier die *Berliner Stadtbibliothek*.

Kein einziges der Gebäude der Neumannsgasse hat den Krieg überdauert, lediglich der Straßenname erinnert an die Gasse.

Auf dem aktuellen Foto sieht man links das Gebäude der ehemaligen Staatsratskanzlei, das heute zur *European School of Management and Technology (ESMT)* gehört, mit dem die Straße überbrückenden Verbindungsbau zum Gebäude des *Bauministeriums der DDR*, heute eine Außenstelle des *Bundesnachrichtendienstes*.

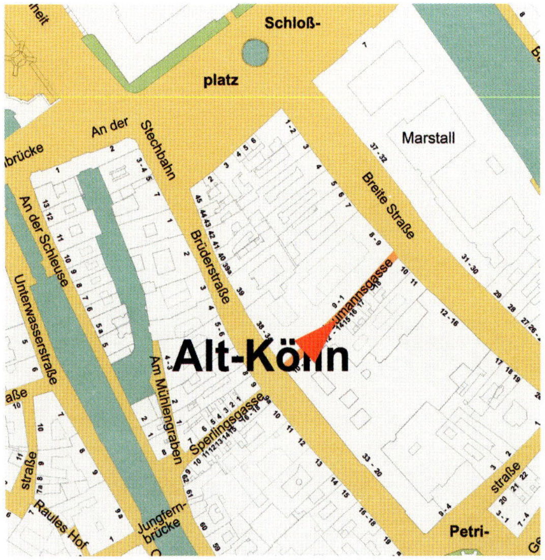

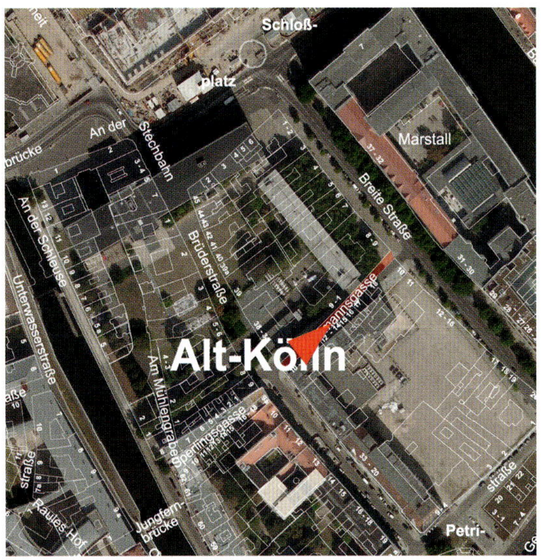

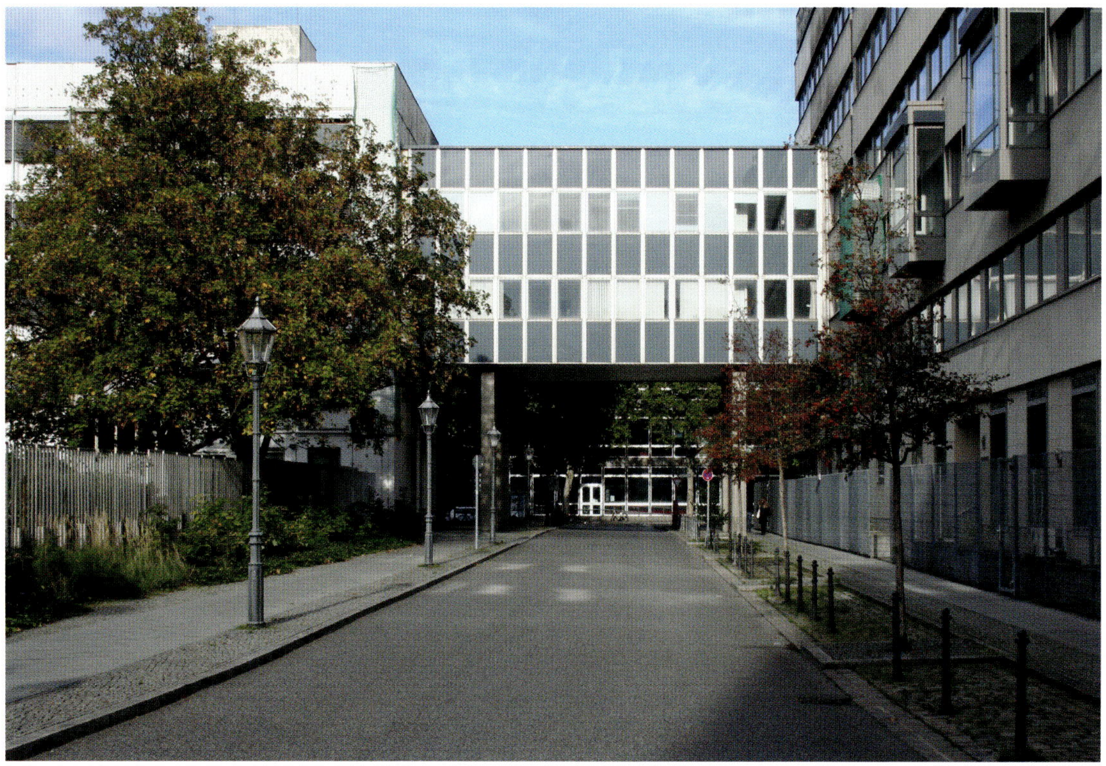

Neumannsgasse, 2018

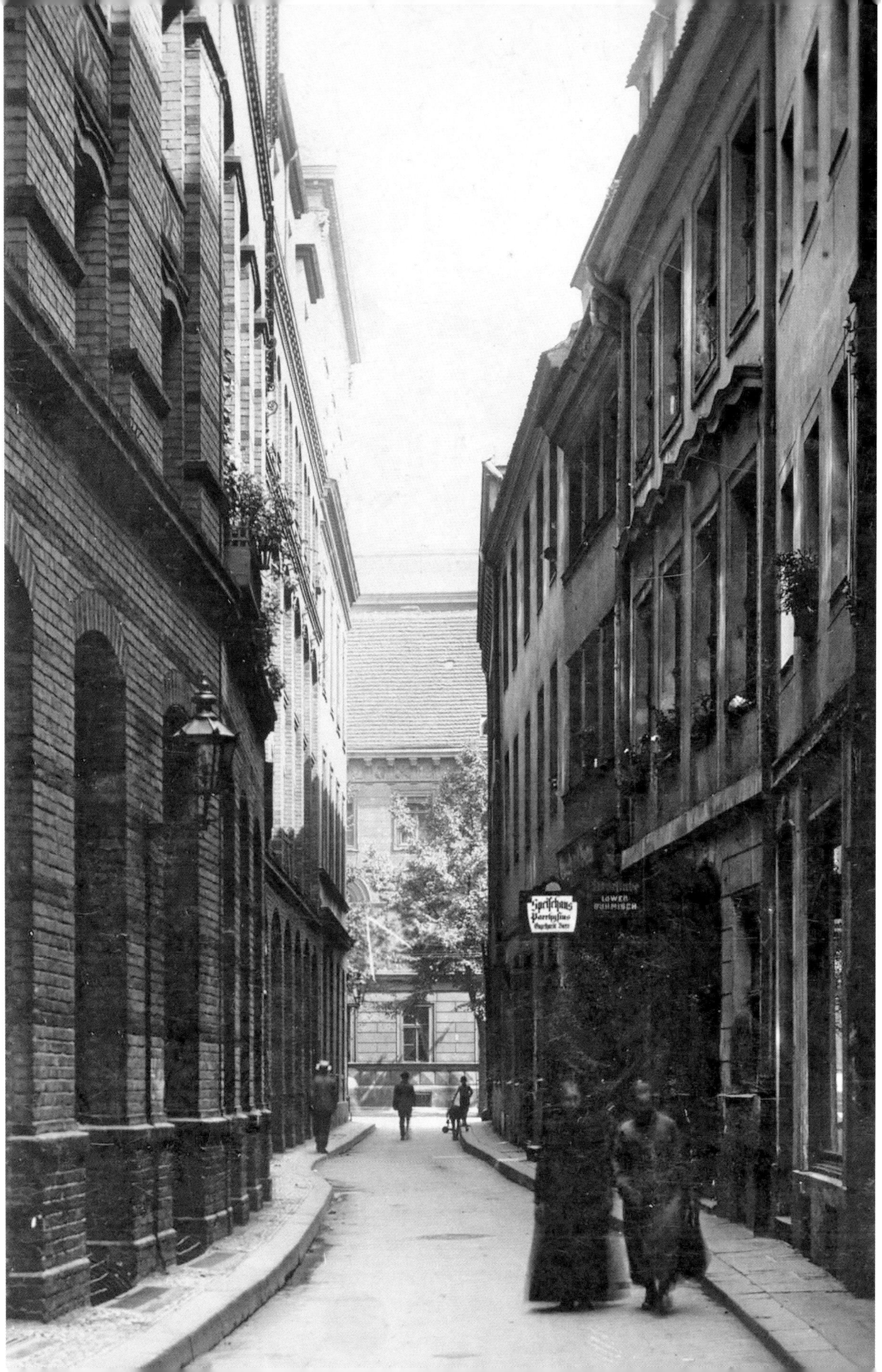

Neumannsgasse, Blick zur Breiten Straße, um 1920

Sperlingsgasse

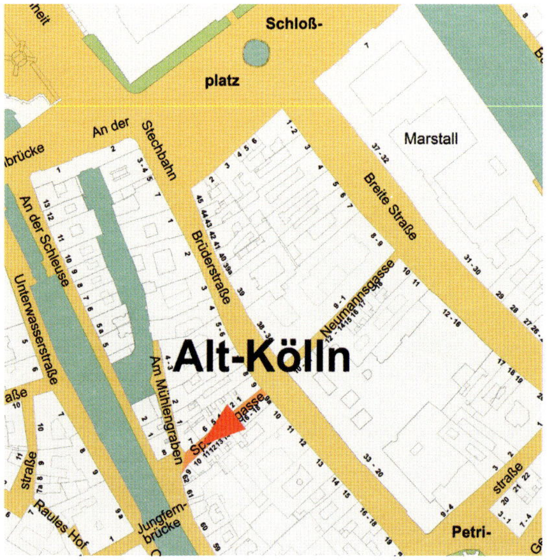

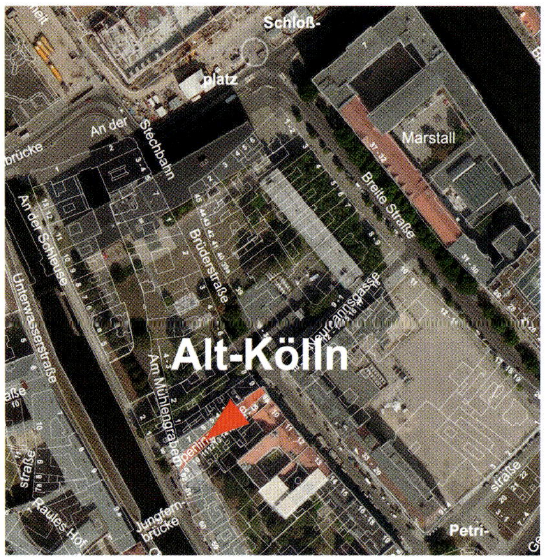

Schmale Häuser reihten sich dicht an dicht beidseitig der Sperlingsgasse. In den Erdgeschossen gab es zahlreiche Läden und Kneipen. Im Hintergrund der historischen Aufnahme sieht man die Häuser der Unterwasserstraße, die 1933 dem Neubau der *Reichsbank*, heute *Auswärtiges Amt*, zum Opfer fielen. Die Sperlingsgasse hieß bis 1931 Spreestraße. Sie wurde zum 100. Geburtstag von Wilhelm Raabe umbenannt. Mit seiner *Chronik der Sperlingsgasse* hatte er der kleinen Straße, in der er im Haus Nummer 11 als Student gewohnt hatte, ein Denkmal gesetzt.

An der Ecke zur Straße Am Mühlengraben lag das Geschäft des Fleischers Robert Koschwitz, der 1911 als »Hoflieferant Seiner Majestät des Kaisers und Königs« warb. Das war allerdings keine einfache Fleischerei, sondern das Stammhaus der *Robert Koschwitz Fleischwarenfabrik AG*, ein 1859 von August Koschwitz gegründetes Unternehmen, das unter anderem den *Aschinger-Konzern* und seine Restaurants und Hotels mit Wurst- und Fleischwaren belieferte. Die Produktionsstätten befanden sich in Weißensee.

Der Krieg riss zwar einige Lücken in die Bebauung der Straße, aber ein Teil der Häuser blieb erhalten. So auch das 1621 erbaute Haus Nummer 10, in dem sich die *Raabe-Diele*, eine stadtbekannte Restauration, befand. 1955 noch aufwändig restauriert, wurde sie wie alle übrigen Häuser der Sperlingsgasse zwischen 1960 und 1964 abgerissen. Die Südseite der Sperlingsgasse wurde mit einem Appartementhaus mit Kleinstwohnungen nach Entwürfen des Kollektivs Prasser/Graffunder bebaut. Die Nordseite gehört seit 1964 zum Garten des *Staatsratsgebäudes*. Es gibt weit und breit keinen Laden und keine Gastwirtschaft mehr.

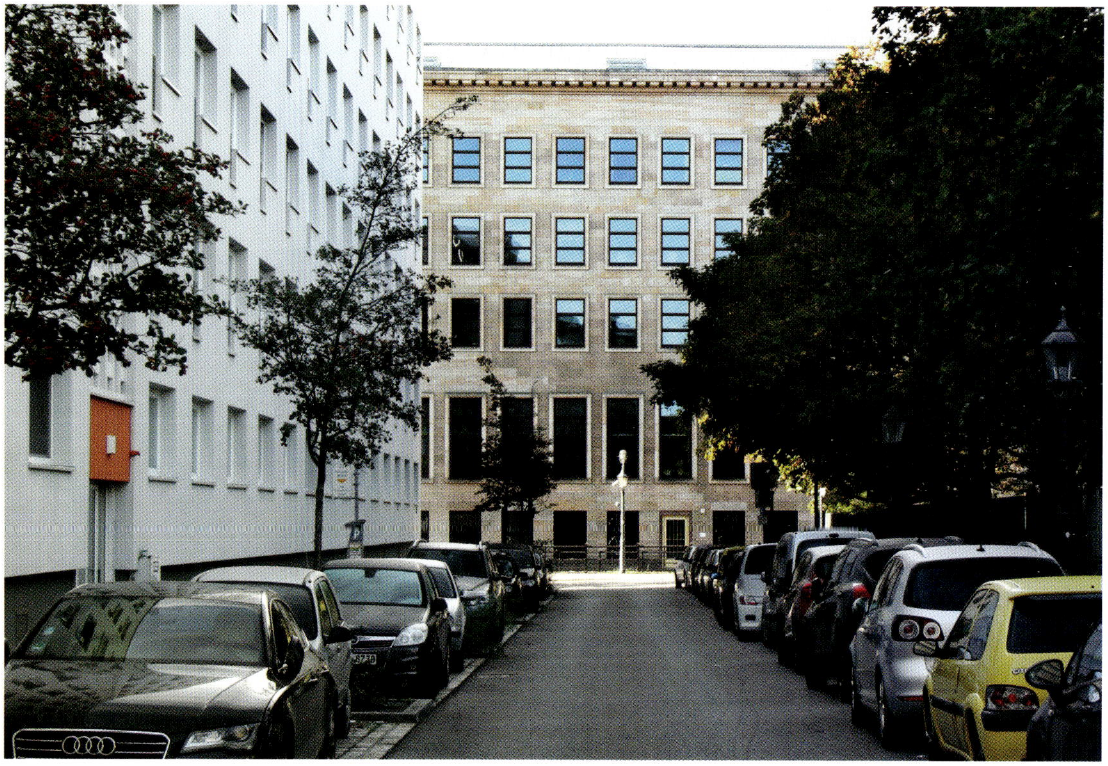

Sperlingsgasse, 2018

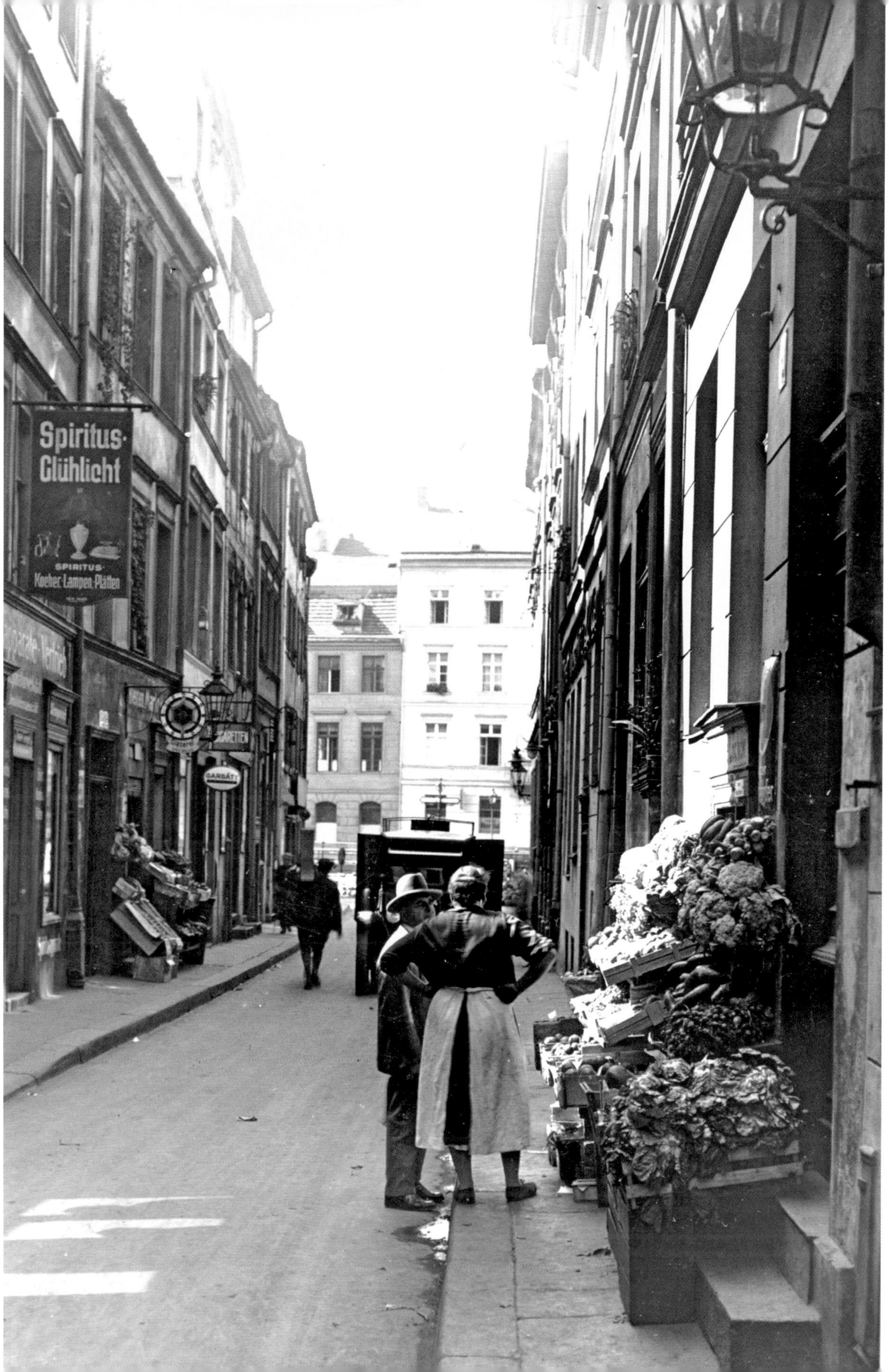

Sperlingsgasse, um 1925

Brüderstraße

Nördlicher Teil

Vor den Zerstörungen des Zweiten Weltkrieges war die Schlosskuppel imposanter Blickpunkt, wenn man durch die Brüderstraße nach Norden sah. Die Straße ist nach den *Schwarzen Brüdern* des mittelalterlichen Dominikanerklosters benannt, das sich am nördlichen Ende der Straße auf dem heutigen Schloßplatz befand. Nach Abbruch der Klosterkirche im Jahr 1747 mündete die Brüderstraße direkt auf den Schloßplatz. In der Bildmitte des Fotos von 1920 sehen wir das Schlüter'sche Schloss mit dem Eosanderportal an der Schloßfreiheit. Die Schlosskuppel wurde von 1845 bis 1853 nach einem Entwurf von Friedrich August Stüler, der auf Skizzen Karl-Friedrich Schinkels zurückgeht, ausgeführt. In einem Vorgängerbau des Hauses am rechten Bildrand hat Ludwig van Beethoven bei seinem einzigen Berlin-Besuch übernachtet.

Der hier sichtbare nördliche Teil der Brüderstraße verschwand, als von 1962 bis 1964 nach Plänen von Josef Kaiser und Roland Korn das *Staatsratsgebäude* errichtet wurde. In diesem Zusammenhang wurden die Bauten der nördlichen Brüderstraße, die den Krieg überdauert hatten, abgebrochen. In der Mitte des aktuellen Bildes sieht man das imposante Treppenhaus des *Staatsratsgebäudes* mit einem großen Glasbild von Walter Womacka. Im Jahr 1964 wurde nach einem Entwurf des führenden Landschaftsarchitekten der DDR, Hubert Matthes, der Garten des *Staatsratsgebäudes* angelegt, an dessen Zaun gegenwärtig die Brüderstraße endet.

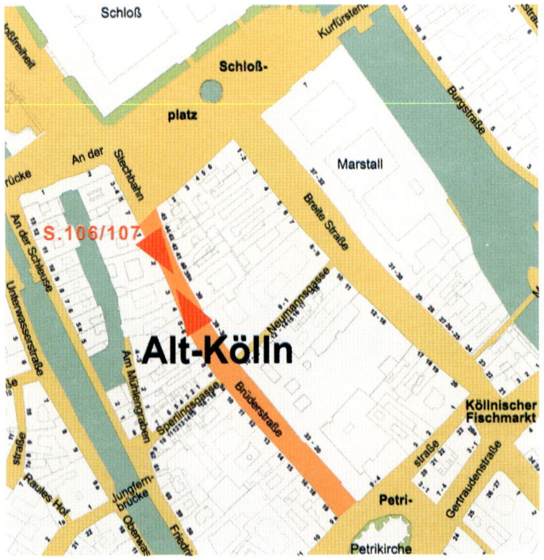

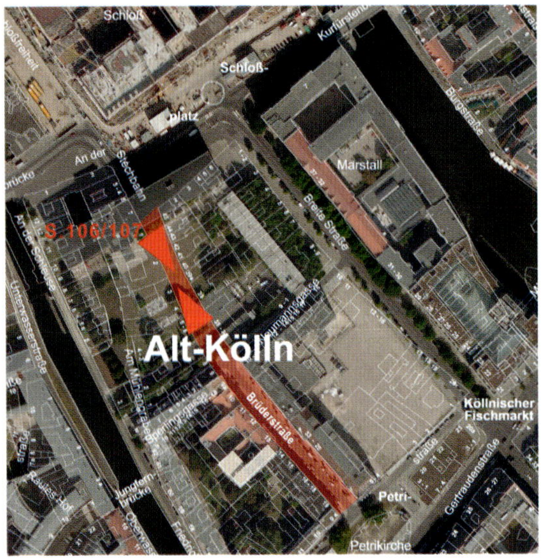

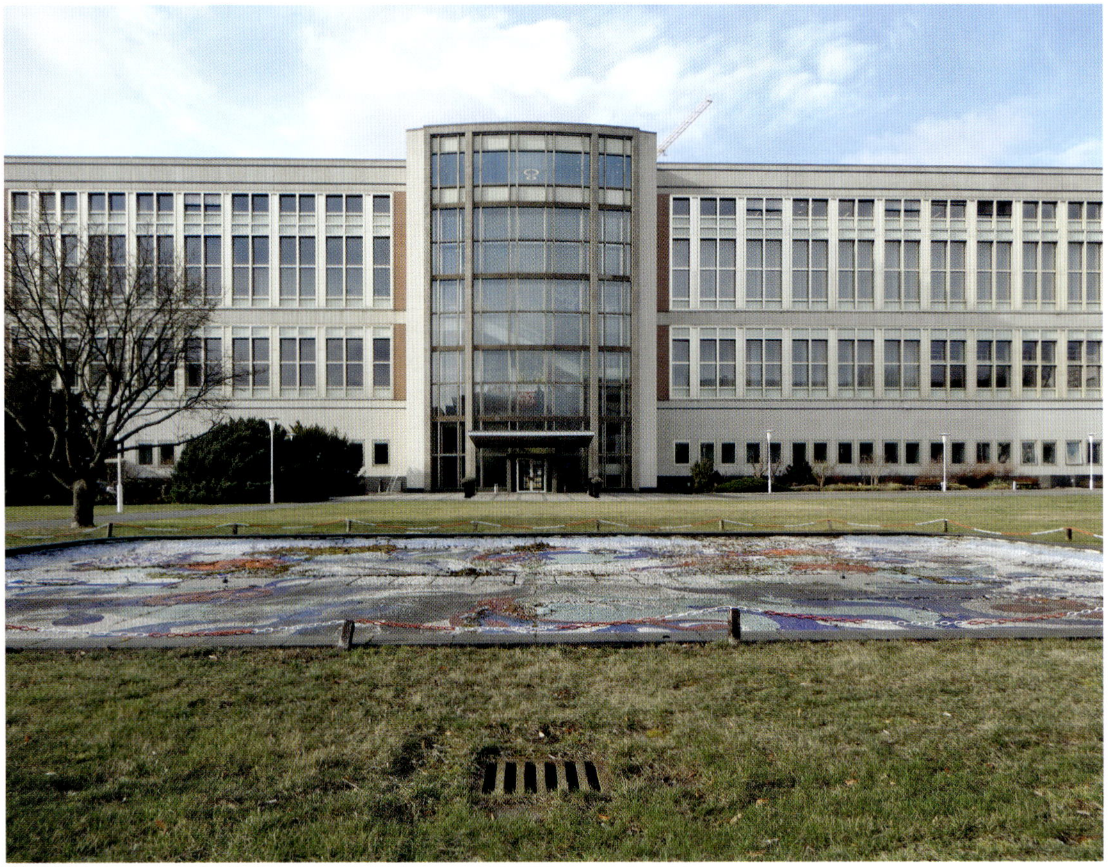

Garten des Staatsratsgebäudes, 2017

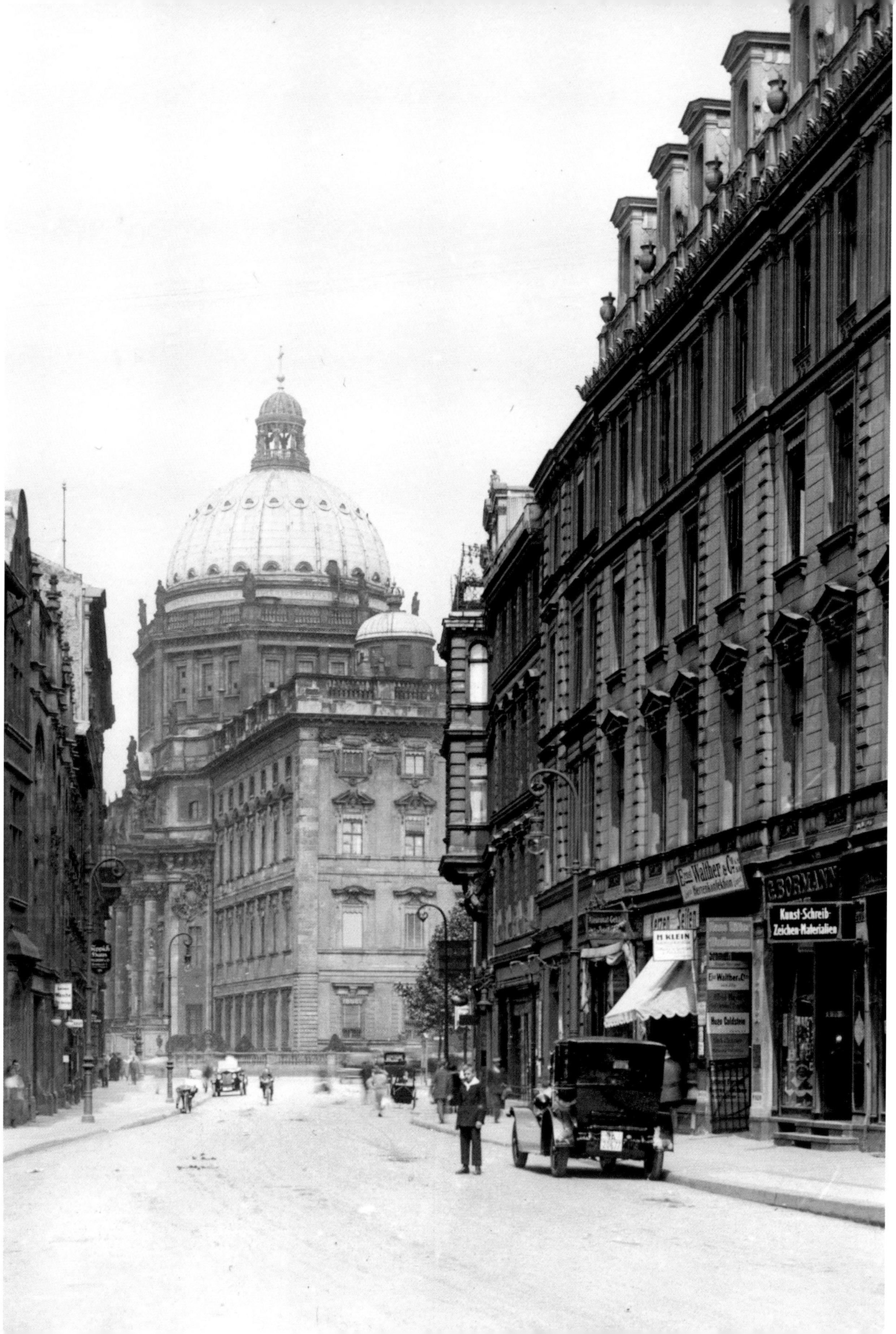

Blick durch die Brüderstraße zum Schloss, um 1920

Brüderstraße

Stadtpaläste

Die Brüderstraße war eine vornehme Adresse in Alt-Kölln. Auf dem Foto von 1935 erkennen wir in der Bildmitte, rechts des Laternenmastes, das 1688 erbaute *Palais Happe*, Brüderstraße 10, das wegen einer Legende auch *Galgenhaus* genannt wird. Der bekannteste Bewohner des *Palais Happe* war der Propst Johann Peter Süßmilch, der mit Hilfe einer genauen Beobachtung der Welt das Wirken Gottes belegen wollte und so zum Begründer der Wissenschaft der Statistik wurde. Seit 2013 ist die *Galerie Kewenig* im Haus ansässig.

Die beiden links an das *Palais Happe* anschließenden Gebäude existieren heute ebenfalls noch: Nummer 11/12 ist das 1905 nach Entwürfen von Reimer & Körte erbaute Geschäftshaus der *Berlinischen Feuer-Versicherung-Anstalt*. In ihm ist heute die Landesvertretung von Sachsen untergebracht. Das Haus Nummer 13, das *Nikolaihaus*, ist Berlins einziges Haus mit sechs Gedenktafeln, die an frühere Bewohner erinnern, darunter Friedrich Nicolai und Theodor Körner. Alle übrigen Gebäude der Straße, die auf dem Bild zu sehen sind, wurden im Zweiten Weltkrieg zerstört. Die im Hintergrund sichtbare *Petrikirche* mit ihrem 96 Meter hohen Turm war der vierte Kirchenbau an dieser Stelle. Im Krieg schwer beschädigt, wurde die Kirchenruine in den Jahren 1960 bis 1964 abgebrochen.

Die Brüderstraße existiert heute nur noch in ihrem südlichen Teil zwischen Scharrenstraße und Sperlingsgasse, deren Einmündung man über der linken Fußgängerin erahnen kann. Der nördliche Teil verschwand mit dem Bau des *Staatsratsgebäudes* und der Anlage des dazugehörenden Gartens.

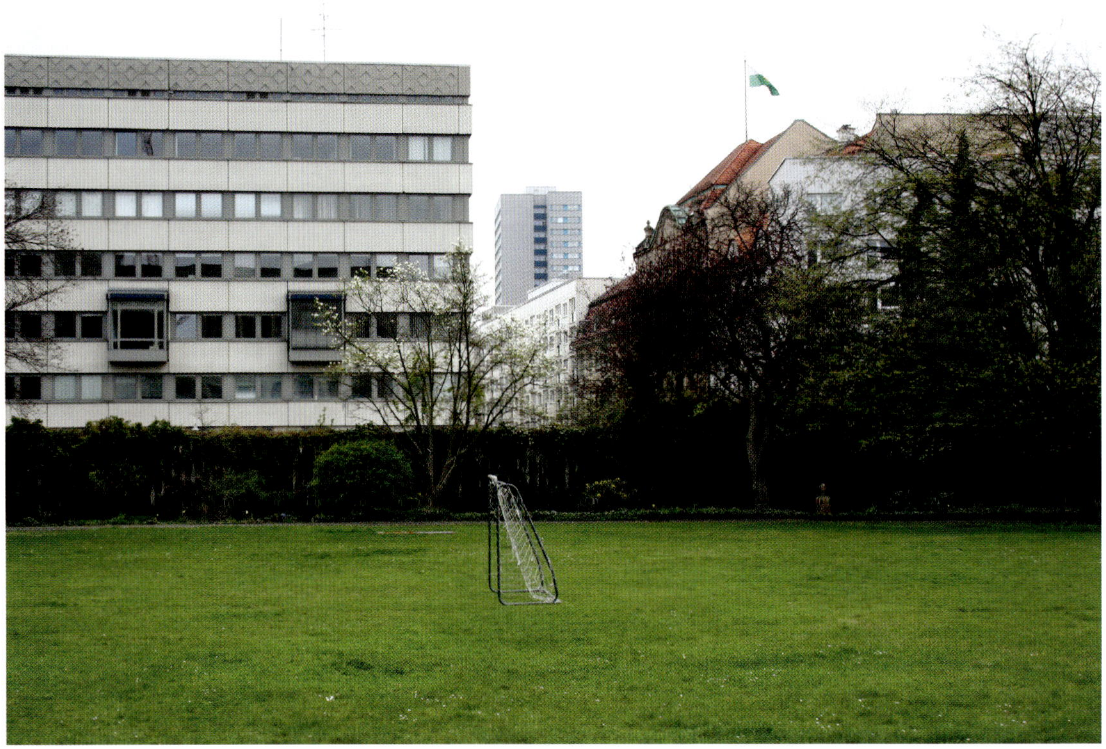

Blick aus dem Garten des Staatsratsgebäudes zur Brüderstraße, 2017

> Brüderstraße, Blick zur Petrikirche, 1935

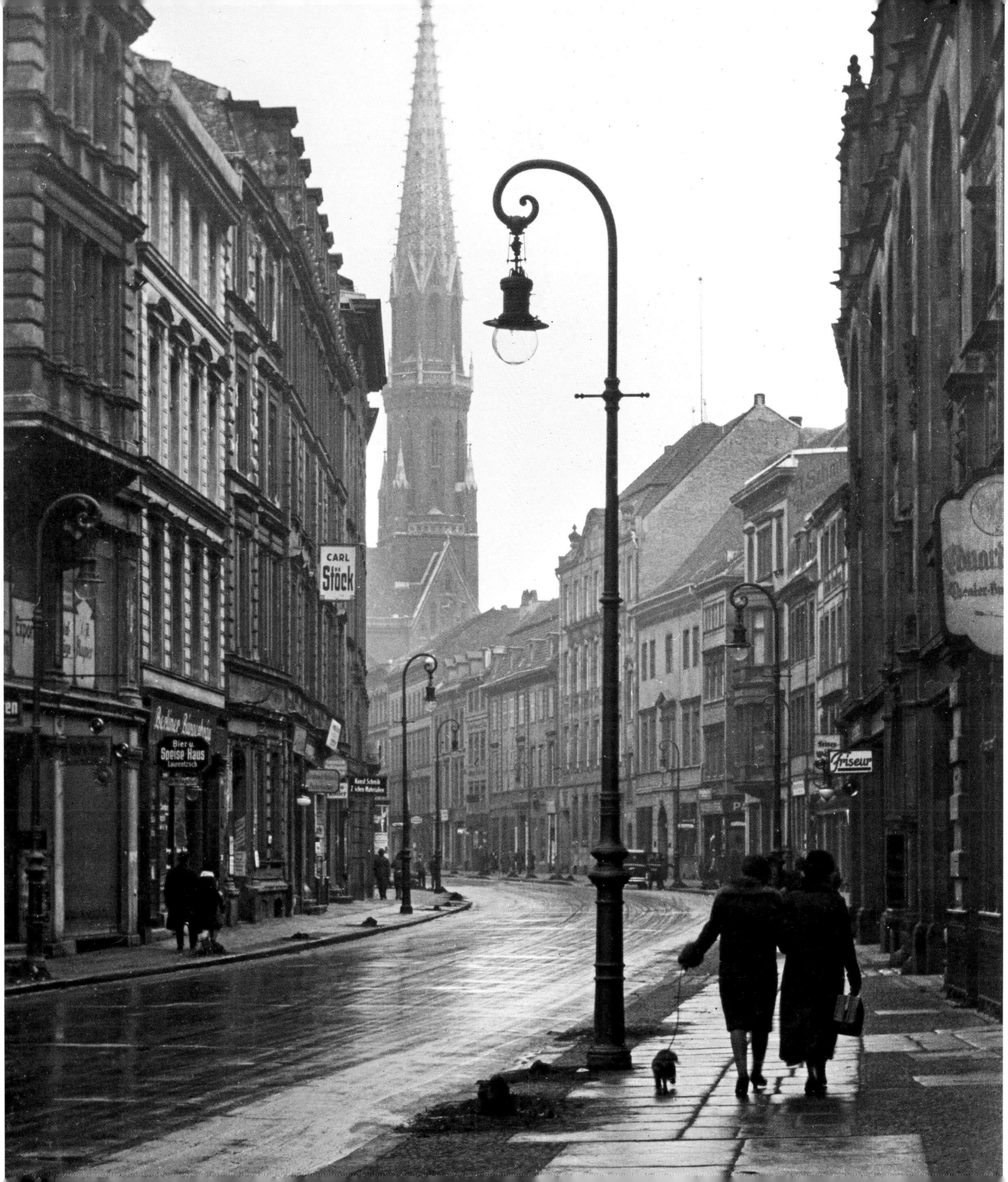
CARL
Stöck
Bier u.
Speise Haus
Friseur

Schloßplatz

Wie das Foto von 1930 zeigt, war der Schloßplatz ein belebter Teil des Stadtkerns. Der Blick reicht links von den Häusern der Burgstraße über die Königstraße, die heutige Rathausstraße, mit dem Eckhaus *Alte Post* bis zum Neuen Marstall am rechten Bildrand. Links vom Rathausturm ist der Eckturm des Kaufhauses N. Israel zu erkennen.

Am Schloßplatz trifft die Bürgerstadt Berlin auf den Schlossbezirk. Über die heutige Rathausbrücke aus Alt-Berlin oder über die Brüder- und Breite Straße aus Alt-Kölln kommend, gelangte man zum Platz vor dem landesherrlichen Schloss. Hier befanden sich die Stechbahn – eine Turnier- und Reitbahn – und das mittelalterliche Dominikanerkloster. Erst nach Verlegung der Stechbahn 1702 und dem Abbruch des Klosters 1747 entstand der Schloßplatz in der vollen Länge des barocken Schlosses.

1891 schenkten die Bürger Berlins dem Kaiser einen Brunnen für den bis dahin schmucklosen Schloßplatz. Reinhold Begas schuf die imposante Brunnenanlage. Im Vordergrund ist die Allegorie des Flusses Oder zu sehen.

Bis auf das Rote Rathaus und den Neuen Marstall sind alle Gebäude im Krieg zerstört oder danach abgebrochen worden. Die Großfiguren des Schlossbrunnens wurden im Zuge des Abbruches des Hohenzollernschlosses 1951 eingelagert und 1969 als Teil des in *Neptunbrunnen* umbenannten alten Brunnens am Fernsehturm wieder aufgestellt.

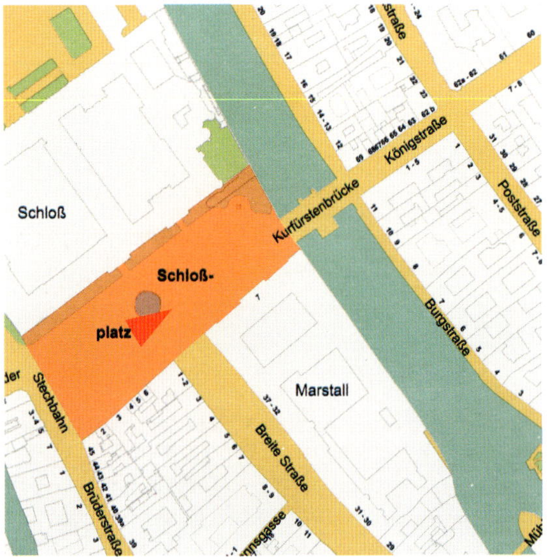

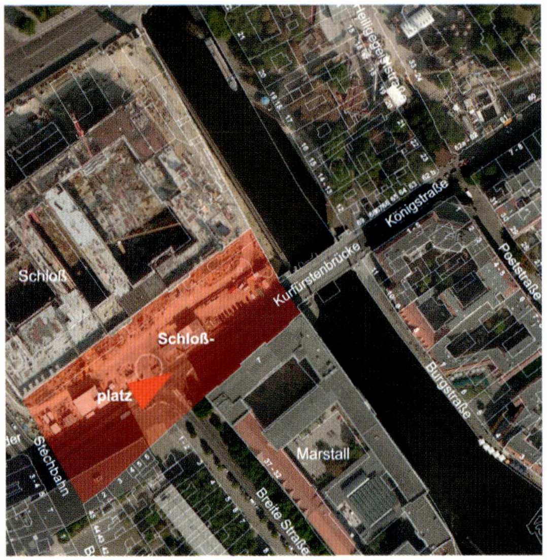

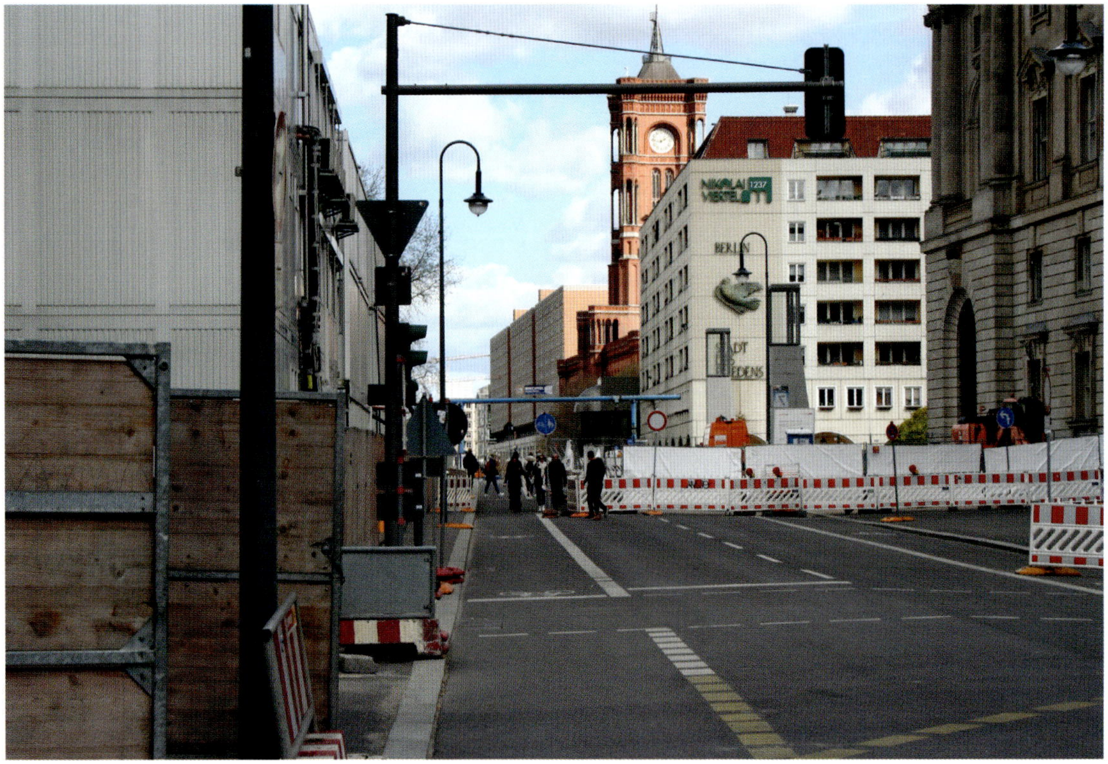

Schloßplatz, 2017

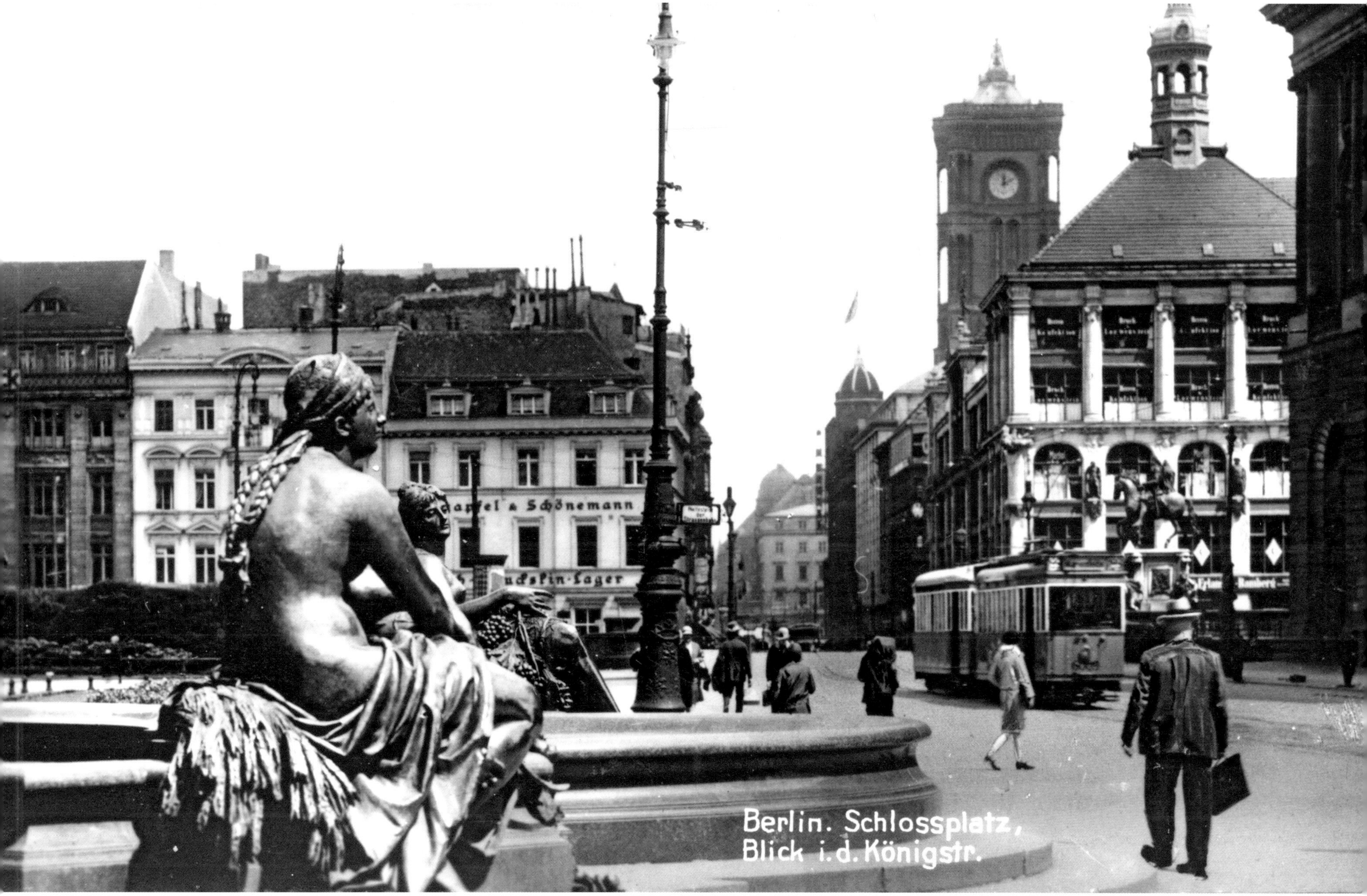

Schloßplatz, um 1930

Werdersche Rosenstraße

Die Werdersche Rosenstraße hieß früher nur Rosenstraße und wurde 1856 umbenannt, um sie von der gleichnamigen Straße in Alt-Berlin unterscheiden zu können. Sie führte von der Oberwallstraße bis zur Niederlagstraße, vorbei am Chor der Friedrichswerderschen Kirche. Im Haus Nummer 3 lebte in den Jahren 1841 bis 1842 Alexander von Humboldt. Im gegenüberliegenden Haus Nummer 4 wohnte 1821 August Heinrich Hoffmann von Fallersleben, der Dichter des Textes der deutschen Nationalhymne.

Für den Bau des Schinkelpavillons im Zusammenhang mit der Wiedererrichtung des Kronprinzenpalais von 1968 bis 1970 wurden die letzten erhaltenen Häuser abgebrochen. 1974 verschwand die Straße aus dem Stadtplan.

Erst mit den Neuplanungen der 2000er Jahre wurde die Straße wieder neu angelegt und auf der Südseite mit Wohnhäusern bebaut. Der hohe Verwertungsdruck auf die Grundstücke führte zu einer Bebauung, die die Höhe des Kirchenschiffes der Friedrichswerderschen Kirche erreicht und diese gleichsam »erdrückt«.

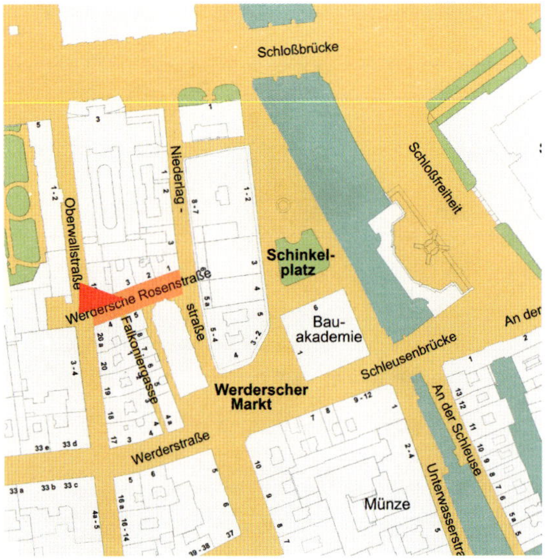

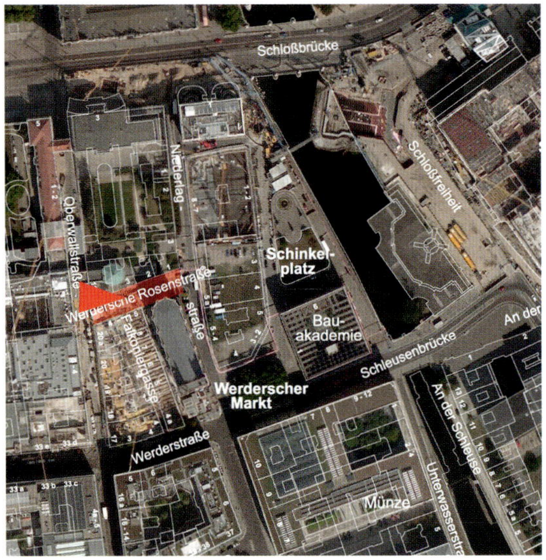

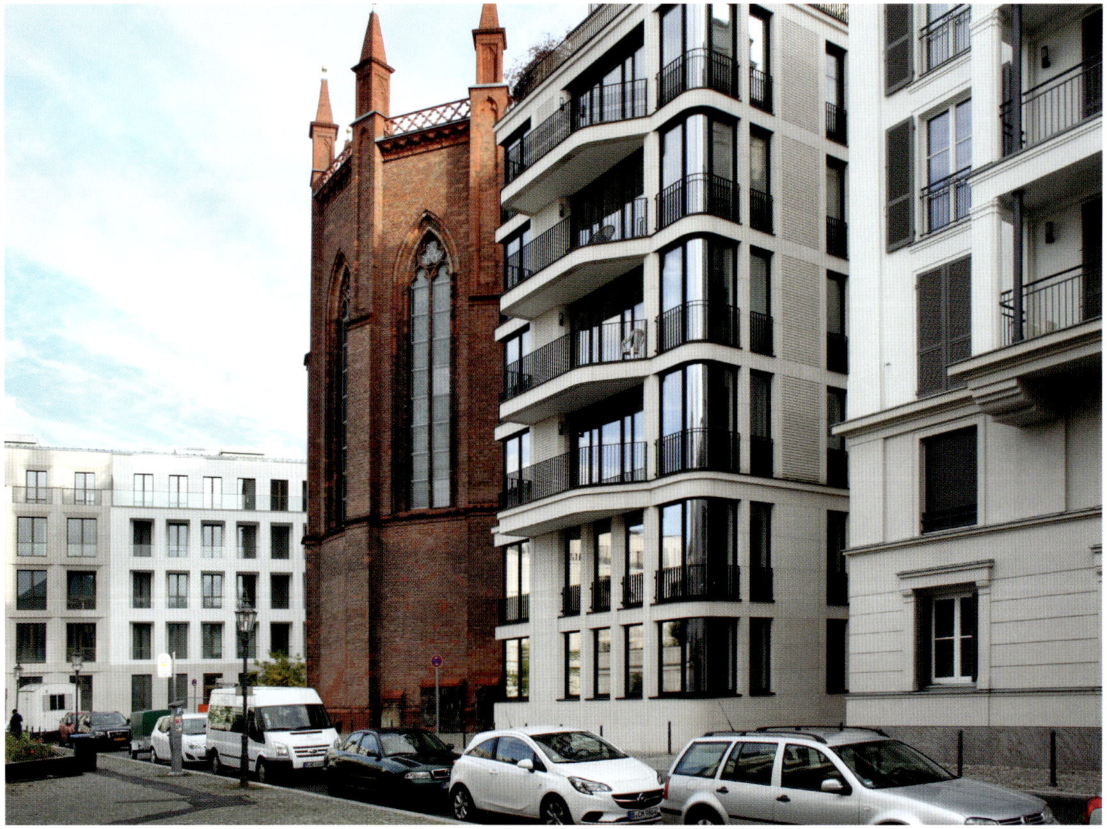

Werdersche Rosenstraße mit Friedrichswerderscher Kirche, 2018

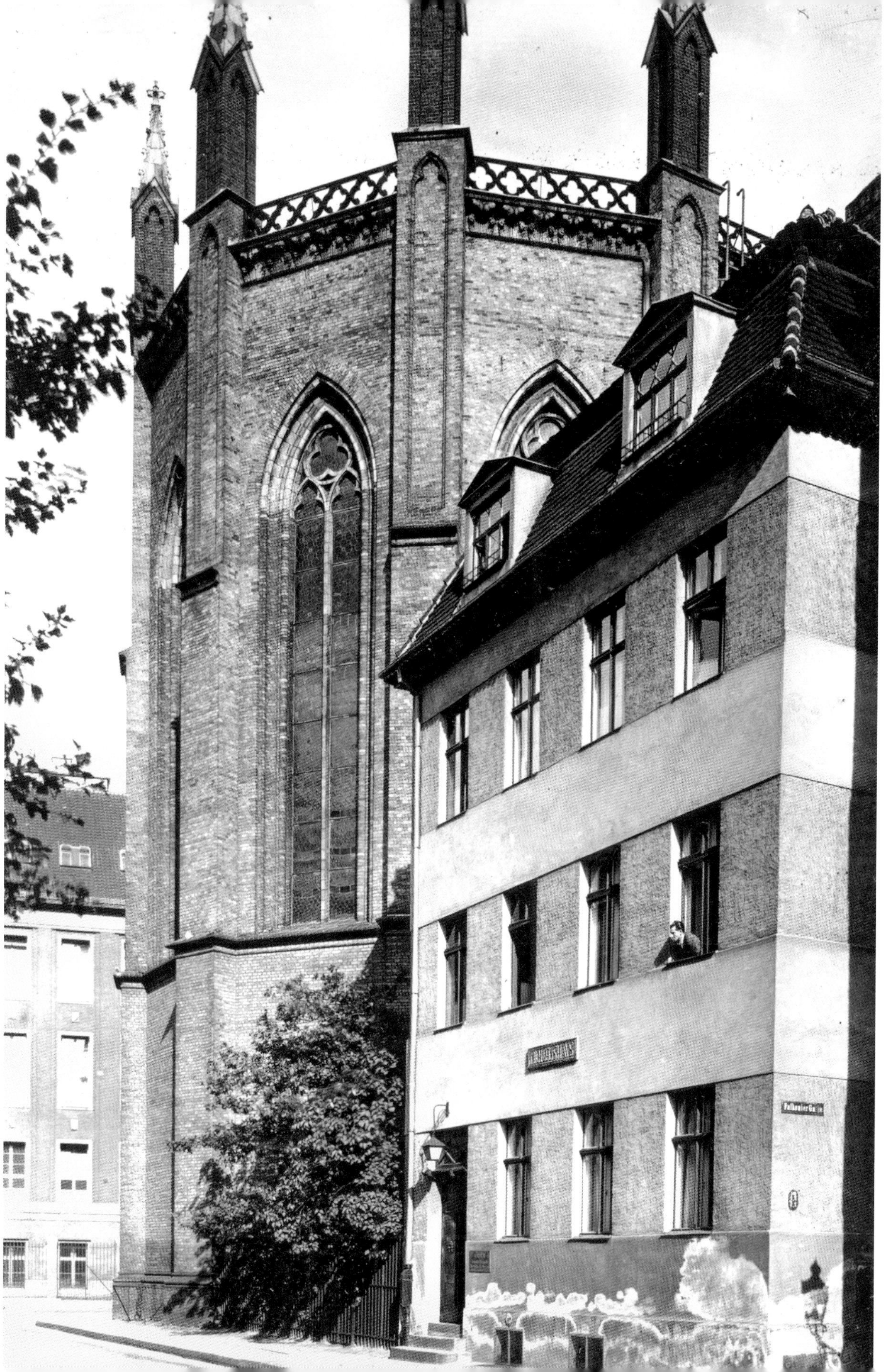

Werdersche Rosenstraße mit Friedrichswerderscher Kirche,
um 1930

Grünstraße

Die Grünstraße war eine geschäftige Berliner Altstadtstraße. Sie existierte seit dem Mittelalter und verband die Friedrichsgracht mit der Gertraudenstraße. Ihren Namen hatte die Straße von den Wiesen, die hier lange Zeit existierten. Erst seit dem 18. Jahrhundert war sie vollständig mit Wohn- und Geschäftshäusern bebaut. Seit dieser Zeit führte auch eine Brücke im Zuge der Grünstraße über den Spreekanal. Reizvoll war der Blick durch die Grünstraße nach Norden zur Petrikirche mit ihrem hoch aufragenden schlanken Kirchturm. Die hier sichtbaren vier- bis fünfgeschossigen Häuser wurden im ausgehenden 19. und frühen 20. Jahrhundert erbaut. Die Erdgeschosse der Häuser waren belebt mit allerhand Läden von der Bäckerei bis zur Pelzhandlung. Auch die typische Berliner Eckkneipe fehlte nicht. In der Grünstraße 5, fünf Häuser hinter dem hoch aufragenden Eckhaus mit der Schultheiß-Kneipe, wohnte 1895 Christian Morgenstern. Außer der Breiten Straße hatte in Alt-Kölln nur noch die Grünstraße Straßenbäume.

Nach dem Zweiten Weltkrieg standen noch einige wenige Häuser, die bei der Errichtung des Wohngebietes Fischerinsel abgebrochen wurden. Der Verlauf der Straße ist heute nur noch am Erschließungsweg neben dem Hochhaus Fischerinsel 9 zu erkennen. Geschäfte und Kneipen gibt es hier heute keine mehr.

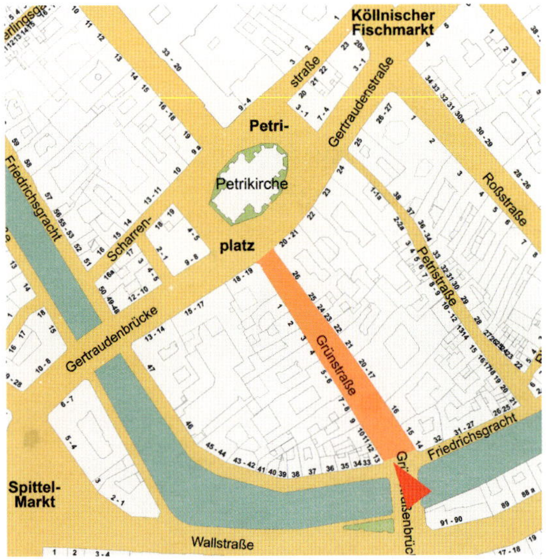

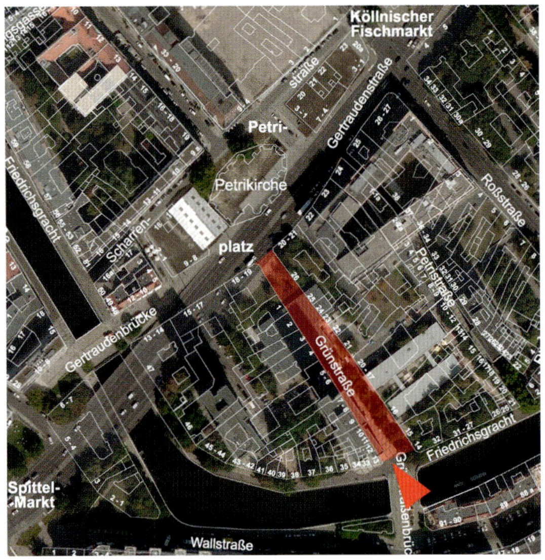

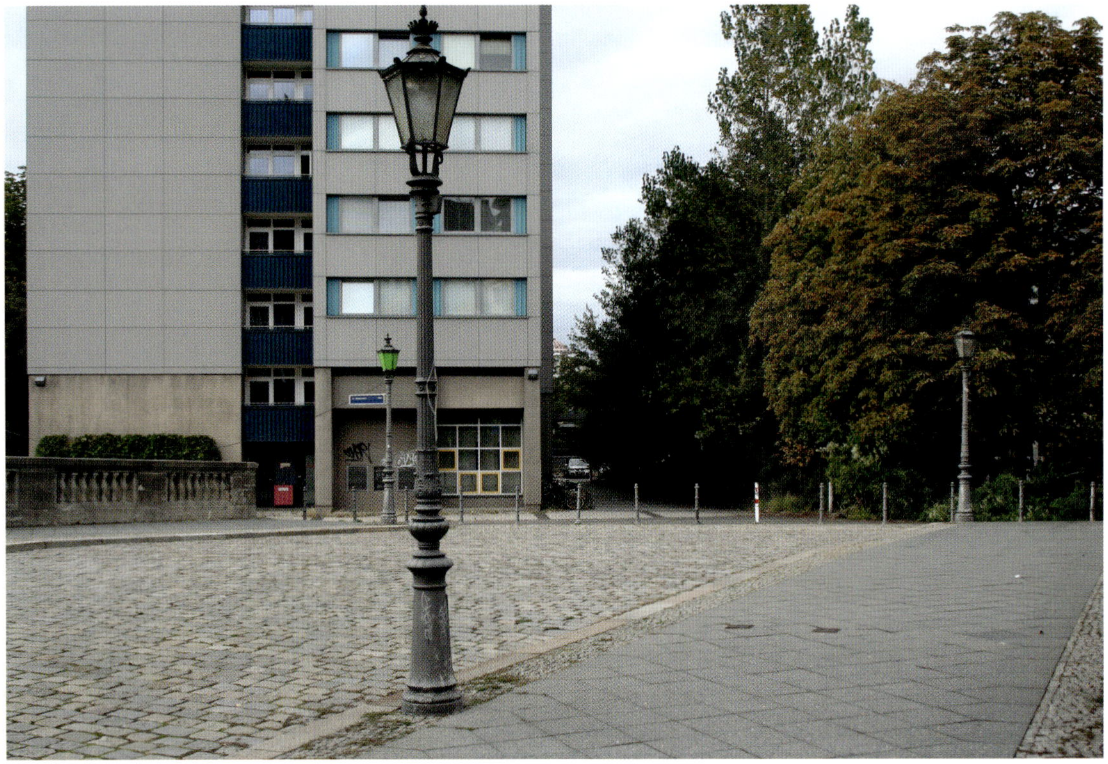

Friedrichsgracht und Hochhaus Fischerinsel 9, Blick von der Grünstraßenbrücke aus, 2019

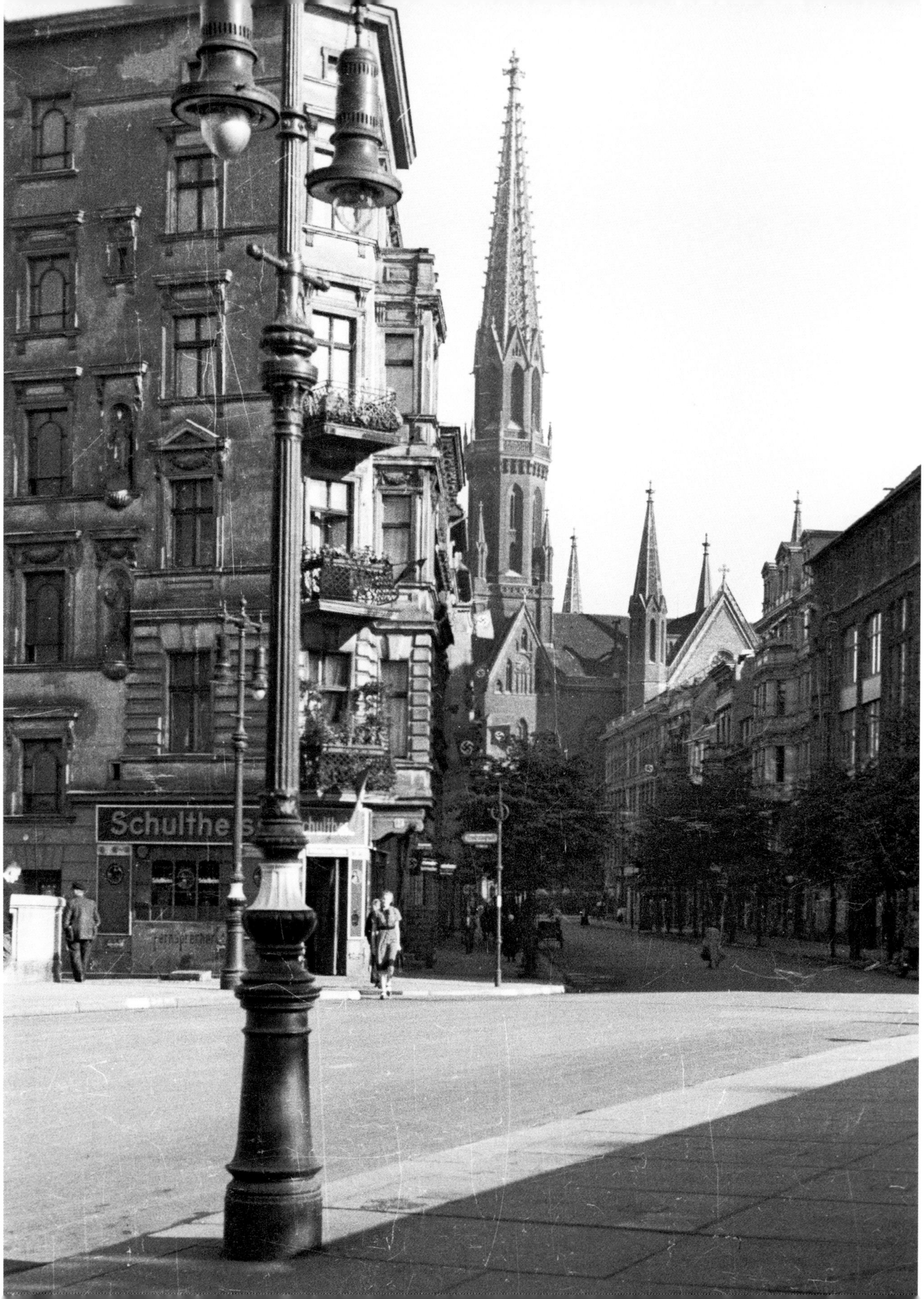

Grünstraße / Ecke Friedrichsgracht,
Blick von der Grünstraßenbrücke zur Petrikirche,
um 1935

Petristraße

Die Petristraße war eine schmale geschwungene Straße, die zwischen der Friedrichsgracht und der Gertraudenstraße verlief. Ihren Namen trug sie erst seit 1816, vorher hieß sie *Lappstraße* nach der mittelalterlichen Bezeichnung für Handwerker, die mit gebrauchten Stoffen, den sogenannten *Lappern*, arbeiteten. Ihre Anlage reichte bis in die Entstehungszeit der Stadt Kölln im 12. Jahrhundert zurück. Sie endete ursprünglich an der Rittergasse kurz vor der Köllner Stadtmauer. Nach dem Schleifen der Festungsanlagen im 17. Jahrhundert wurde sie bis zur Friedrichsgracht verlängert. Zwei Häuser der Petristraße haben es zu einer gewissen Berühmtheit gebracht: zum einen das 1743 erbaute Haus Nummer 15 mit seinen malerischen Laubengängen im Hof, zum anderen das Wirtshaus Alt-Berlin, rechts im Bild von 1925, an der Ecke zur Rittergasse. Beide waren seit der Jahrhundertwende beliebte Postkartenmotive.

Trotz Kriegszerstörungen standen nach 1945 noch viele Häuser der Petristraße. Diese fielen dem Flächenabriss in Alt-Kölln für das Wohngebiet *Fischerinsel* zum Opfer. Auch die Petristraße verschwand aus dem Stadtgrundriss. Der Erschließungsweg am Hochhaus Fischerinsel 6 entspricht in etwa der Lage der historischen Petristraße. Eine Lücke in der Neubebauung an der Gertraudenstraße soll an die Petristraße erinnern, befindet sich aber 18 Meter westlich der ehemaligen Straßeneinmündung.

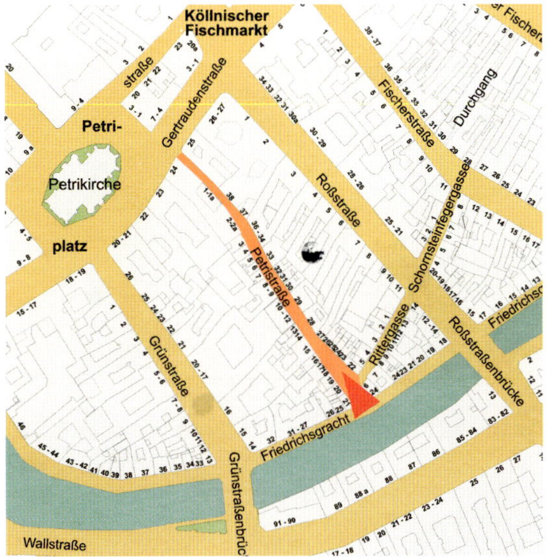

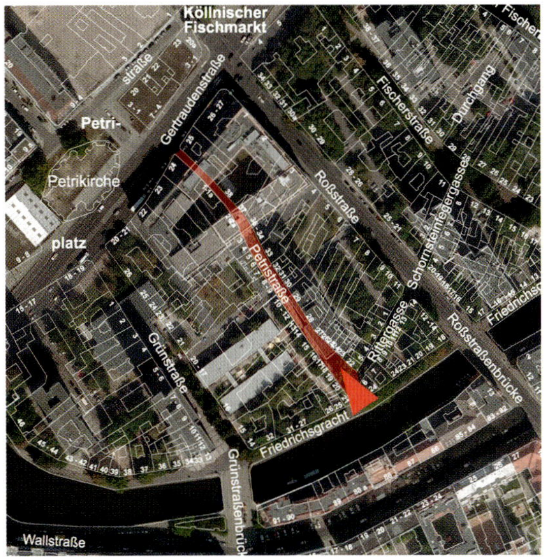

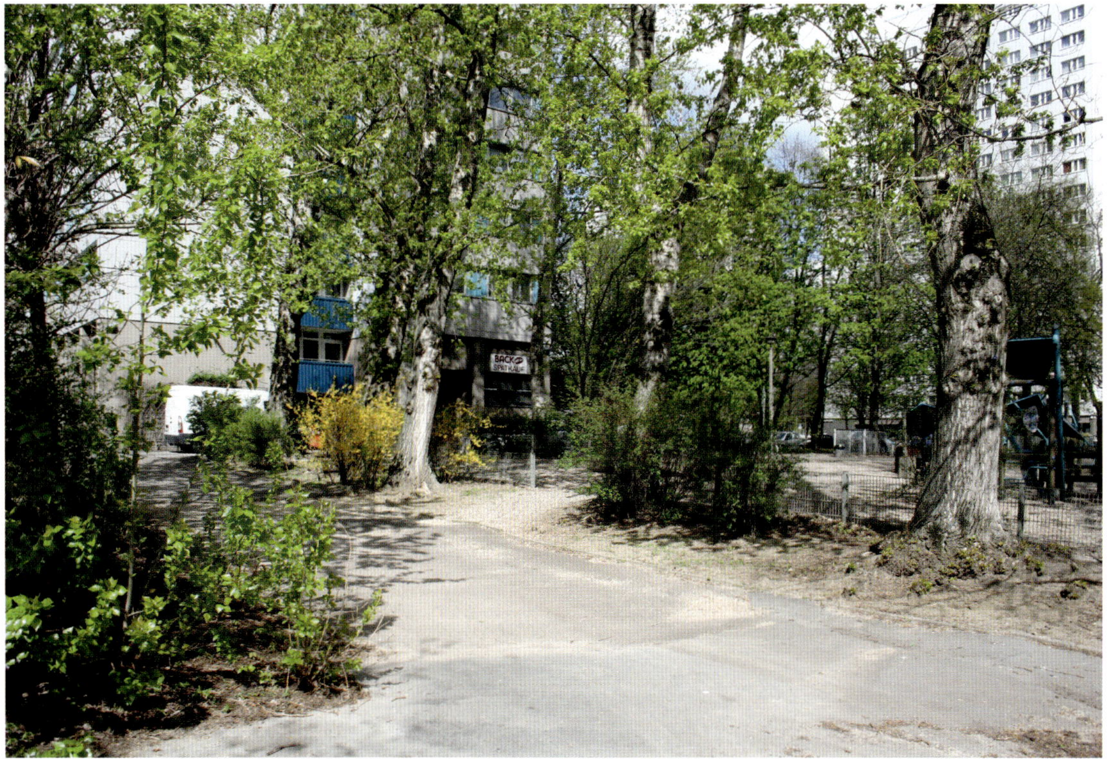

Weg am Hochhaus Fischerinsel 6, 2018

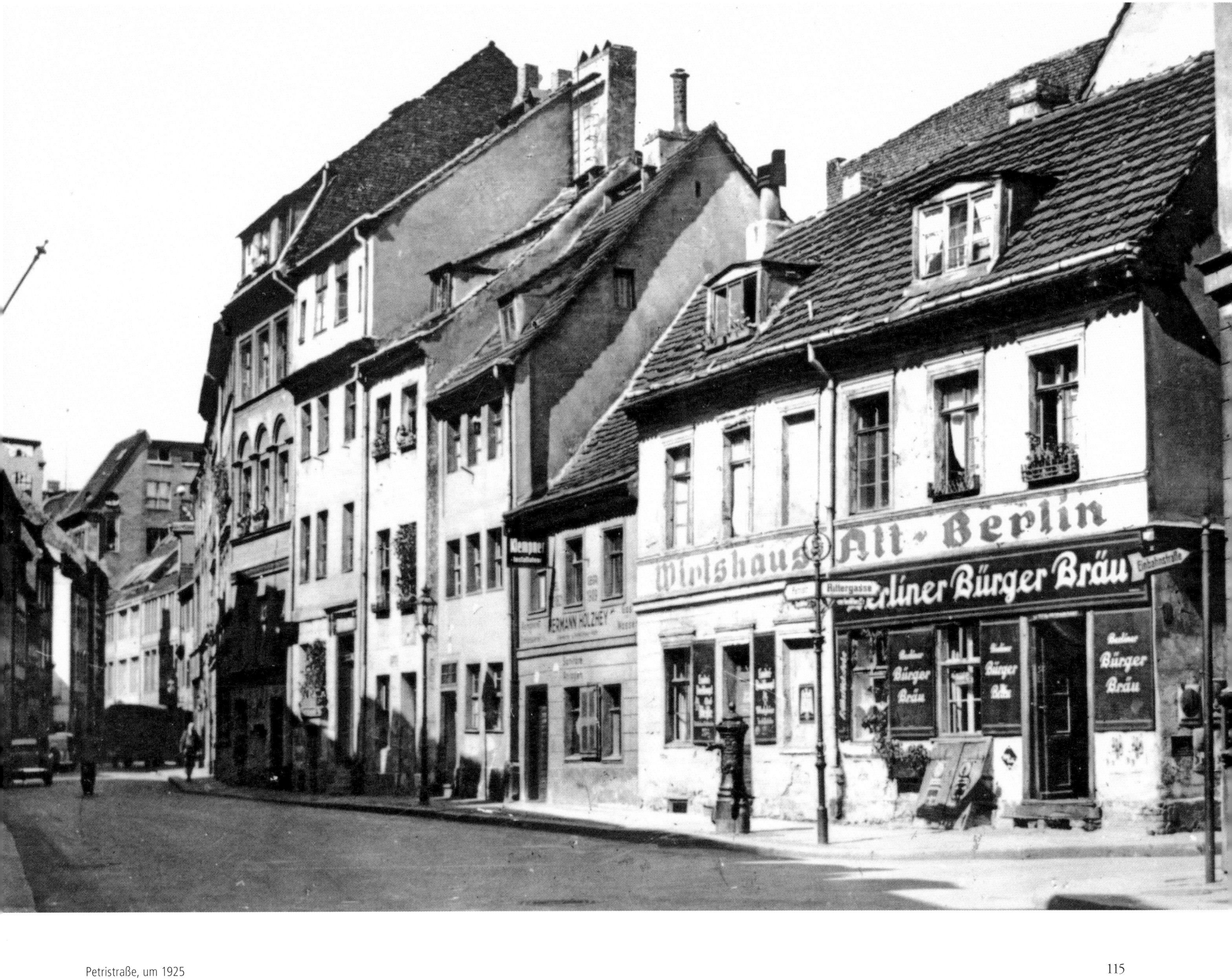

Petristraße, um 1925

Rittergasse

Die Rittergasse reichte von der Petristraße bis zur Roßstraße und führte seit 1785 diesen Namen, zuvor hieß sie Petersiliengasse. Schmale niedrige Häuser, überwiegend aus dem 18. Jahrhundert, prägten das Bild der engen Gasse, in der überwiegend Handwerker wohnten. Links im Bild das Wirtshaus Alt-Berlin, eine touristische Attraktion. Im Hintergrund sieht man die Geschäftshäuser der Roßstraße.

Nach Kriegszerstörung, Nachkriegsabrissen und der Neugestaltung Alt-Köllns in diesem Bereich erinnert heute nichts mehr an die Rittergasse. Am Ort der historischen Gasse befindet sich heute ein Kinderspielplatz.

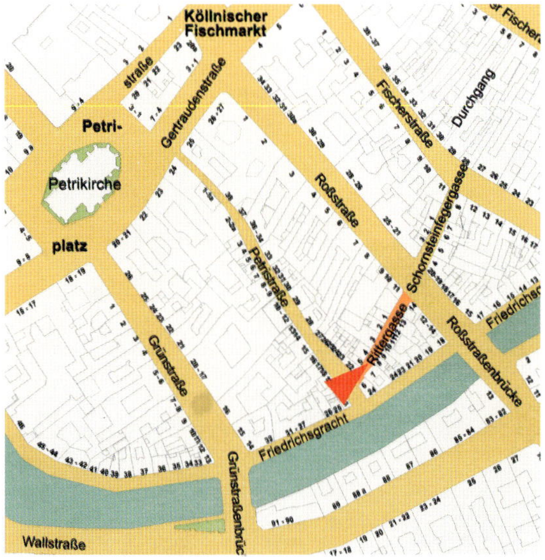

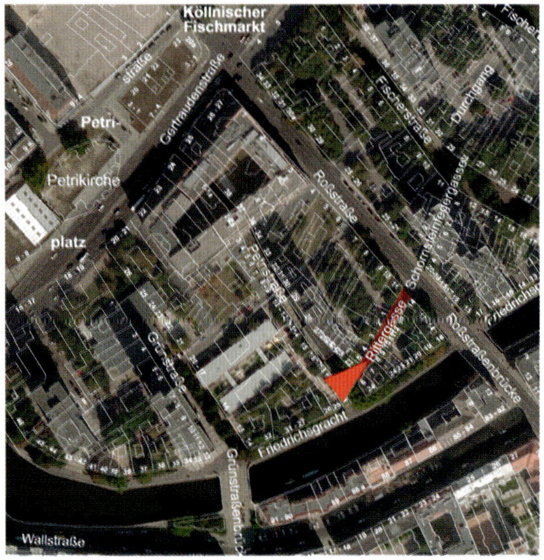

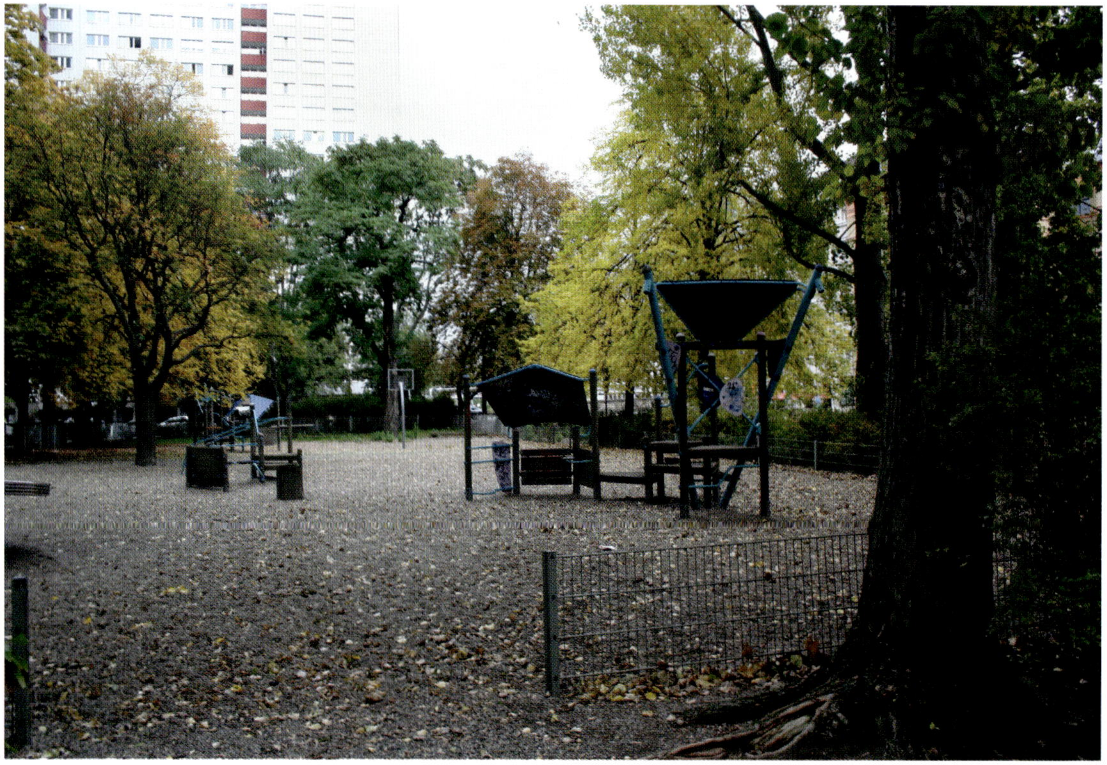

Spielplatz am Hochhaus Fischerinsel 6, 2019

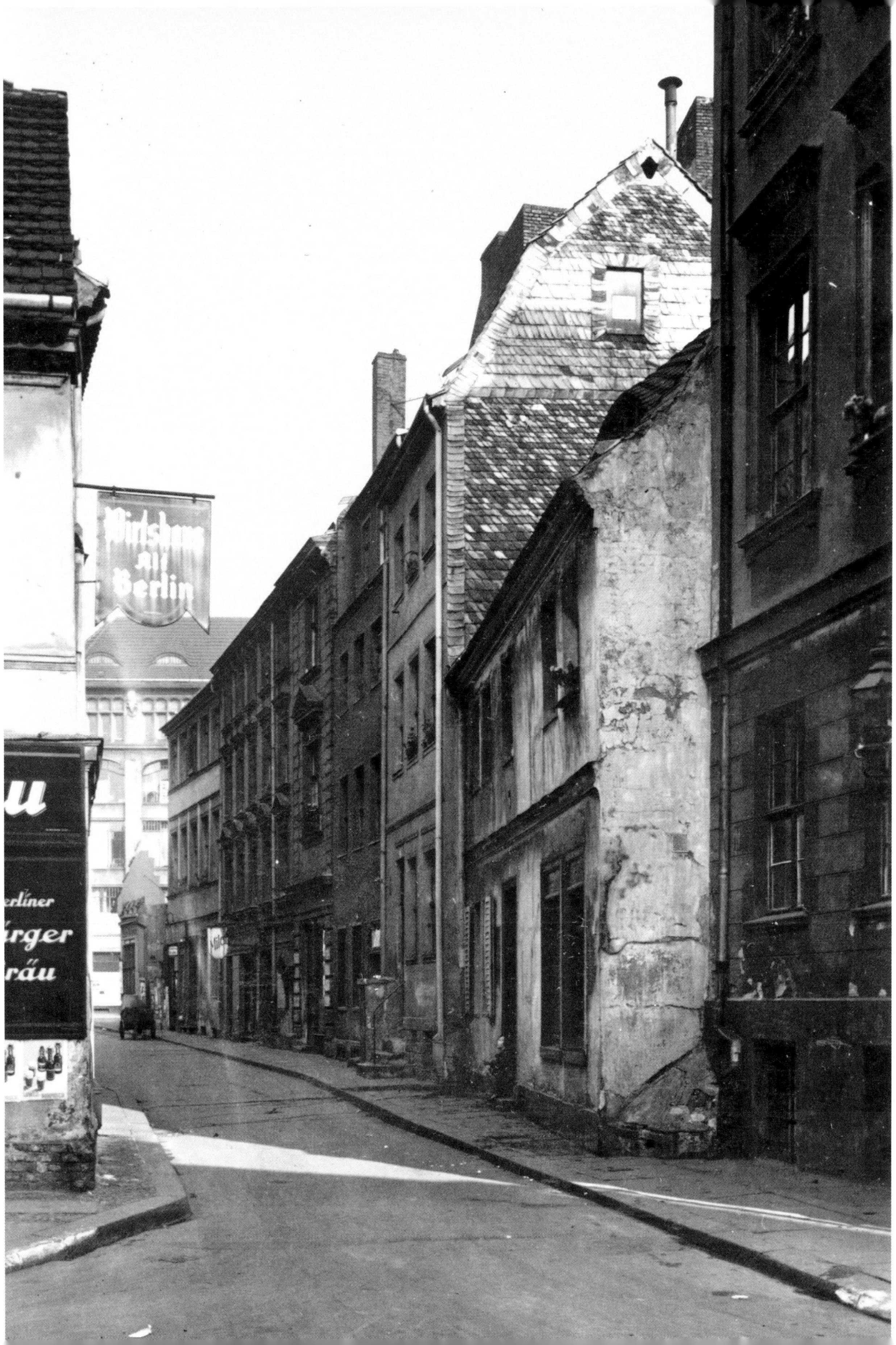

Rittergasse, um 1925

Roßstraße

Die Roßstraße war in Verlängerung der Breiten Straße die wichtigste historische Straße im südlichen Alt-Kölln, sie führte vom Köllnischen Fischmarkt zum Köpenicker Tor. Seit den 1620er Jahren trug sie diesen Namen, zuvor hieß sie *Roscherstraße*.

Das barocke Haus Roßstraße 3 in der Mitte des historischen Fotos wurde um 1780 erbaut. Zur Zeit der Aufnahme gehörte es bereits zum niederländischen Kaufhauskonzern Peek & Cloppenburg, der 1901 am Köllnischen Fischmarkt, Gertrauden-, Ecke Roßstraße, eines der beiden ersten Verkaufshäuser in Deutschland eröffnet hatte.

In der Roßstraße überstanden lediglich zwei Geschäftshäuser auf der Ostseite der Straße den Zweiten Weltkrieg. Wie alle anderen Gebäude im südlichen Alt-Kölln wurden diese dem Hochhausviertel geopfert, für das 1962 der Name *Fischerinsel* eingeführt wurde. Es entstanden sechs 21-geschossige Wohnhochhäuser nach Plänen des Kollektivs Manfred Zumpe und ein Dienstleistungskomplex mit Kaufhalle und Mehrzweckgaststätte. Letztere wurde wegen der Form ihrer von Ulrich Müther entworfenen Dachkonstruktion *Ahornblatt* genannt. Der Straßenname verschwand 1969. Die Straße – heute bis auf das Eckhaus an der Gertraudenstraße komplett ohne straßenbegleitende Bebauung – heißt seit 1969 nach dem Wohngebiet *Fischerinsel*. Das *Ahornblatt* wurde im Jahr 2000 trotz zahlreicher Proteste abgebrochen. An seiner Stelle steht jetzt ein Block aus Wohn- und Geschäftshäusern mit belangloser Architektur.

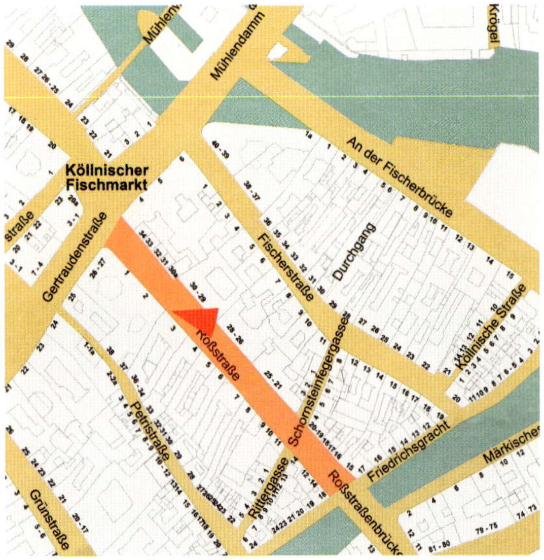

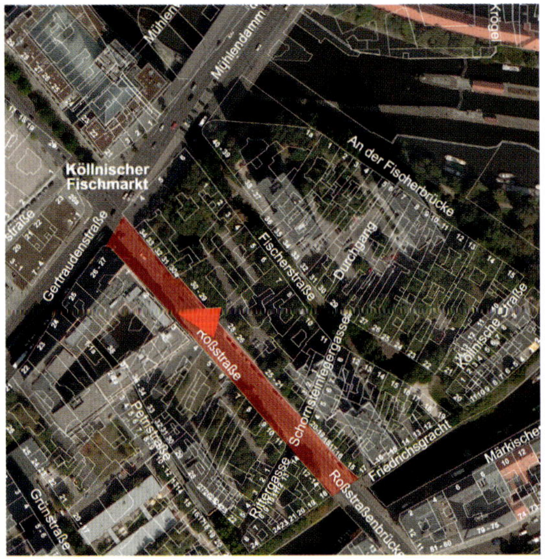

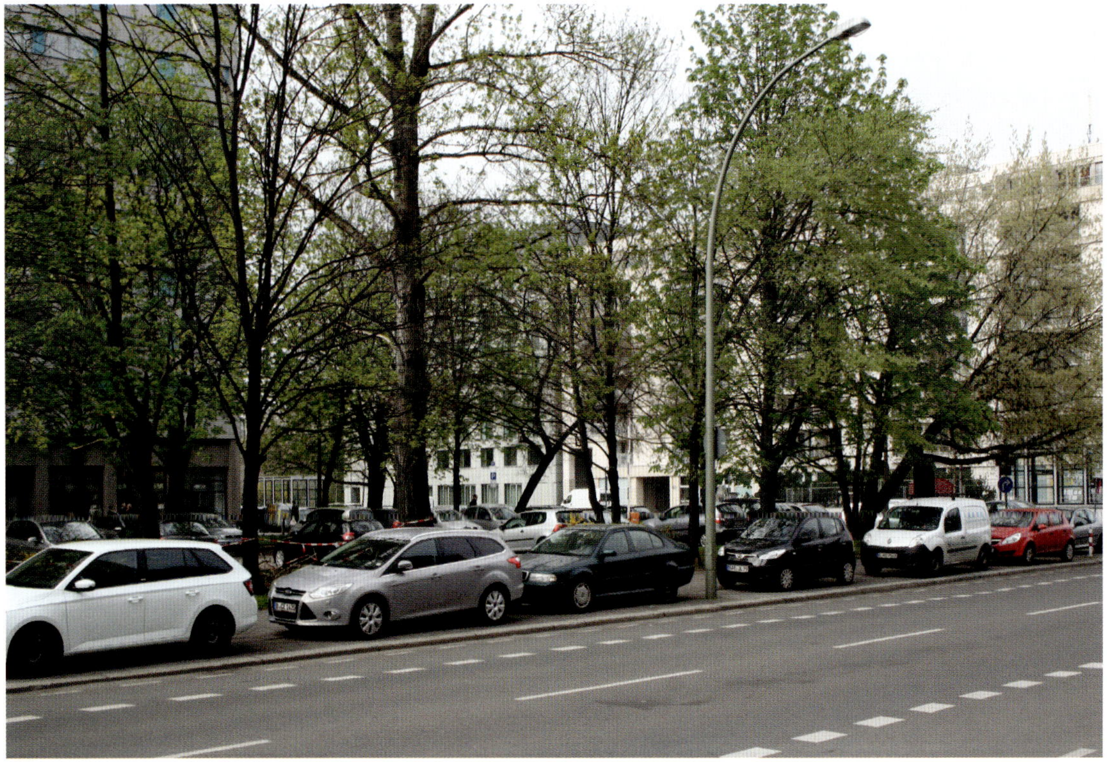

Fischerinsel, 2018

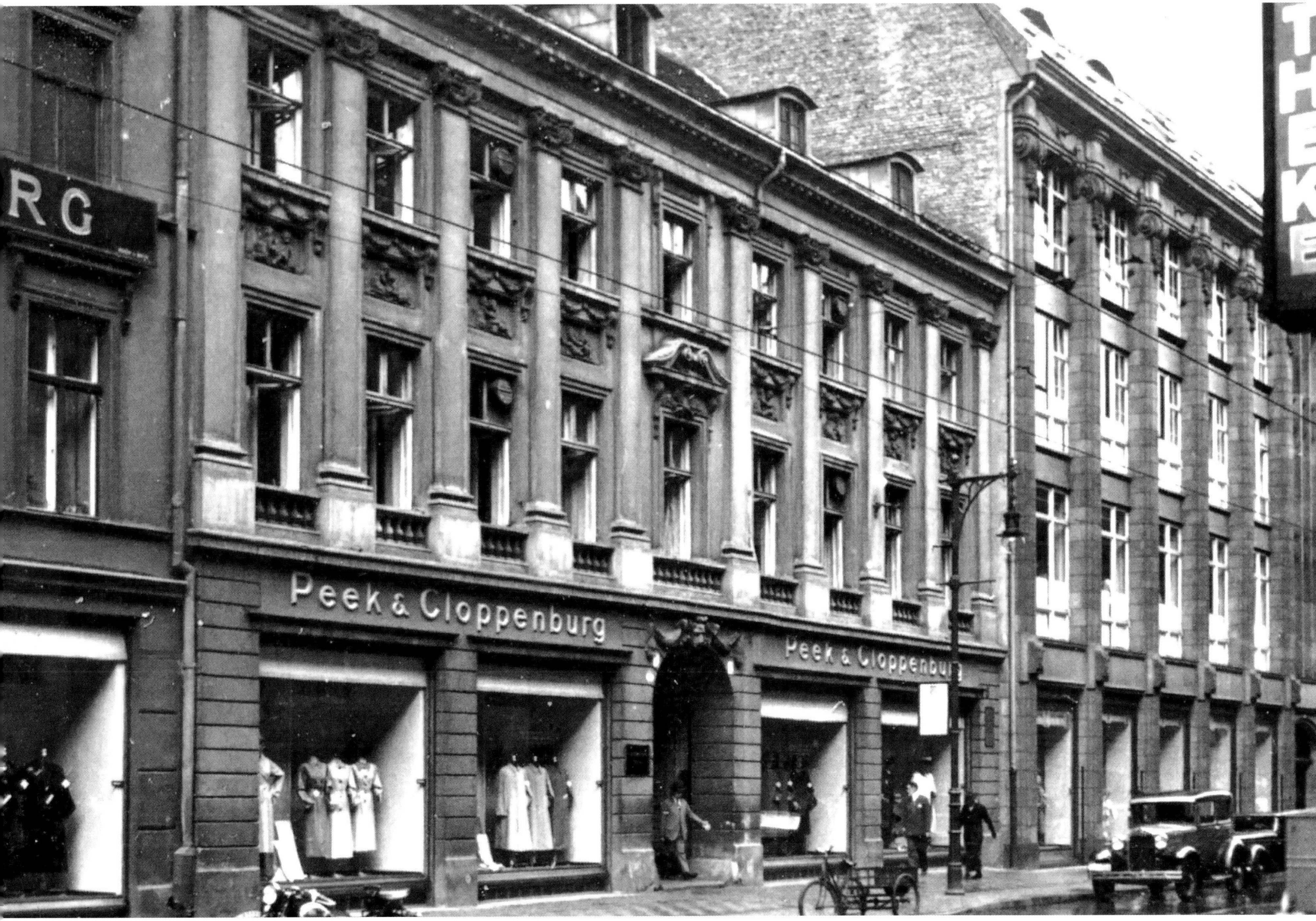

Nordwestseite der Roßstraße, um 1930

Schornsteinfegergasse

Ursprünglich hieß die Schornsteinfergergasse *Kakernacks Geßlein* und wurde 1712 nach den zahlreich hier wohnenden Schornsteinfegern benannt. Sie führte von der Roßstraße zur Fischerstraße. In der Mitte des Fotos von 1925 sieht man das Haus Fischerstraße 28, das sogenannte *Blütchen-Haus*, in dem seit 1819 die Flachs- und Jutespinnerei von Christian-Wilhelm Blütchen aus Vetschau ansässig war. Der Webermeister hatte damals ein Geschäft mit Webwaren in Vetschau und gleichzeitig eines in Berlin eröffnet. Gemeinsam mit seinen beiden Söhnen gründete er im Jahr 1862 die Firma *W. Blütchen & Söhne*, eine Flachs- und Jutespinnerei und Weberei. Nach Ausscheiden des Firmengründers wurde Ferdinand Griebenow, der Sohn des Berliner Terrainunternehmers Wilhelm Griebenow, Teilhaber. Großabnehmer war das preußische Militär, das das Leinen wegen seiner guten Qualität schätzte. Das Berliner Geschäft, mittlerweile verpachtet an die Firma Wantig, bestand bis 1945.

Die meisten Häuser der Schornsteinfegergasse, die zum größten Teil aus dem 18. Jahrhundert stammten, fielen dem Zweiten Weltkrieg zum Opfer. Das *Blütchen-Haus* stand jedoch noch bis zu seinem Abbruch in den 1960er Jahren. Die Gasse verschwand bei der Neuerrichtung des Wohngebietes *Fischerinsel*. Ihren Verlauf kann man heute anhand eines Pflasterstreifens vor dem Hauseingang des Hochhauses Fischerinsel 4 erahnen.

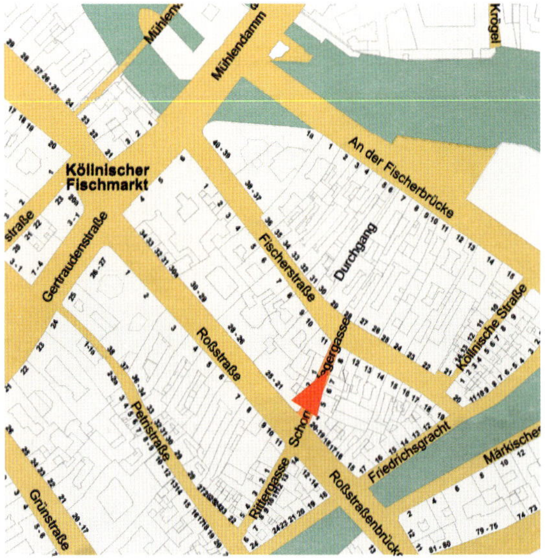

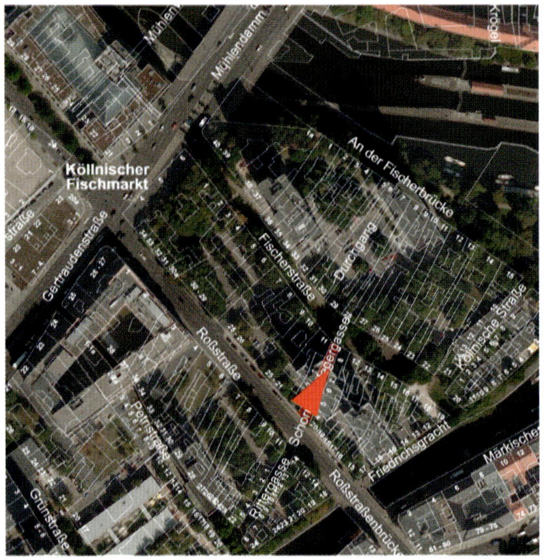

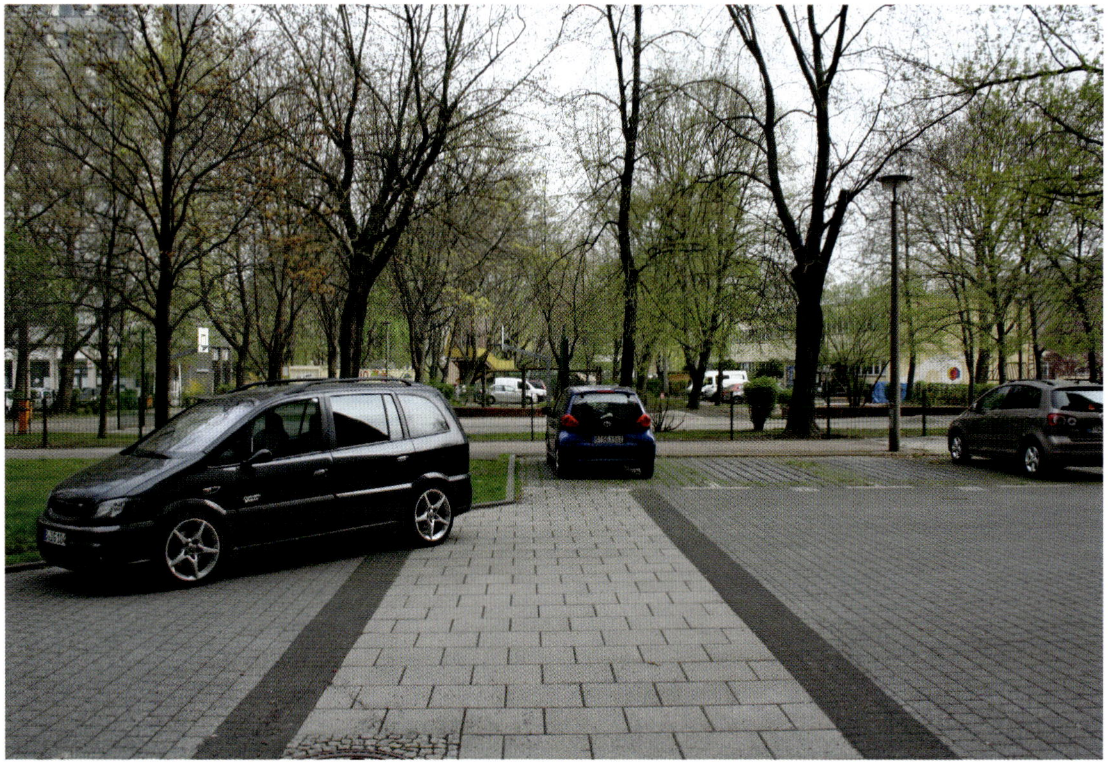

Parkplatz vor dem Hochhaus Fischerinsel 4, 2018

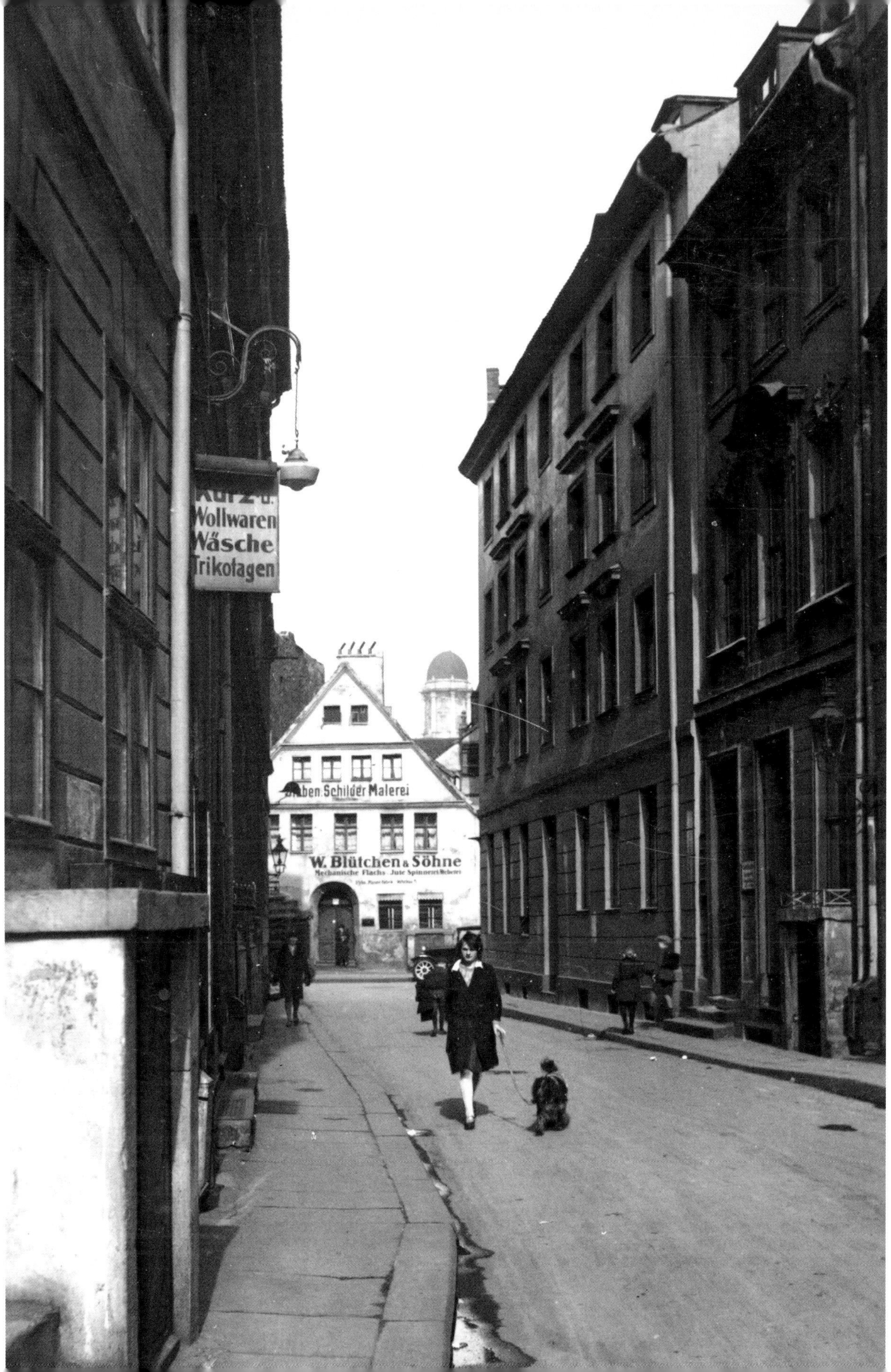

Schornsteinfegergasse, um 1925

Fischerstraße

Geschichte

Die Fischerstraße war eine der ältesten Straßen Alt-Köllns und trug ihren Namen bereits im Mittelalter wegen der hier ansässigen Fischerfamilien, die an der Spreeseite der Grundstücke ihre Stege und Fischkästen hatten. Das Recht, in der Spree zu fischen, die sogenannte Fischereigerechtigkeit, hing an einigen Häusern der Fischerstraße und umliegender Straßen. Dies ist der historische Hintergrund des heutigen Siedlungsnamens *Fischerinsel*. Bis zur Kriegszerstörung und dem Abbruch in den 1960er Jahren gab es noch einige giebelständige Häuser, die zu den ältesten Häusern Alt-Köllns gehörten. Dazu zählten das *Blütchen-Haus* in der Nummer 28 und das Gasthaus *Zum Nussbaum* in der Nummer 21 (siehe Seite 124/125). Das Haus Nummer 26–27 war der Legende nach im 16. Jahrhundert das Wohnhaus von Hans Kohlhase, der nach erfahrenem Unrecht zur Selbstjustiz griff und dafür hingerichtet wurde. Er war das Vorbild für Heinrich von Kleists Novelle »Michael Kohlhaas«.

Erst nach 1945 bürgerte sich für das südliche Alt-Kölln der Name *Fischerkietz* ein. Die Bebauung der Fischerstraße war trotz der schweren Zerstörungen in Alt-Kölln zu großen Teilen erhalten geblieben. Noch 1957 gab es Pläne, die historische Bebauung des *Fischerkietzes* zu erhalten. 1966 fiel jedoch die Entscheidung für eine Hochhausbebauung mit dem Namen *Fischerinsel*. Die gesamte Bebauung der Fischerstraße wurde abgebrochen. Auch die Straße selbst verschwand. Ihr Verlauf ist anhand eines Erschließungswegs der heutigen Wohnsiedlung zu erahnen.

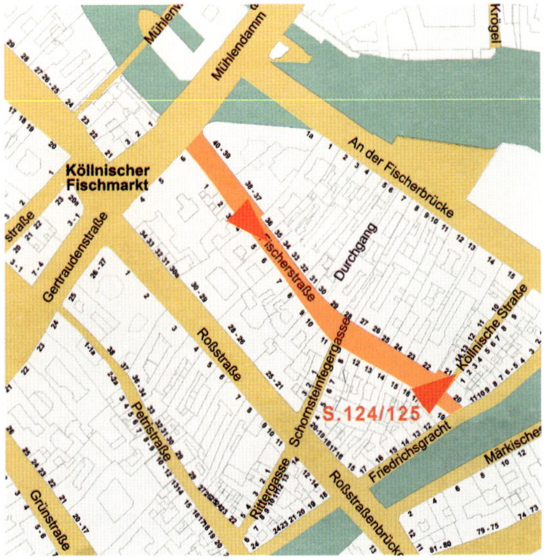

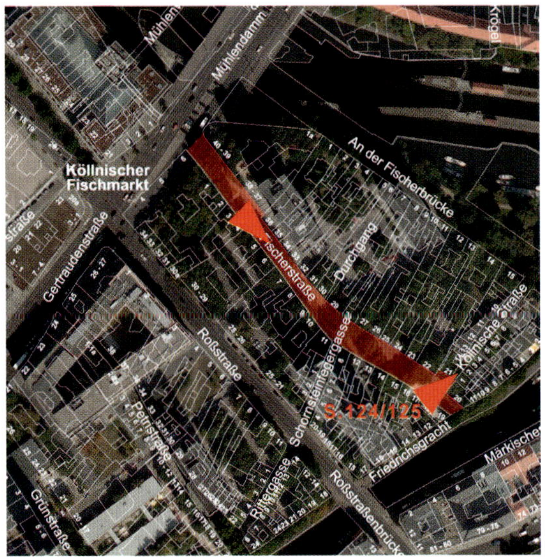

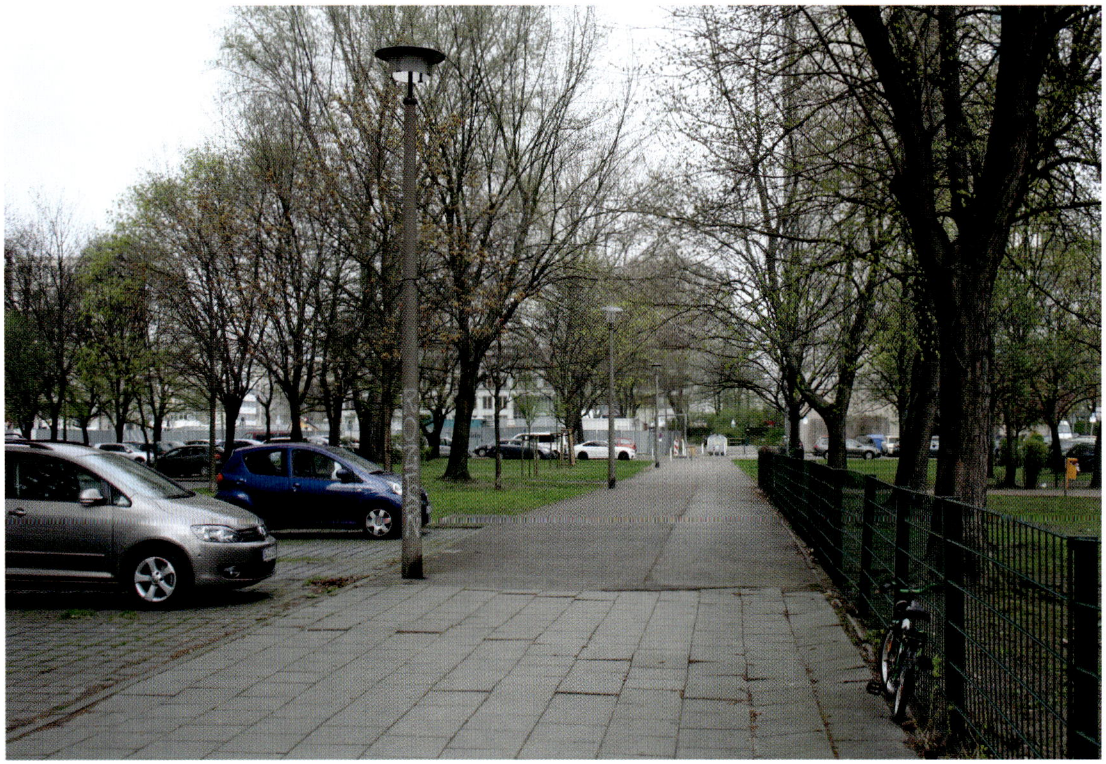

Verbindungsweg zwischen Mühlendamm und Friedrichsgracht, 2017

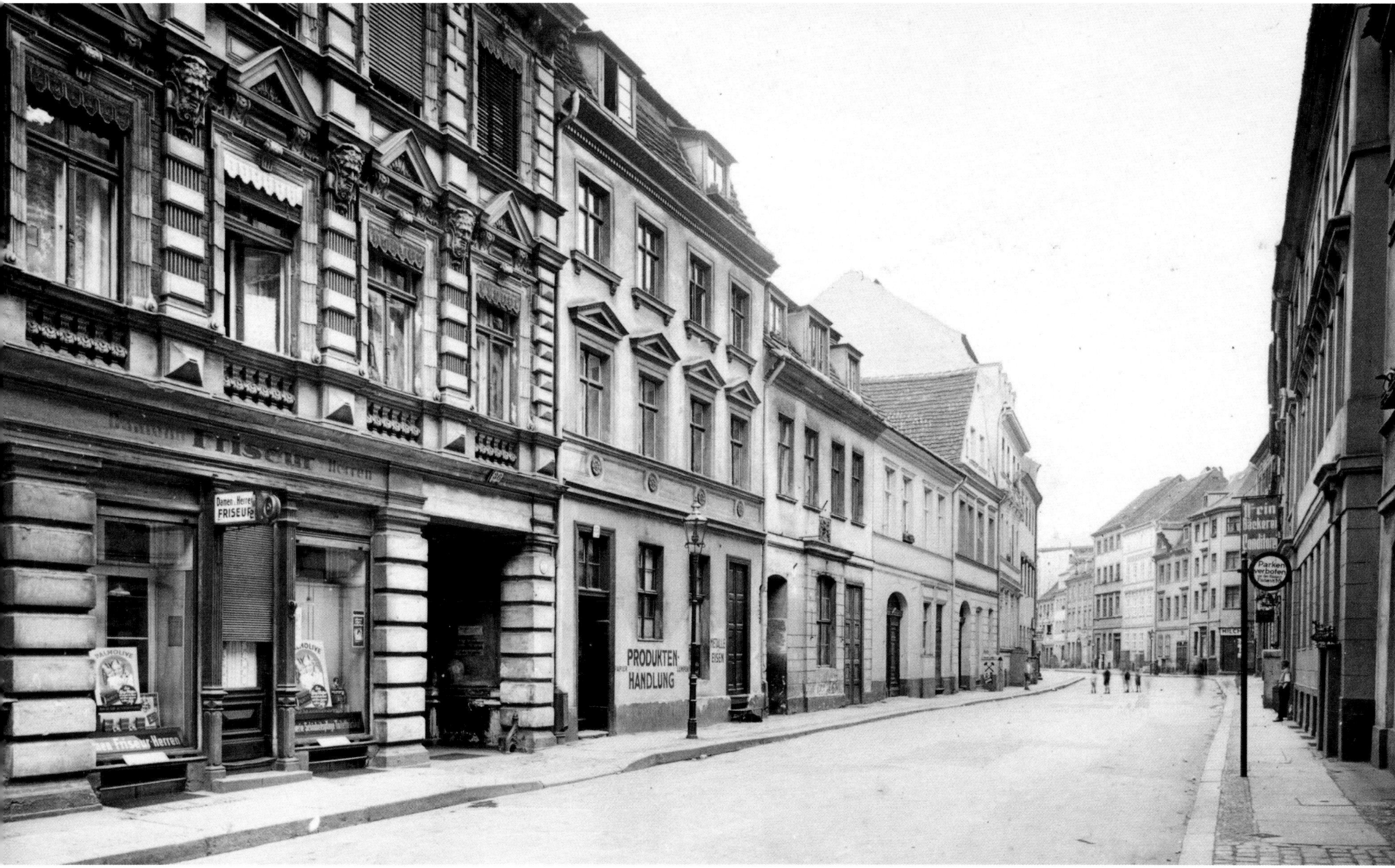

Fischerstraße, um 1930

Fischerstraße

Restaurant zum Nussbaum

Das 1571 in der Fischerstraße 21 errichtete Restaurant *Zum Nussbaum,* das seinen Namen nach einem im Vorgarten stehenden Nussbaum trug, war bis zu seiner Zerstörung das älteste Wirtshaus Berlins. Berühmte Gäste im 20. Jahrhundert waren Otto Nagel und Heinrich Zille, der hier das Berliner »Milljöh« studierte.

Rechts neben dem Gasthaus begann die Köllnische Straße, früher *Köllnischer Wursthof,* die die Fischerstraße mit der Straße An der Fischerbrücke verband. Das letzte Haus auf der rechten Seite der Köllnischen Strasse, erbaut 1681, war das älteste Haus dieser Straße. Die übrige Bebauung stammte aus dem 18. und 19. Jahrhundert.

Das Restaurant *Zum Nussbaum* und die umgebenden Gebäude wurden 1943 bei einem Bombenangriff zerstört. Beim Bau des *Nikolaiviertels* in Alt-Berlin in den 1980er Jahren entschied sich der Architekt Günter Stahn, eine Kopie des Gebäudes zu errichten. Am originalen Standort des historischen Gasthauses und auf der Köllnischen Gasse steht heute ein als *Kinderkombination* errichtetes und jetzt unter dem Namen *Kreativhaus* als Begegnungs- und Kulturhaus genutztes Gebäude mit der Adresse Fischerinsel 3.

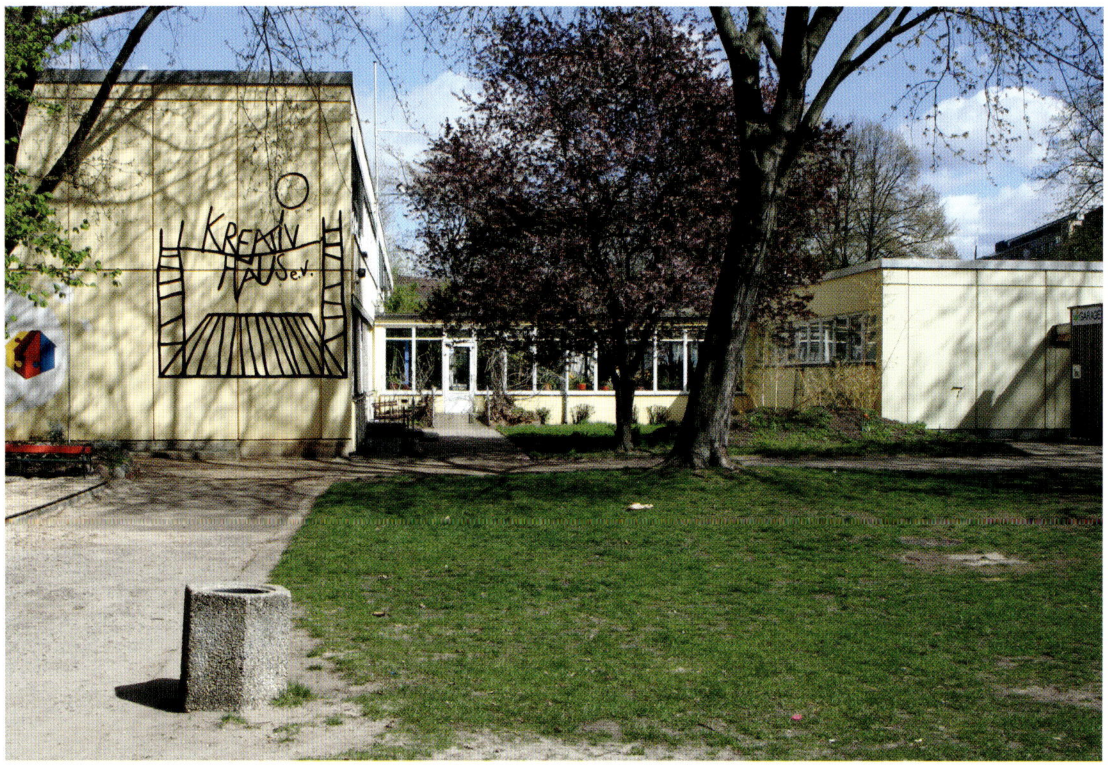

Kreativhaus, 2017

> Restaurant Zum Nussbaum und Köllnische Straße, um 1920

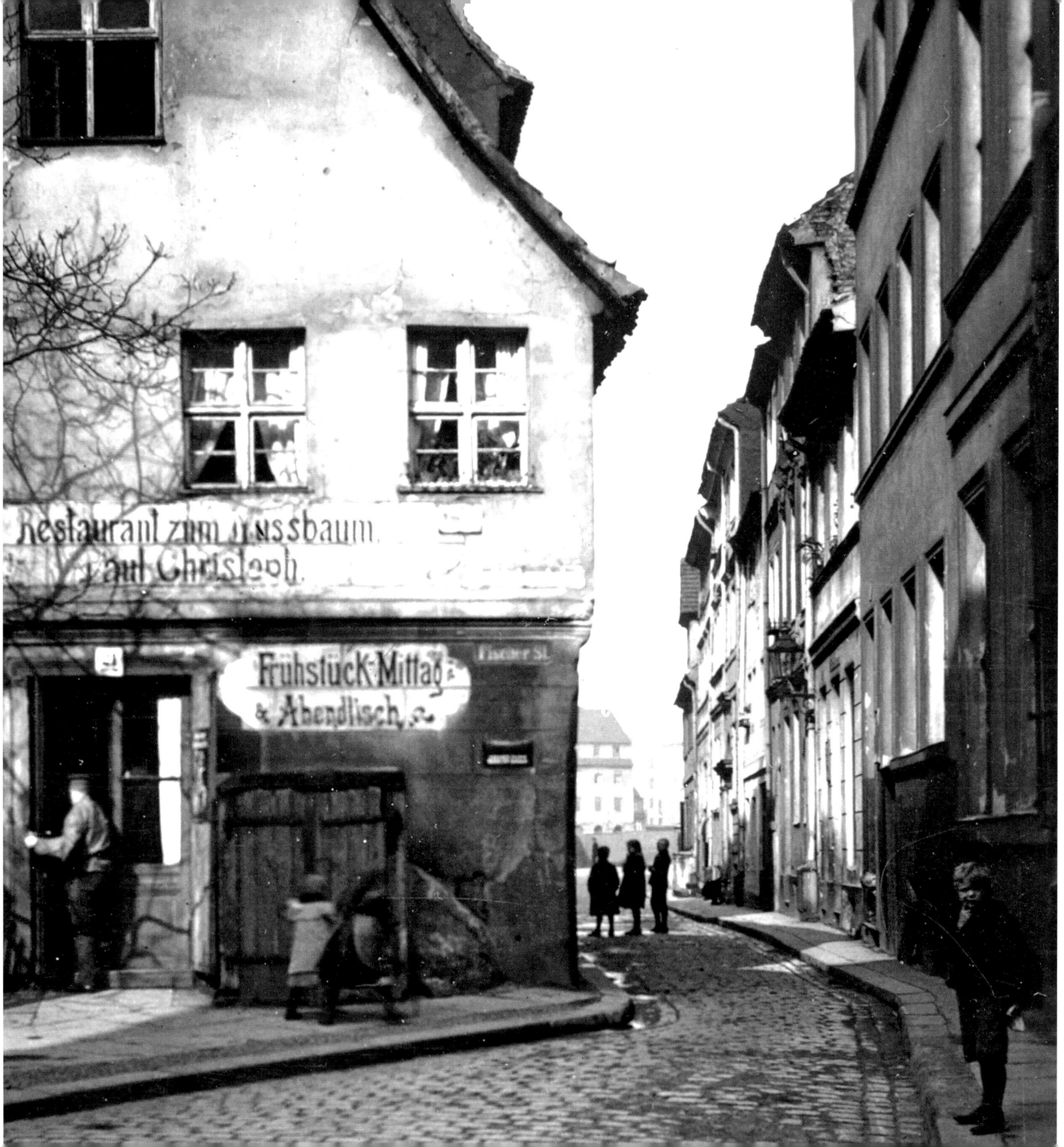
Restaurant zum
Frühstück-Mittag
& Abendtisch

Jungfernbrücke

Die 1689 erbaute Jungfernbrücke ist die älteste erhaltene Brücke Berlins und die einzige von ehemals neun Klappbrücken über den Spreekanal. Sie verbindet die Friedrichgracht mit der Unter- und Oberwasserstraße auf der Westseite des Spreekanals. Als von 1937 bis 1939 der Spreekanal vertieft wurde, mussten die Mittelpfeiler unterfangen werden. Das westliche Gewölbe wurde in Stahlbeton erneuert. Die Klappen in der Mittelöffnung ersetzte man durch Stahlträger mit Bohlenbelag und die Brückenrampen durch Stufen. Die Jungfernbrücke wurde in den 1960er Jahren saniert, 1998/99 erfolgte eine erneute umfassende Instandsetzung.

Genau in der Bildmitte des historischen Bildes sieht man eine Häuserlücke. Dort mündete der Mühlengraben in den Spreekanal. An dieser Stelle befand sich eine Badeanstalt, die 1930 aufgrund der schlechten Wasserqualität geschlossen wurde. Am östlichen Ufer gab es einen kleinen dreieckigen Platz, auf den die Straßen An der Schleuse, Am Mühlengraben und die Sperlingsgasse mündeten. An der Ecke von Friedrichsgracht und Sperlingsgasse befand sich der *Französische Hof*. An der gegenüberliegenden Straßenecke stand das Stammhaus der *Robert Koschwitz Fleischwaren AG* (siehe Seite 102/103).

Ein Teil der Gebäude hatte den Krieg überlebt, wurde jedoch für die Neubebauung mit Appartementhäusern in den 1960er Jahren abgebrochen.

Aktuelle Planungen sehen in diesem Kanalabschnitt eine Biokläranlage für ein Schwimmbad an der Museumsinsel vor. Die Jungfernbrücke stünde dann ohne Spiegelbild im Schilf.

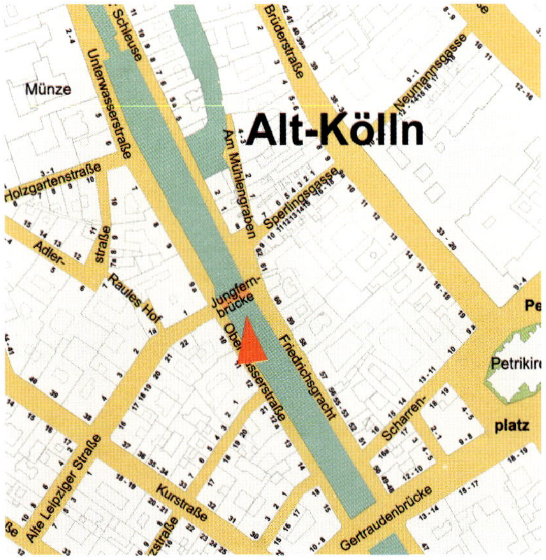

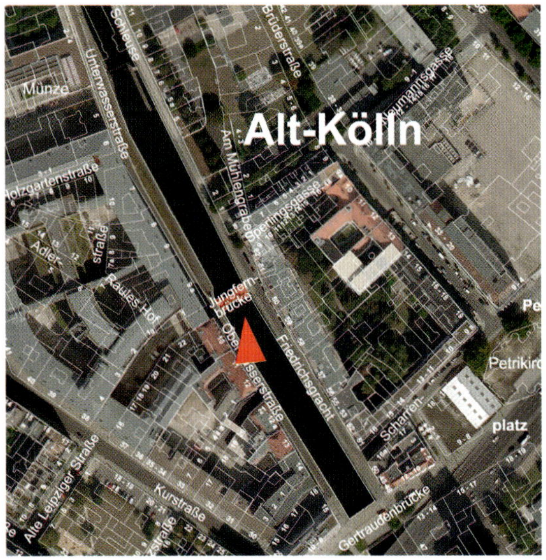

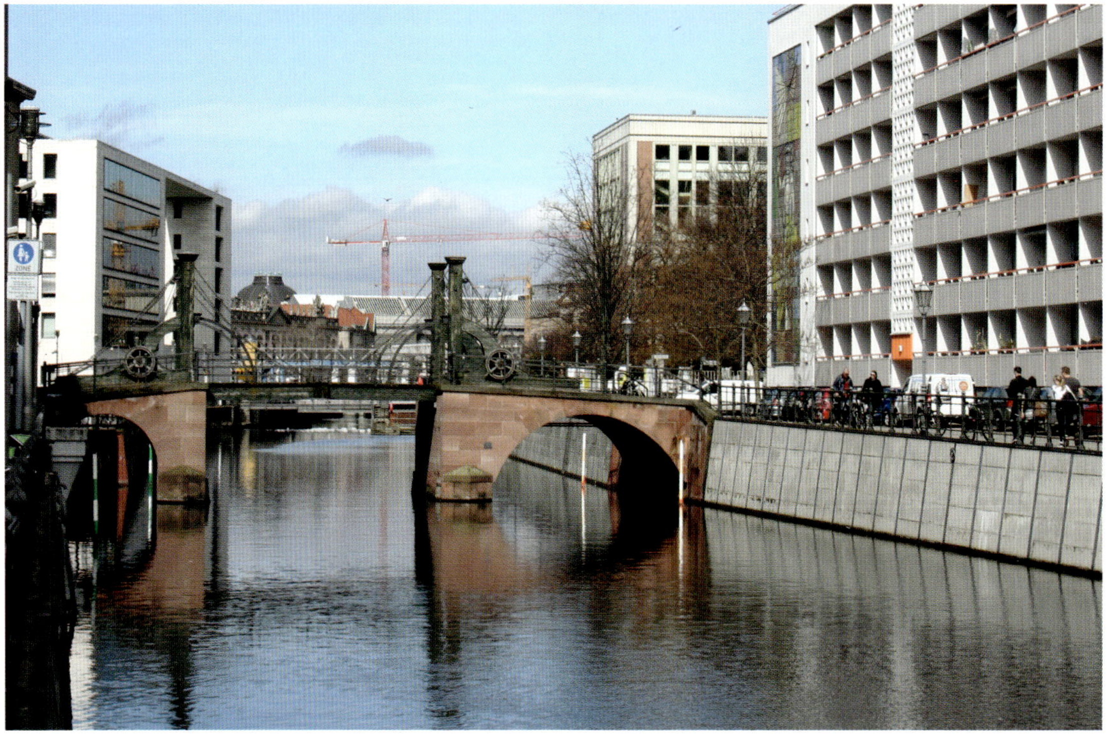

Jungfernbrücke, 2018

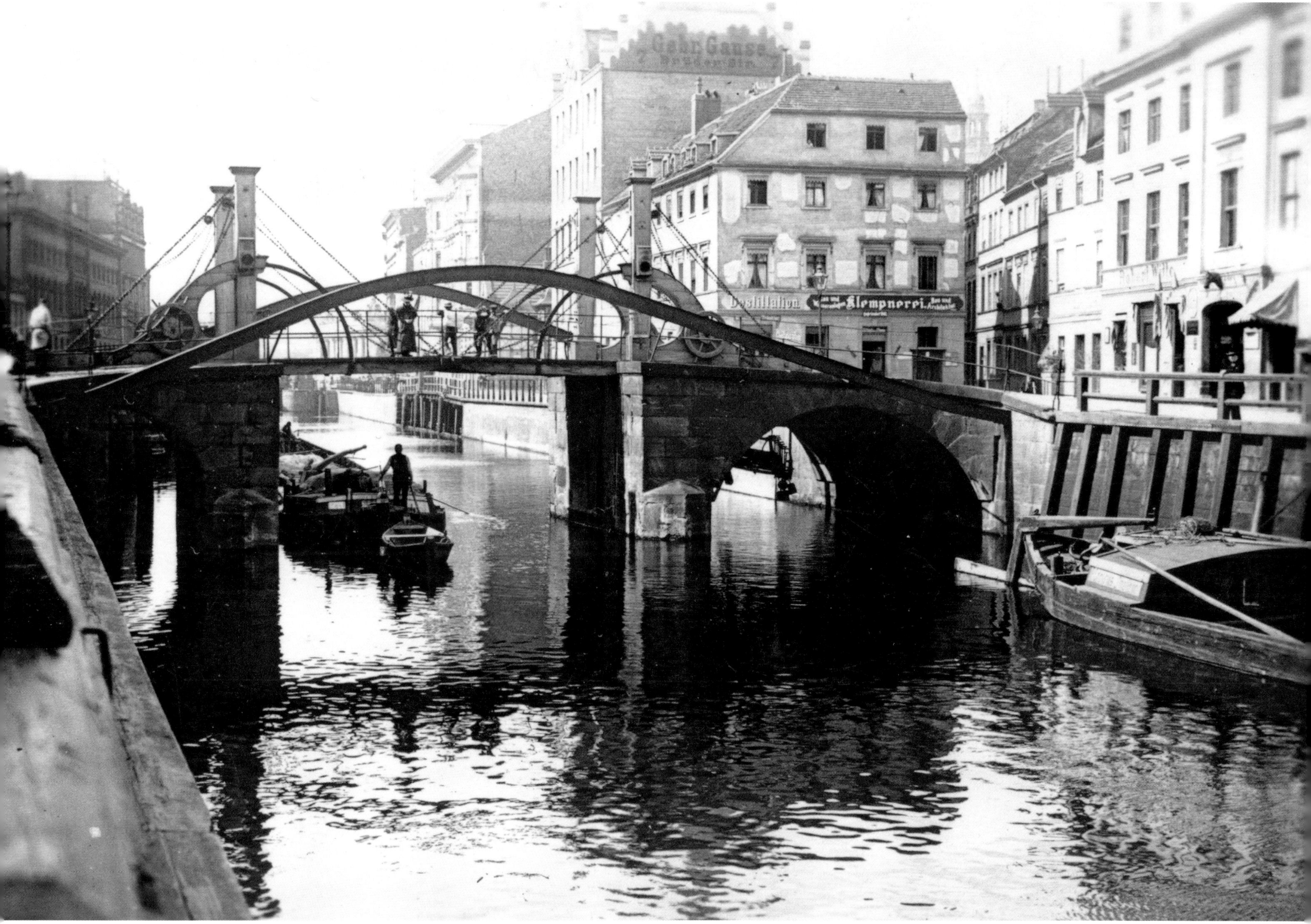

Jungfernbrücke, um 1920

Gertraudenbrücke

Der Spreekanal hatte auf seiner ganzen Länge den Charakter einer Gracht. An den auf beiden Seiten vorhandenen Uferstraßen standen Palais sowie Wohn- und Geschäftshäuser in reicher Vielfalt. In der Bildmitte des historischen Fotos sieht man die 1896 fertiggestellte Gertraudenbrücke. Die nördliche Brüstung ist geschmückt mit dem Bronzestandbild der Heiligen Gertrud von Rudolf Siemering. Die dargestellte Äbtissin Gertrud des Klosters Nivelles im Belgien des 7. Jahrhunderts ist die Schutzpatronin der Reisenden, Pilger, Gärtner, Armen und Witwen sowie Helferin gegen Mäuse- und Rattenplage. Einige Mäuse sind am Fuß der Gertrud in Bronze gegossen. Der Legende nach führt ihr Berühren zu einem immer gefüllten Portemonnaie.

Links angeschnitten ist die Rückseite des Herrenmodehauses *Bernward Leineweber* im *Kaufhaus Spittelmarkt* am Gertraudensteg zu sehen. Auf der rechten Seite verläuft die Friedrichsgracht. In der Biegung des Kanals befand sich das malerische Gartenhaus des *Splitgerberschen Palais* in der Gertraudenstraße 16. Über die hohe Gartenmauer ragte ein Baum des Palaisgartens. Die beiden nüchternen Geschäftshäuser zwischen dem Garten und der Brücke beherbergten in den 1930er Jahren die *Girozentrale des Deutschen Sparkassenverbandes*.

Lediglich die Gertraudenbrücke und das *Hochzeitshaus* genannte Geschäftshaus nordöstlich der Brücke sind erhalten geblieben. Die alte Gertraudenbrücke selbst ist heute verdeckt von der 1977 errichteten achtspurigen Neuen Gertraudenbrücke. Es gibt keine Uferstraßen mehr, sondern lediglich Fußgängerwege, die unter der neuen Brücke hindurchführen.

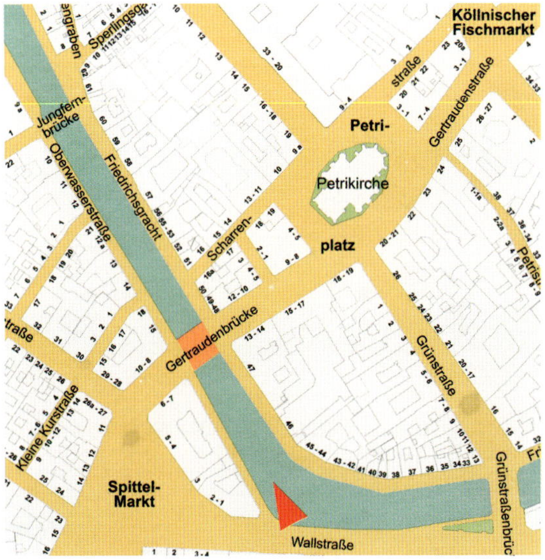

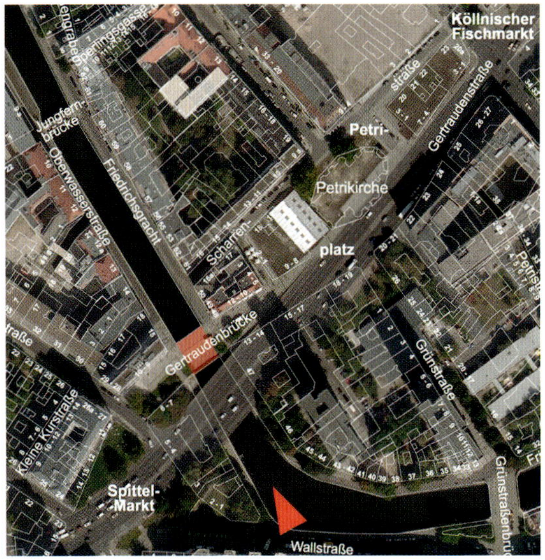

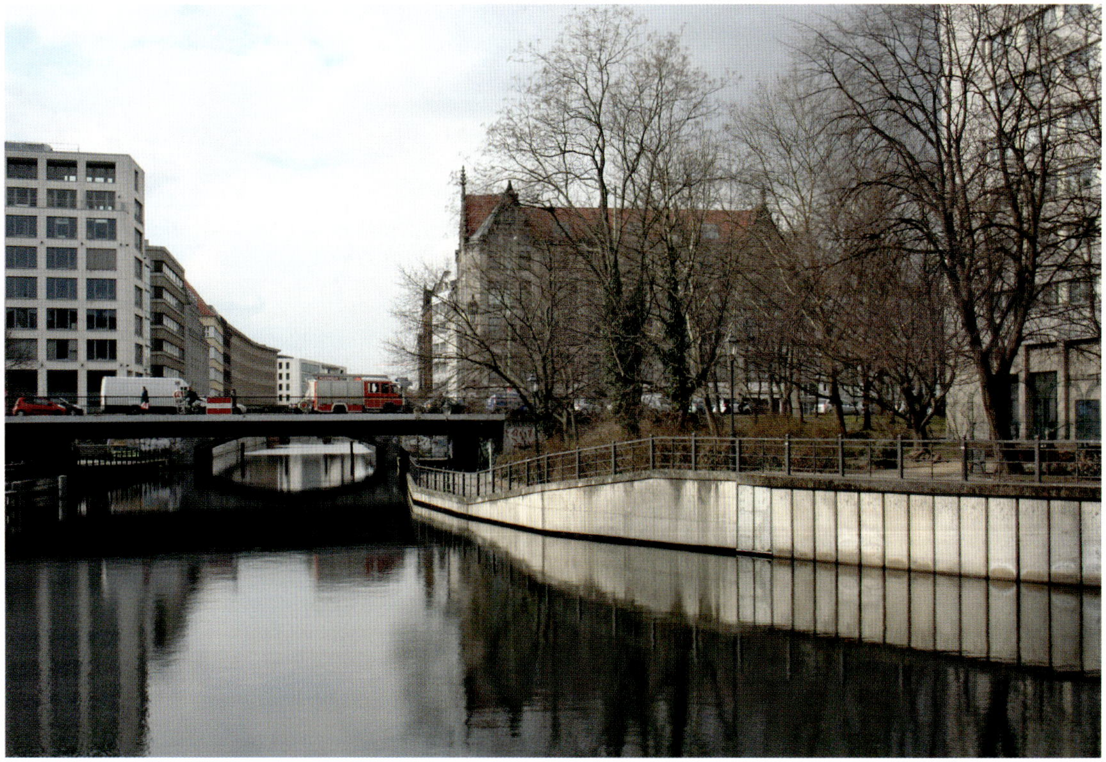

Friedrichsgracht, 2018

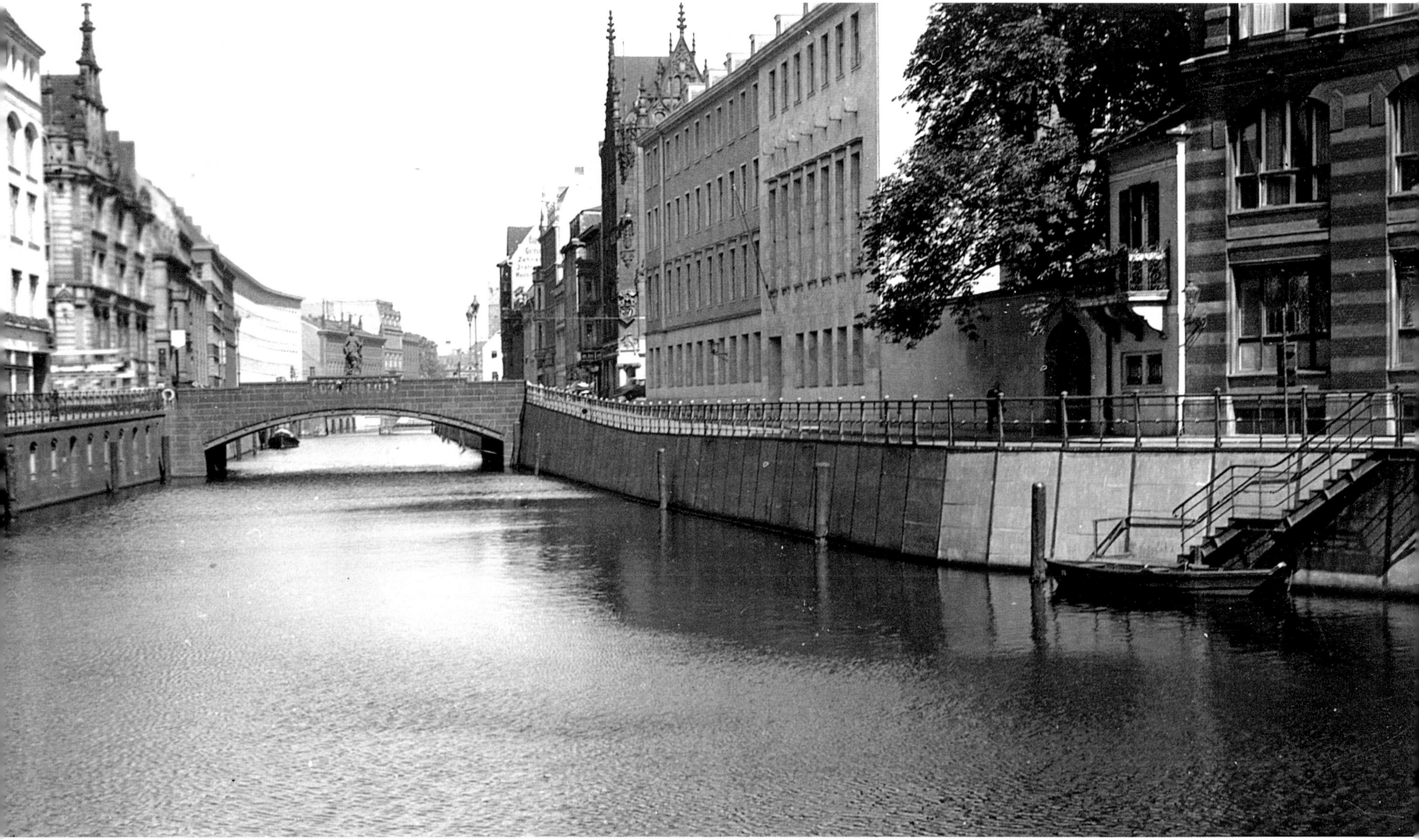

Friedrichsgracht, um 1930

Wallstraße

An der Biegung des Spreekanals wird die Wallstraße zur Uferstraße. Das prächtige Geschäftshaus am linken Bildrand ist der *Spindlershof*, Bürogebäude der *Großwäscherei W. Spindler*, die im Köpenicker Stadtteil Spindlersfeld eine Wäscherei- und Färbereifabrik betrieb. Rechts daneben das ebenso imposante Gebäude von Jacob Ravené Söhne, einer bedeutenden Berliner Eisenwarenhandelsfirma. Im Obergeschoss seines Geschäftshauses zeigte Ravené seine private Gemäldegalerie, die erste öffentlich zugängliche private Sammlung Berlins. Beide Gebäude zeugen von der Wirtschaftskraft Berliner Unternehmen im frühen 20. Jahrhunderts. Rechts im Bild die Wasserfront des Geschäftshauses Spittelmarkt 2, ganz rechts die Friedrichsgracht mit dem typischen, heute noch erhaltenen, von der Firma Ravené gestifteten Ufergeländer. An der Wallstraße gab es mehrere Anlegestellen für Ausflugsdampfer.

In der Ufermauer hinter den Dampfern sieht man Fensteröffnungen. Diese gehören zum U-Bahnhof Spittelmarkt, der 1908 in Betrieb ging und zunächst Endbahnhof für die vom Potsdamer Platz kommenden Züge war. Erst 1913 wurde die U-Bahn-Strecke über den Alexanderplatz bis zur Schönhauser Allee verlängert.

Der Krieg ließ von der malerischen Situation nichts übrig. Lediglich der *Spindlershof* ist rudimentär noch vorhanden. Beim Bau des Wohnhauses an der Ecke von Wallstraße und Seydelstraße im Jahr 1982 fand man den Grundstein des Ravené-Hauses, der sich heute im Stadtmuseum Berlin befindet. Für Ausflugsschiffe ist der Spreekanal seit langer Zeit gesperrt.

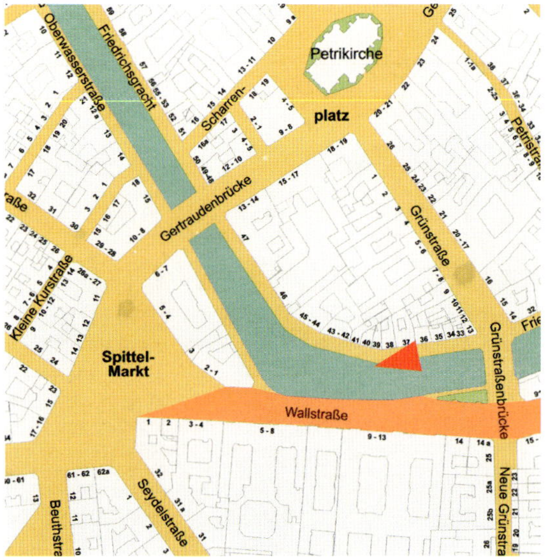

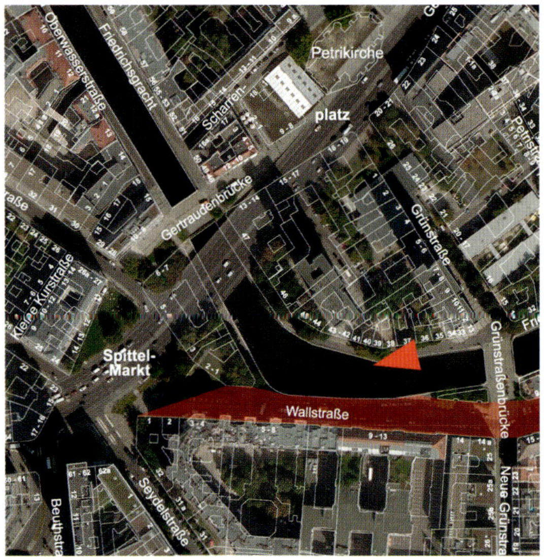

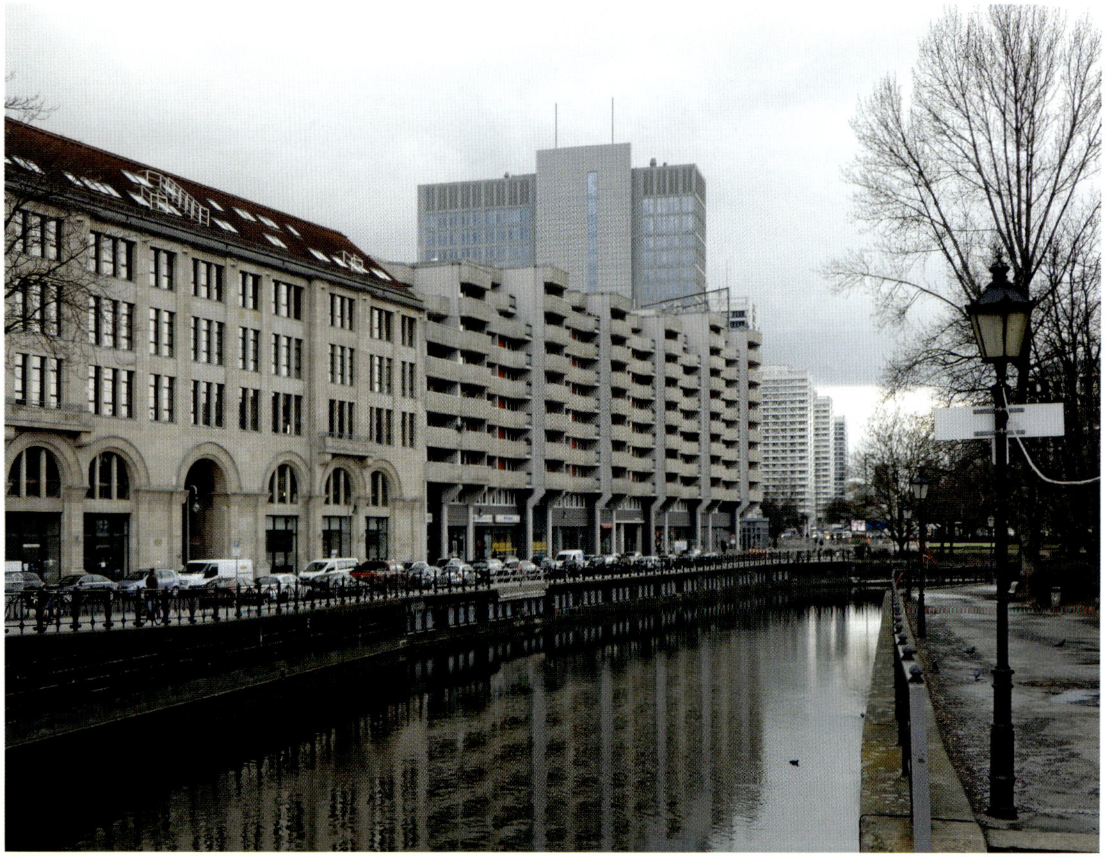

Wallstraße, 2018

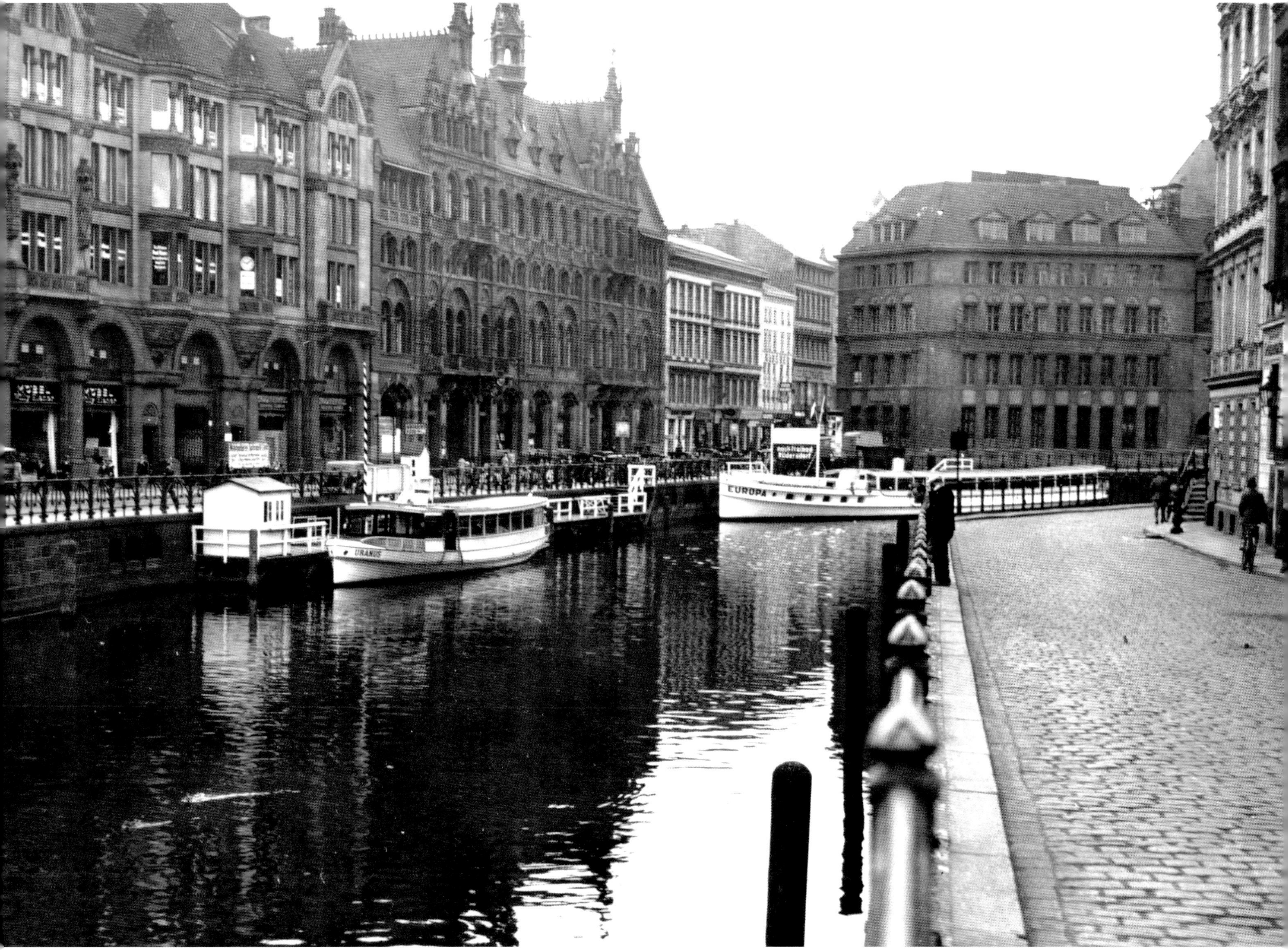

Wallstraße, um 1925

Roßstraßenbrücke

Die Roßstraßenbrücke ist eine der ältesten Brücken Alt-Köllns. Im Mittelalter führte sie zum Köpenicker Tor. Jahrhundertelang lief die Ausfallstraße in Richtung Dresden über diese Brücke, die seit 1835 Roßstraßenbrücke heißt. Im Revolutionsjahr 1848 wurde hier eine Barrikade gegen die Königlichen Truppen errichtet, an die eine Gedenktafel an der westlichen Brüstung erinnert.

Die erste bildliche Überlieferung der Brücke zeigt eine Klappbrücke, ähnlich der Jungfernbrücke, die 1901 durch eine steinerne Brücke nach einem Entwurf von Ludwig Hoffmann ersetzt wurde. Eine drei Meter hohe Säule mit einem springenden Pferd auf der östlichen Brüstung nahm Bezug auf den Brückennamen. Diese Skulptur wie auch der übrige plastische Schmuck der Brücke an den Brüstungen stammten von August Vogel.

Nach dem Zweiten Weltkrieg baute man die stark beschädigte Roßstraßenbrücke vereinfacht wieder auf. Das Haus Friedrichgracht 15, am rechten Bildrand, wurde zwar 1969 im Zuge der Errichtung des Wohngebietes *Fischerinsel* abgebrochen, jedoch am Märkischen Ufer 12 neben dem aus der Breiten Straße 11 hierher translozierten *Ermelerhaus* als Teil der *Traditionsinsel Märkisches Ufer* wiederaufgebaut und steht heute gewissermaßen sich selbst gegenüber. An seinem früheren Standort erhebt sich heute das Doppelhochhaus Fischerinsel 4/5.

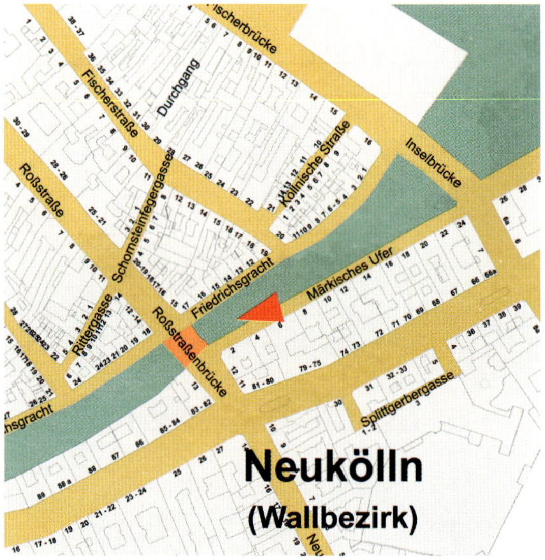

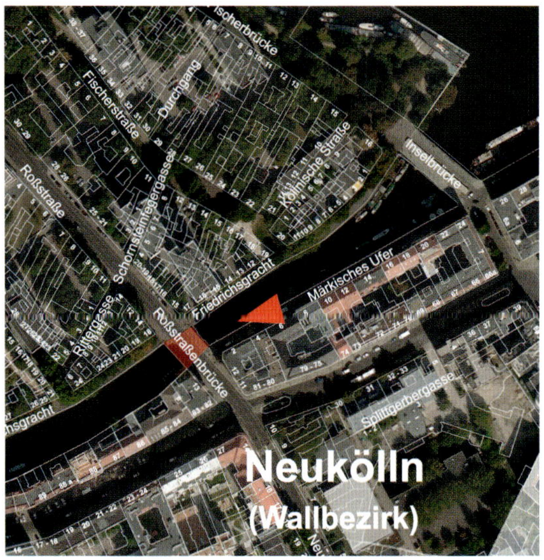

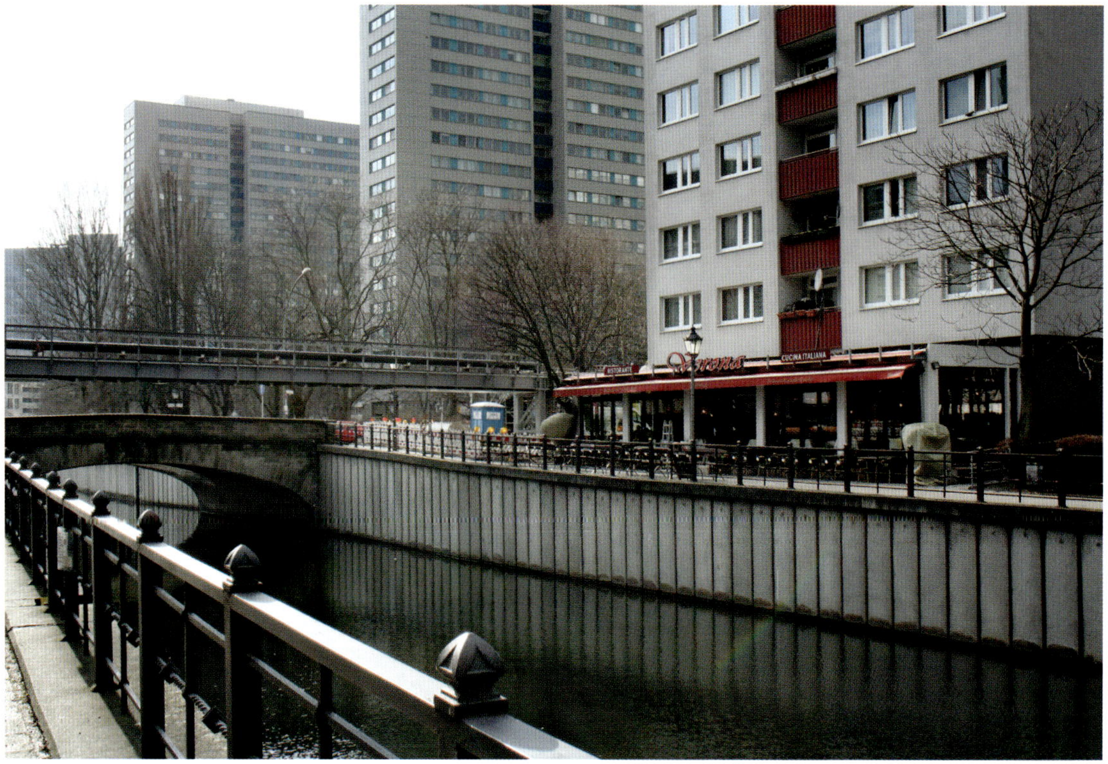

Roßstraßenbrücke, 2018

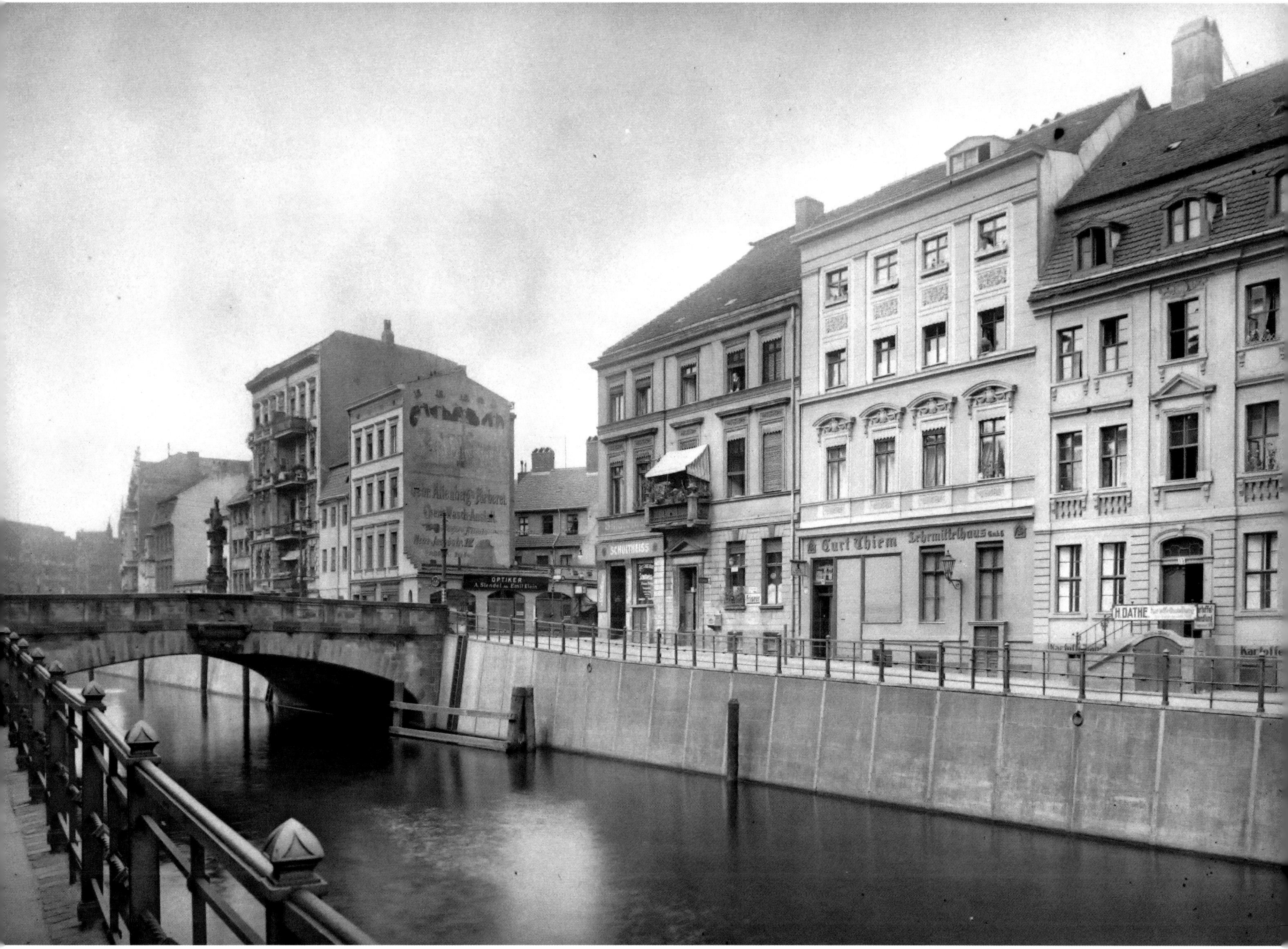

Roßstraßenbrücke, um 1925

Friedrichsgracht

Geschichte

Die Bilder zeigen den Spreekanal zwischen Roßstraßenbrücke und Inselbrücke. Am rechten Bildrand sieht man die von Ludwig Hoffmann entworfene und 1913 fertiggestellte Inselbrücke, deren plastischer Schmuck auf den Brüstungen von Ignaz Taschner stammte. Auf der linken Seite des historische Fotos sieht man die Häuser Friedrichsgracht 4 bis 15. Nach dem fünften Haus von rechts mündete die Fischerstraße in die Friedrichsgracht.

Im Mittelalter war der Kanal ein Teil der Stadtbefestigung Alt-Köllns. Entlang der späteren Uferstraße Friedrichsgracht verlief die Stadtmauer. Nach ihrer Niederlegung ließ der Große Kurfürst im 17. Jahrhundert den Spreearm nach holländischem Vorbild kanalisieren. Ab 1700 wurde die neu angelegte Uferstraße bebaut und 1745 Friedrichsgracht genannt. Aus dieser Zeit stammen ihre schmalen und niedrigen Häuser. Als Besonderheit dieser Bauepoche hatten diese Häuser zwei Haustüren nebeneinander: Eine führte in die Erdgeschossräume und durch die andere gelangte man in die Obergeschosse.

Die Bebauung an der Friedrichsgracht ist vollständig verschwunden. Heute existiert lediglich ein schmaler Uferweg entlang des modernen Wohngebiets *Fischerinsel*.

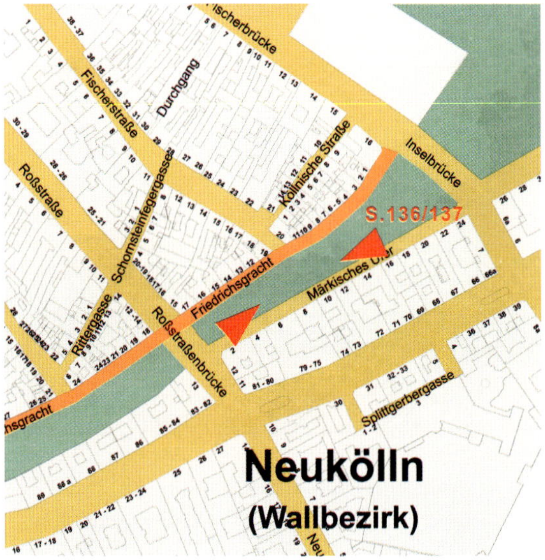

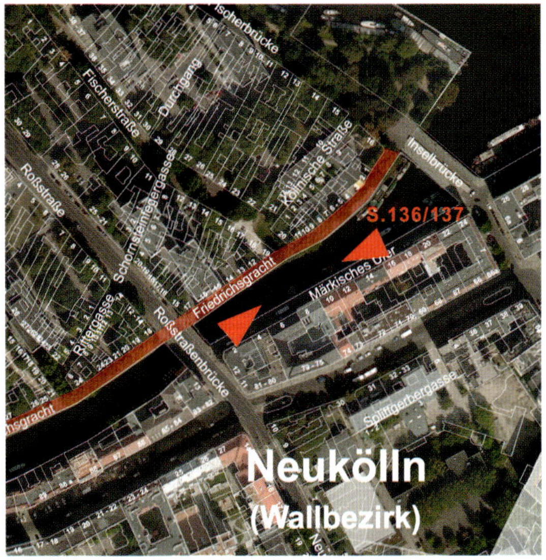

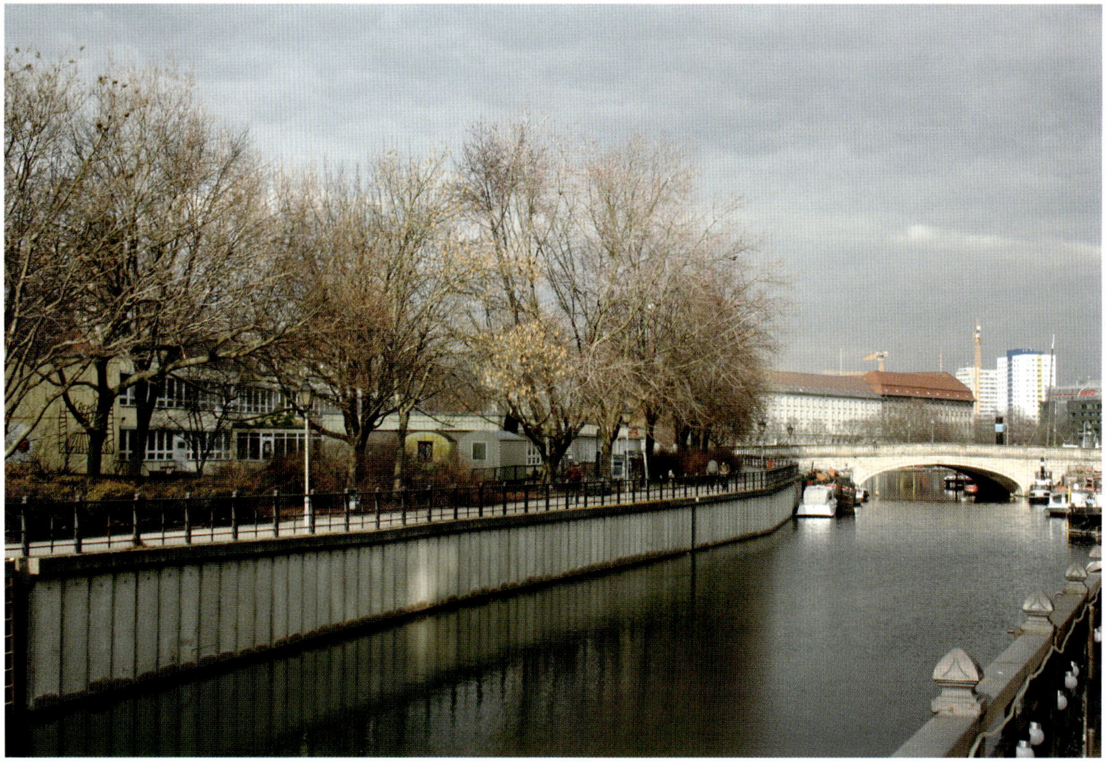

Friedrichsgracht und Inselbrücke, 2018

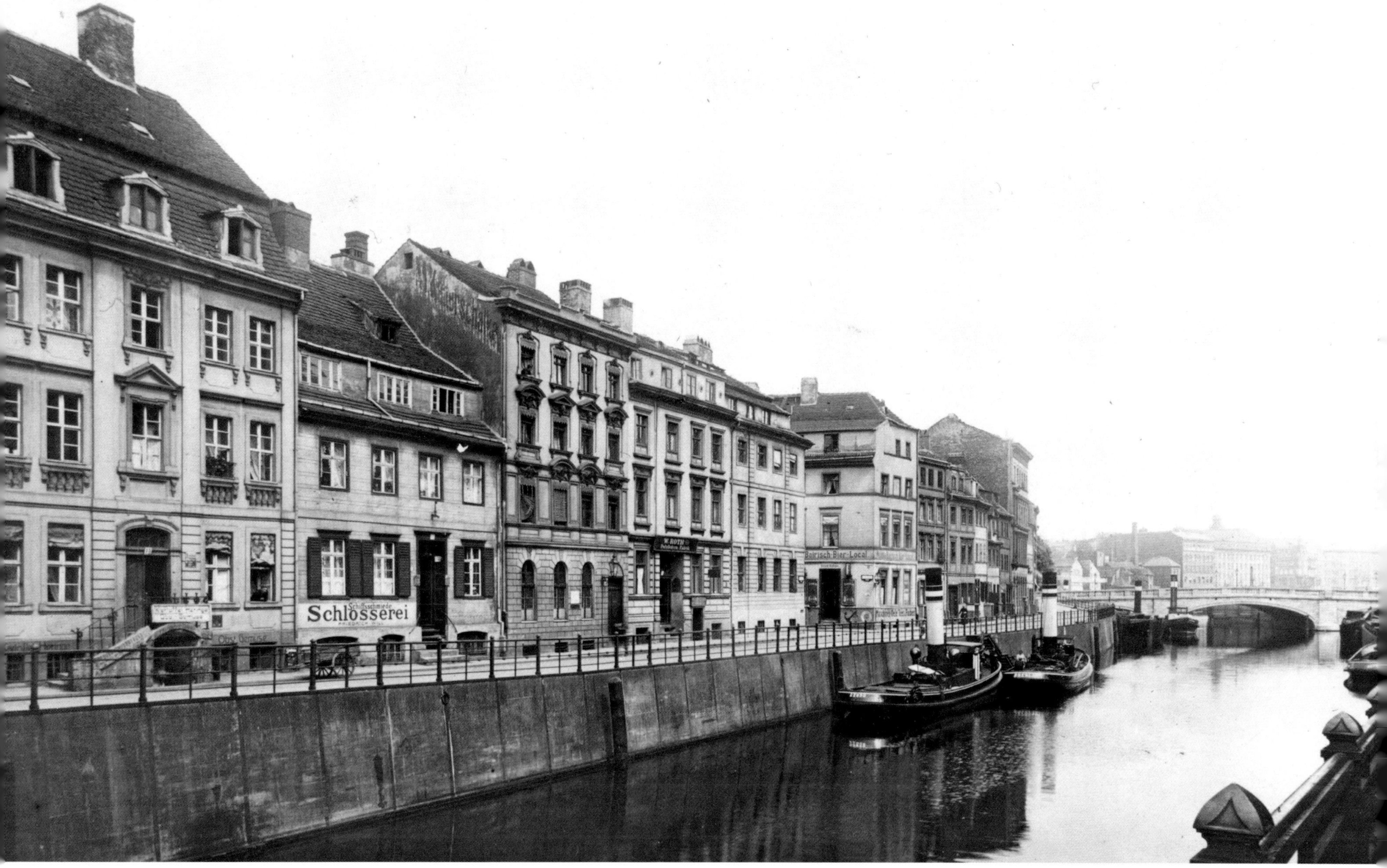

Friedrichsgracht und Inselbrücke, um 1925

Friedrichsgracht

Schifffahrt

Der Spreekanal, hier der Abschnitt zwischen Inselbrücke und Roßstraßenbrücke, war jahrhundertelang der Schifffahrtsweg zur Umfahrung des Mühlendammes, an dem es bis 1894 keine Schleuse gab. Der Spreekanal hatte seit 1578 eine Schleuse am Friedrichswerder, wo auch Packhöfe existierten, in denen Waren gelagert werden konnten. 1885 wurde die sogenannte Stadtschleuse ein letztes Mal erweitert. Auch nach dem Bau der Mühlendammschleuse wurde der Kanal noch weiter für die Schifffahrt genutzt, wie man auf dem Foto gut erkennen kann. Vor der Ufermauer liegen vier typische Berliner Schleppdampfer, die die antriebslosen Schleppkähne für den Material- und Warentransport zogen. Die Schornsteine wurden bei der Passage von Brücken umgelegt. Nachdem von 1936 bis 1942 die Stadtschleuse zu einer Sportbootsschleuse zurückgebaut wurde, war die durchgehende Berufsschifffahrt nicht mehr möglich.

Der Spreekanal ist heute für jeglichen Schiffsverkehr gesperrt. Lediglich die Schiffe der Berlin-Brandenburgischen Schifffahrtsgesellschaft e. V. dürfen hier im *Historischen Hafen Berlin* vor Anker gehen.

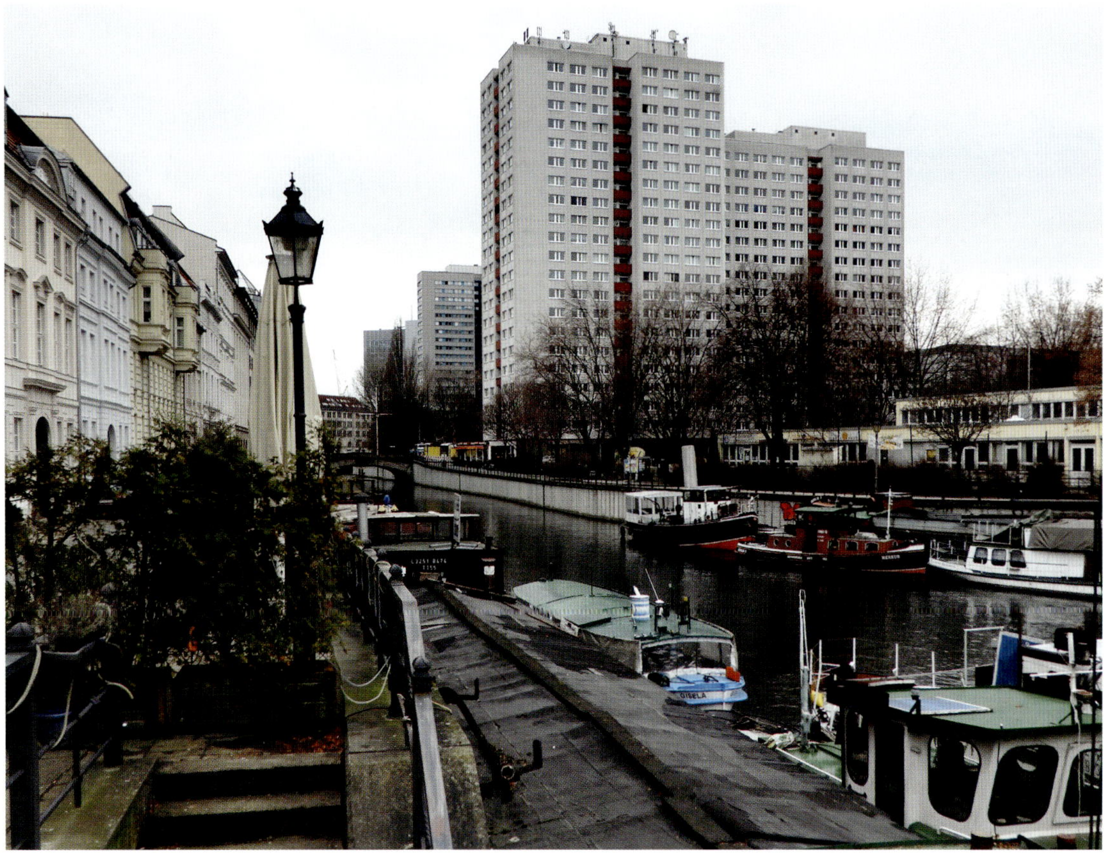

Friedrichsgracht, 2017

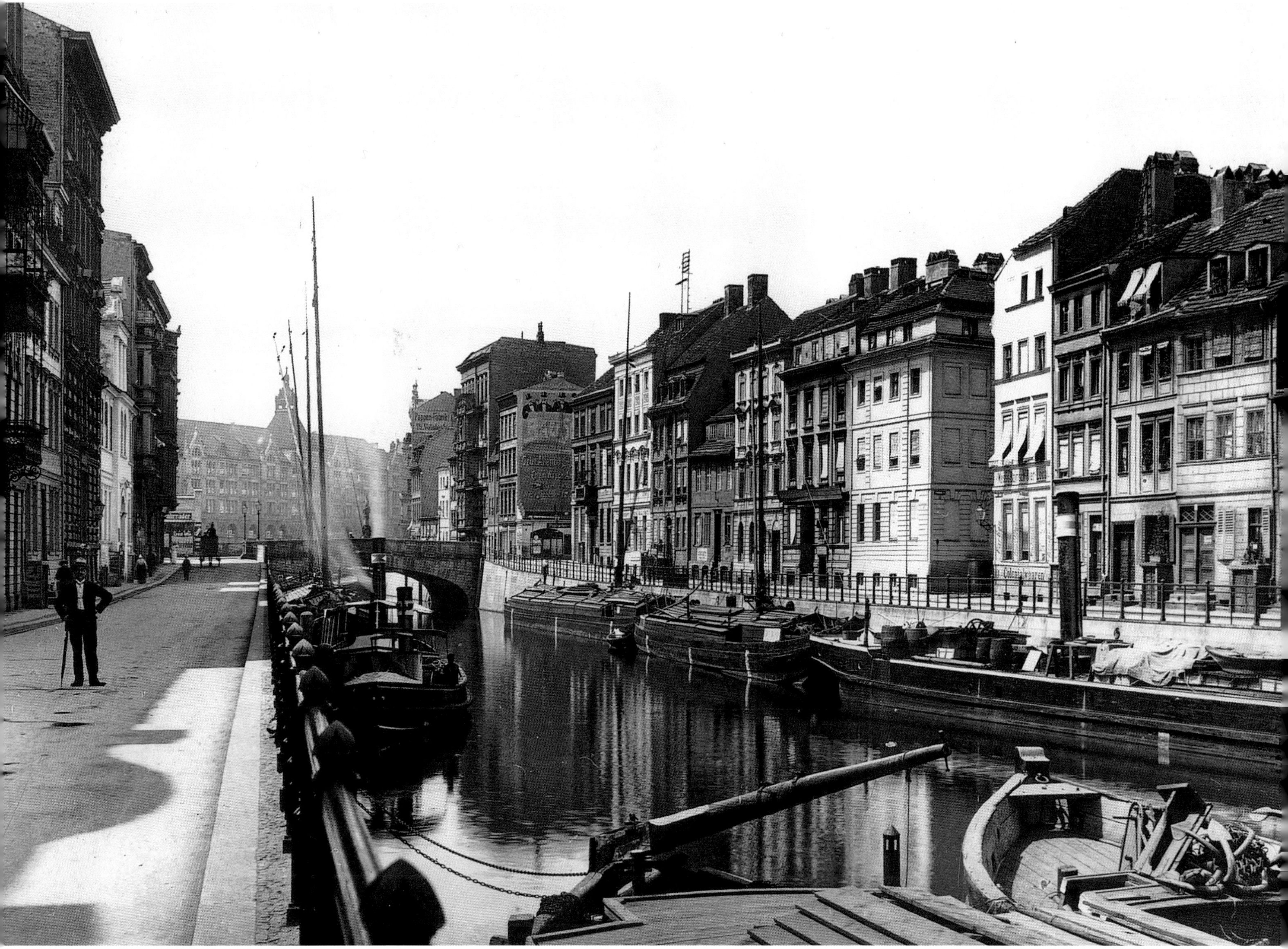

Friedrichsgracht, um 1925

An der Fischerbrücke

Dass man noch 1930 von der Inselbrücke direkt auf den Mühlendamm spazieren konnte, ist heute schwer vorstellbar. In der vollen Breite der Inselbrücke führte die Straße An der Fischerbrücke zur Fischerbrücke, die auf den Mühlendamm einmündete, ein Ingenieurbauwerk aus dem Jahre 1894.

Aber schon 1683 wurde die Fischerbrücke als Verbindung vom Alt-Köllner Ufer zum Mühlendamm angelegt und hieß anfangs *Der neue Fischmarkt*. In den kurz danach errichteten Mühlendamm-Kolonnaden hob ein prächtiges Portal die Einmündung der Fischerbrücke hervor.

Am anderen Ende gab es seit dem 17. Jahrhundert eine Verbindung über die Inselbrücke weiter nach Süden zum Neu-Köllner Ufer. Ab 1710 war das Errichten von Gebäuden auf der Fischerbrücke gestattet.

In der Nummer 6 gab es einen Durchgang zur Fischerstraße, der ein beliebtes Postkartenmotiv war. Im Jahr 1895 wohnte Christian Morgenstern im Haus Nummer 10. Auf der Spreeseite befand sich die Speicherinsel mit verschieden Speichergebäuden, die 1911 abgebrochen wurden. Auf dem historischen Bild blickt man die Straße An der Fischerbrücke entlang zum Brandenburger Ufer, heute Märkisches Ufer. Ganz links sieht man das *Kaufhaus Neu-Kölln*. In der Bildmitte ist das heute noch existierende, von 1930 bis 1932 nach Plänen von Walter Würzbach erbaute Gewerkschaftsgebäude Märkisches Ufer 32–34 zu erkennen.

Bei den 1935 begonnenen Umbauarbeiten des Mühlendamms wurde die Fischerbrücke abgebrochen. Die Straße An der Fischerbrücke endete seitdem als Sackgasse vor dem Haus Nummer 1a, dem von Ludwig Hoffman als Hauptstandesamt Berlins und Feuerwache Mitte errichten Gebäudekomplex. Die trotz Kriegszerstörungen erhalten gebliebenen Häuser wurden im Zusammenhang mit der Errichtung des Wohngebietes *Fischerinsel* abgebrochen und die Straße verschwand. Heute befindet sich hier eine Parkanlage.

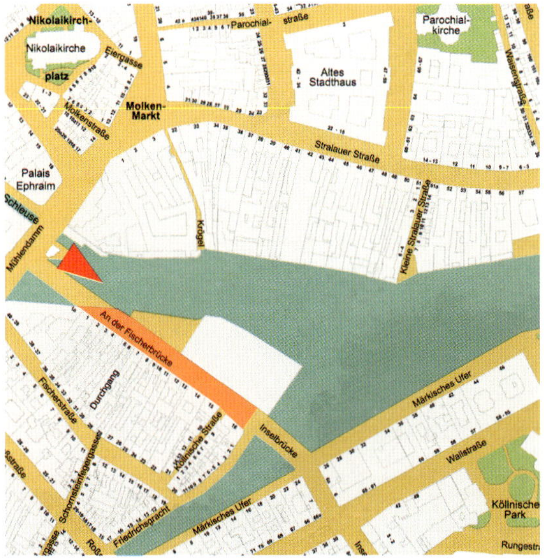

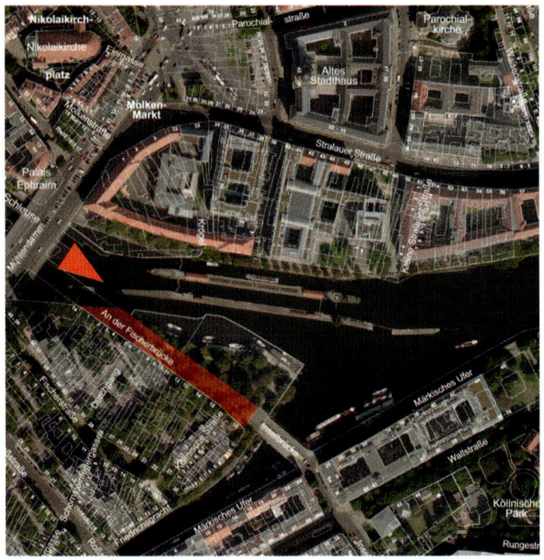

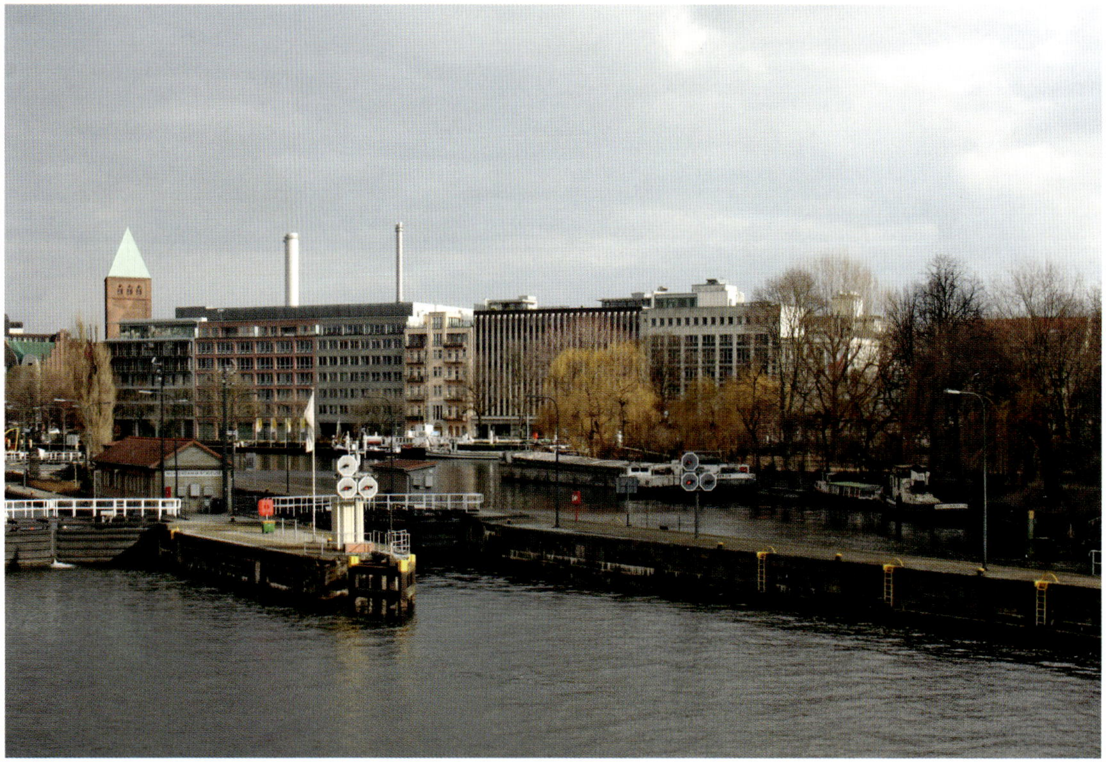

Blick vom Mühlendamm zum Märkischen Ufer, 2018

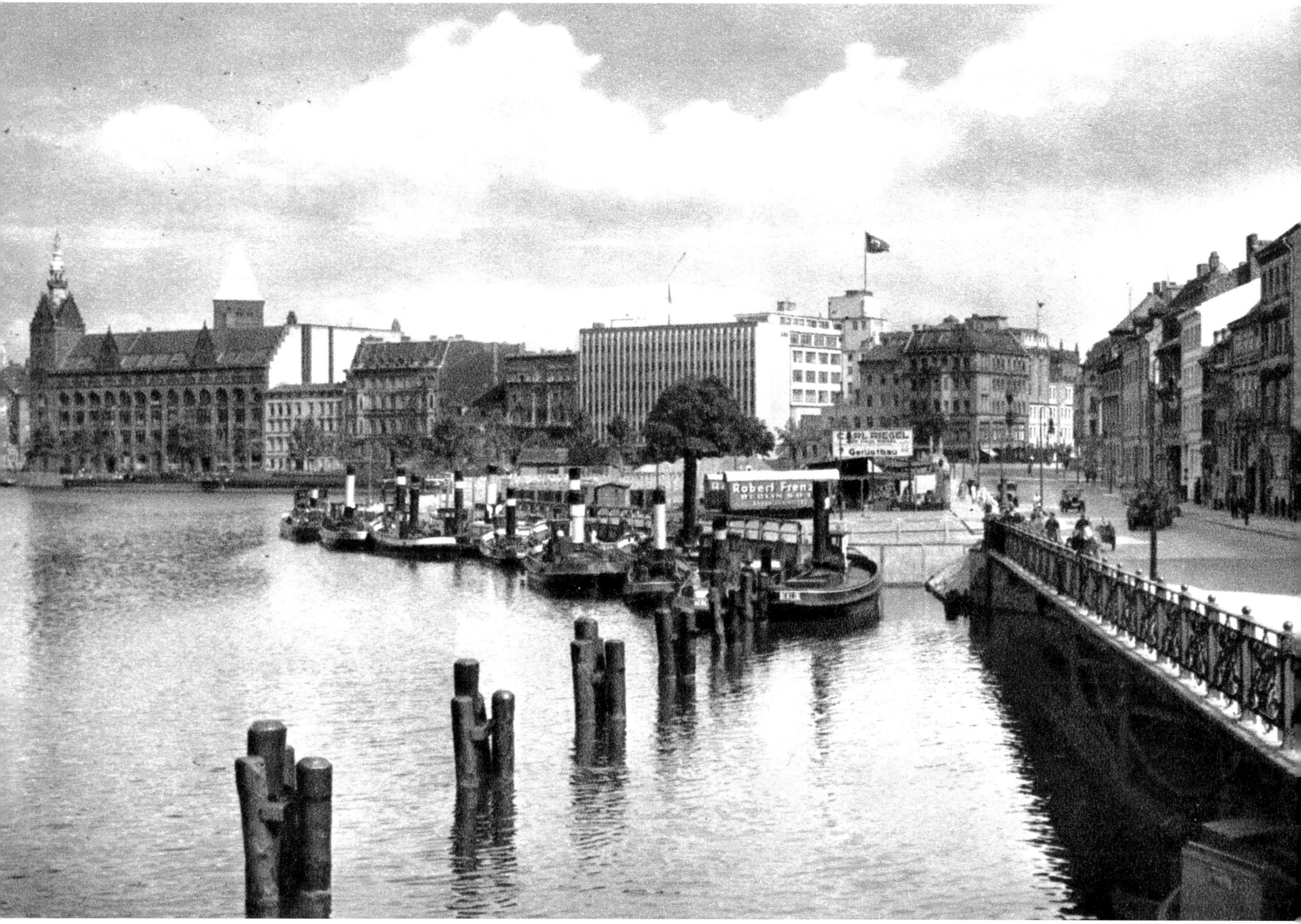

An der Fischerbrücke, Blick nach Süden zum Märkischen Ufer, um 1930

BILDNACHWEIS

Archiv Lehnhardt 41, 133
Bildarchiv Foto Marburg 23, 77, 93
Bildarchiv Foto Marburg / Franz Stoedtner 31, Titelbild
Bundesarchiv 61
Michael Diestelkamp 13, 14, 15
Landesarchiv Berlin 11, 33, 55, 57, 69, 89, 107
Landesdenkmalamt Berlin 29, 67
Rainer Quambusch 32, 38, 82, 88, 104, 136
Sammlung Bernd Scharnweber 65
Senatsverwaltung für Stadtentwicklung 12, 14
Staatsbibliothek zu Berlin Preußischer Kulturbesitz, Kartenabteilung 10
Stiftung Stadtmuseum Berlin 137

Alle anderen Bilder: Berlin-Mitte-Archiv

Kartenausschnitte:
Diestelkamp/Mauersberger

Luftbildausschnitte:
Senatsverwaltung für Stadtentwicklung,
Bearbeitung: Diestelkamp / Mauersberger

REGISTER

CHARTA FÜR DIE MITTE VON BERLIN

Aufruf der Planungsgruppe Stadtkern im Bürgerforum Berlin e. V.

Verlorene Mitte

Die Wiedergewinnung der Mitte von Berlin ist eine verständliche und notwendige Aufgabe. Sie ist angesichts des seit 2013 rasch heranwachsenden Humboldtforums auch äußerst dringend. Das Projekt der Bundesrepublik Deutschland strebt einen neuartigen Dialog zwischen den Kulturen der Welt an. Dementsprechend muss die Stadt dem kulturellen Großakteur in ihrer Mitte eine selbstgewisse Antwort zur Seite stellen.

Keine Großstadt Europas hat ihre Mitte im 20. Jahrhundert so oft verloren wie Berlin: durch die flächenhaften Abrisse und die Vertreibung jüdischen Lebens vor dem Krieg, durch die Kriegszerstörungen und die Aufbauplanungen der 1960er und 1970er Jahre sowie schließlich nach dem Mauerfall 1989 durch die Abwicklung der DDR und den Abriss einiger ihrer zentralen Bauten.

Die heutige, nur noch wenig an die Jahrhunderte alte Geschichte erinnernde Mitte ist das Ergebnis der Städtebaupolitik in zwei deutschen Diktaturen. Die Gründe für den Verlust der Mitte reichen jedoch weit in die städtebauliche, politische und gesellschaftliche Geschichte Berlins zurück. Sie sind Gegenstand der historischen Forschung und sollten unter solchem Blickwinkel vermehrt zum Thema werden. Im Kontext dieser Absichts- und Willenserklärung zur Wiedergewinnung der Mitte von Berlin muss der Befund reichen, dass nur wenige europäische Großstädte im 20. Jahrhundert in vergleichbarem Ausmaß wie Berlin zum Schauplatz und Austragungsort von städtebaulichen Konflikten und Konfrontationen geworden sind.

Der Prozess des Verlusts brachte nicht nur die ältere Bausubstanz zum Verschwinden, sondern hatte einen Wechsel der Stadtstruktur zur Folge: Nach den großflächigen Planungen und Abrissen der 1930er Jahre hatten die Bomben im Zweiten Weltkrieg eine »mechanische Auflockerung« (Hans Scharoun) auch der beiden Altstädte Berlin und Cölln bewirkt. Ablehnung und Abbruch der überkommenen Stadt sowie der Bau einer neuen autogerechten Stadt waren ein Ost-West-übergreifendes Phänomen der Nachkriegszeit. In der Mitte Berlins entfielen dadurch die historischen Parzellen als Träger privater Eigentumsrechte. An deren Stelle trat die Repräsentationsachse der DDR-Hauptstadt. Mit dem Mauerfall und der Wiedervereinigung ist der Auftraggeber und Nutzer dieses Städtebaus entfallen. Das Areal der historischen Altstadt neben dem Humboldtforum zeigt sich heute als sinnentleerter Raum, der von Autotrassen flankiert wird, die im europäischen Vergleich beispiellos sind.

Geraubte Mitte

Im Schatten der historisch-politischen Erinnerung schlummerte bislang auch der staatliche Raubzug an der jüdischen Bevölkerung Berlins im »Dritten Reich«. Es erscheint kaum glaublich, dass im Zuge der umfassenden gesellschaftlichen Aufarbeitung der deutschen Schuld in der Bundesrepublik im Verlauf der letzten beiden Dekaden dieses Thema im Zentrum Berlins nicht ausreichend aufgegriffen und wissenschaftlich erforscht wurde. Tatsache ist, dass die Stadt eher umgekehrt versuchte, im städtebaulichen Planungsprozess davon unhinterfragt zu profitieren. Dank der Ausstellung »Geraubte Mitte« im Stadtmuseum Berlin (2013/14) kann weder Berlin noch der Bund weiterhin der Auseinandersetzung mit diesem Thema ausweichen.

Doch so sehr die Anerkennung dieser Schuld in alle städtebaulichen Planungen integriert werden muss, so wenig folgt aus ihrer Tatsache allein bereits eine bestimmte städtebauliche Form und Vorschrift für die Wiedergewinnung der Mitte von Berlin. Zwingend folgt aus ihr nur die geschichts-moralische Bringschuld der Berliner und der Bundespolitik, aktiv auf die im nationalsozialistischen Deutschland Geschädigten und deren Nachfahren zuzugehen; spätestens als Ergebnis oder Mittel eines konsensuellen Städtebaus in der Mitte von Berlin.

Vergessene Mitte

Nach dem Fall der Mauer war die Unsicherheit groß, wie die mehrfach geschichtsentleerte Mitte erneuert werden soll. Der Prozess der Erarbeitung des Planwerks Innenstadt Berlin ist ein Zeugnis dieser Unsicherheit. Dass die Mitte erneuert werden muss, zeigen ihre zahlreichen Unorte: etwa die Verkehrswüste im Umfeld des ehemaligen Molkenmarktes, die vornehmlich für den Autoverkehr gebaute und nutzbare Mühlendammbrücke, die monofunktionalen toten Zonen entlang des in der NS-Zeit geschaffenen Rolandufers und entlang der Breiten Straße, die Parkplatzöden zwischen den Hochhäusern der »Fischerinsel« sowie die Schnellstraßenatmosphäre am künftigen interreligiösen Bet- und Lehrhaus am trostlosen »Petriplatz«. Inzwischen hat der Umbau der Mitte längst begonnen – allerdings isoliert gedacht und geplant, ohne den Zusammenhang einer umfassenden Vision von der Mitte Berlins, ohne umfassende Kenntnis der Geschichte des Ortes und seiner Potenziale für die Zukunft. Es droht eine beliebige Ansammlung von Einzelprojekten, die zusammen keine Stadt formen und keine Mitte bilden.

Neue Mitte

Berlin muss mithin seine Vergangenheit neu bedenken. Das schließt neben den erwähnten Phasen und Epochen auch die in der Öffentlichkeit nahezu vollständig vergessenen 500 Jahre vor dem Dreißigjährigen Krieg (1618–1648) ein. Eine solche historische Vergewisserung ist keineswegs rückwärts orientiert, sondern richtet sich im Gegenteil in die Zukunft. Die neue Mitte ist ein Projekt der lokalen, nationalen und internationalen Darstellung Berlins als Stadt der Aufklärung, Toleranz und Nachhaltigkeit sowie als Zentrum der Erinnerung begangener Verbrechen. Dazu gehören Orte und Institutionen, die dieser Darstellung dienen, dazu gehört aber auch ein städtebauliches Programm, in das diese Orte und Institutionen eingebettet sind.

Das Gebiet der Mitte von Berlin ist klar umrissen: Es umfasst den heutigen Raum der mittelalterlichen Doppelstadt Berlin/Cölln, also den Stadtkern. Während die barocke Stadterweiterung der nördlichen Friedrichstadt und der Dorotheenstadt mit den Straßen Unter den Linden und Friedrichstraße in den letzten drei Jahrzehnten erneuert wurde, ist die Gestaltung der Mitte ungeklärt und umstritten. Sie ist daher die zentrale Aufgabe von morgen. Der Streit um die angemessene und unserer Zeit entsprechende städtebauliche wie architektonische Form muss öffentlich geführt werden. Entscheidende Maßgabe und Begrenzung im Findungsprozess muss lediglich sein, dass die Mitte von Berlin nicht der kommerziellen Festivalisierung und Vermarktung überantwortet wird, sondern in die gesellschaftliche Trägerschaft der Stadt gerät. Hierfür sind geeignete sozial verpflichtete Formen des Eigentums zu etablieren.

Ziele

Für eine Wiedergewinnung der Mitte gibt es weithin anerkannte allgemeine Ziele, deren konkrete Ausformulierung noch offen ist:

- Schaffung eines weltoffenen, sozial integrativen Schaufensters des neuen Deutschlands in Europas Mitte.
- Erinnerung an die reiche, mehrfach hart gebrochene Geschichte Berlins, auch an die 500 Jahre vor dem Dreißigjährigen Krieg, auch an die beiden Diktaturen des 20. Jahrhunderts.
- Orientierung am Jahrhunderte alten Stadtgrundriss unter Einbezug neuer Eingriffe und künftiger Projekte.
- Abschied vom autogerechten Städtebau.
- Städtische Balance zwischen neuer Bebauung und öffentlichen Plätzen bzw. Grünräumen.
- Mischnutzung mit hohem Wohnanteil und kulturellen Einrichtungen.
- Verbesserte Vernetzung der neuen Mitte mit den umgebenden Stadtteilen und der gesamten Stadtregion.

Projekte

Im Gebiet des ehemaligen mittelalterlichen Berlin gibt es bereits zahlreiche isolierte Projekte:

- Bau des Humboldtforums
- Neuplanung für Molkenmarkt und Klosterviertel
- Neugestaltung des Petriplatzes und der Breiten Straße
- Neugestaltung des Neuen Marktes und des Marienkirchhofs
- Neuplanung für das Areal zwischen Karl-Liebknecht-Straße und Stadtbahn (Rochstraße)
- Rückkehr herausragender Denkmäler an ihre Originalstandorte (Lutherdenkmal, Neptunbrunnen, Königskolonnaden, Gerichtslaube, Großer Kurfürst)
- Diskussion um den Großen Freiraum.

Neben den zu klärenden und miteinander abzustimmenden Leitprojekten ist die bessere Vernetzung der Mitte mit der übrigen Stadt und ihren Bezirken eine zentrale Aufgabe. Dabei spielen die als Marktorte vor den Toren der Altstadt entstandenen Plätze eine zentrale Rolle:

- Spittelmarkt
- Hackescher Markt
- Alexanderplatz
- Holzmarkt (Kreuzung Stralauer Straße/Alexanderstraße).

Trägergesellschaft

Den vorliegenden Plänen und Teilprojekten fehlt eine gemeinsame Grundorientierung und Organisation, eine Trägergesellschaft, die den Planungen eine nachhaltige Perspektive geben kann. Für die Trägergesellschaft, die über Stadtplaner und Architekten hinaus auch Historiker, Künstler, Intellektuelle, Tourismusvertreter und andere Experten der Stadt umfassen muss, bedarf es eines festen Ortes in der Stadtmitte, einer ausreichenden Ausstattung und einer Institutionalisierung.

Europäische Schlüsselaufgabe

In den Plänen, Vorschlägen und Debatten über die Berliner Mitte seit dem Fall der Mauer zeigt sich die Unsicherheit, was eine Stadtmitte von morgen ist, und wie ein Ort mit einer 800jährigen komplexen und widersprüchlichen Geschichte zukunftsorientiert und nachhaltig gestaltet werden kann. Die gesellschaftlich erarbeiteten und akzeptierten Antworten auf diese historischen Herausforderungen müssen noch gefunden werden. Es werden (und dürfen) keine simplen Antworten mit nur *einer* Idee, *einer* Gestaltung, *einer* Funktion sein. Für Berlin ist die Suche nach diesen Antworten eine Schlüsselaufgabe. Sie ist zugleich eine Aufgabe von höchstem internationalem Interesse. Auch andere Großstädte der Welt stehen vor der Frage, wie ihre Stadtmitte als schönes, historisch faszinierendes, Identifikation stiftendes und sozial inklusives Schaufenster der Stadtregion gestaltet werden kann.

In Berlin gibt es Raum für Gestaltungsmöglichkeiten. Die Verarbeitung der politischen und städtebaulichen Lasten des 20. Jahrhunderts eröffnet großartige Chancen für neue zeitgemäße Stadträume und Gebäude, die allen Berlinern und ihren Gästen gleich welcher sozialen und ethnischen Herkunft, gleich welcher religiösen und geschlechtlichen Orientierung offen stehen. Berlin setzt damit städtebauliche und architektonische Zeichen für die symbolische, funktionale und gestalterische Form einer Stadtmitte von morgen.

Aufruf zur Wiedergewinnung der Mitte von Berlin!

Die Mitte, nicht isolierte Orte planen!
- Verkündung eines umgehenden Moratoriums der aktuell isoliert voneinander betriebenen Planungen
- Intensivierung der fachlichen und öffentlichen Diskussion über die Bedeutung der Mitte und die städtebaulichen Anforderungen an sie

Das Wissen um die besondere Geschichte der Mitte vertiefen!
- Klärung der Besitzgeschichte der großteils im Besitz der öffentlichen Hand befindlichen Grundstücke
- Erarbeitung historischer Grundlagen (Berliner Häuserbuch)
- Bestimmung und Bewertung der Zeugnisse der beiden Diktaturen in der Berliner Mitte

Der Bedeutung der Mitte gerecht werden!
- Umsetzung des Neptunbrunnens auf den Schloßplatz
- Umsetzung der Königskolonnaden vor das Cubix-Kino
- Umsetzung des Großen Kurfürsten an die neue Rathausbrücke
- Aufbau der Gerichtslaube vor dem Roten Rathaus

Die Mitte fußgängerfreundlicher gestalten!
- Flächendeckende Einführung von Tempo 30
- Begrenzung der Straßenbreiten auf maximal 22 Meter
- Integration der Straßenbahngleise in das Straßenland

Eine bunte, reflexive Mitte schaffen!
- Förderung Mitte-spezifischer kultureller Projekte (etwa Nathanprojekt, Erinnerung an die beiden Diktaturen)
- Förderung einer Mischnutzung bei Neubauprojekten
- Förderung einer sozialen Mischung bei Neubauprojekten
- Förderung einer baulichen und Eigentümer-Vielfalt durch Parzellenstädtebau

Die neue Mitte realisieren!
- Beauftragung einer Machbarkeitsstudie und Erarbeitung eines Stufenplans, der diesen Namen verdient
- Gründung einer Trägergesellschaft zur Umsetzung der Ergebnisse der Machbarkeitsstudie.

Stand: Berlin, 8. Januar 2014

Planungsgruppe Stadtkern im Bürgerforum Berlin e. V.
Mommsenstraße 5, 10625 Berlin
buergerforum@berlin.de

Planungsgruppe Stadtkern
im Bürgerforum Berlin e.V.